Bernhard Pollmann
Albrecht Ritter

Odenwald

Zwischen Heidelberg, Miltenberg und Darmstadt

50 ausgewählte Tal- und Höhenwanderungen

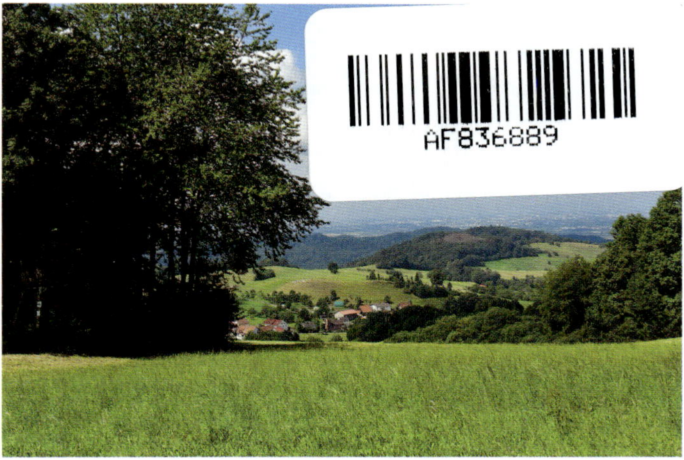

ROTHER
BERGVERLAG

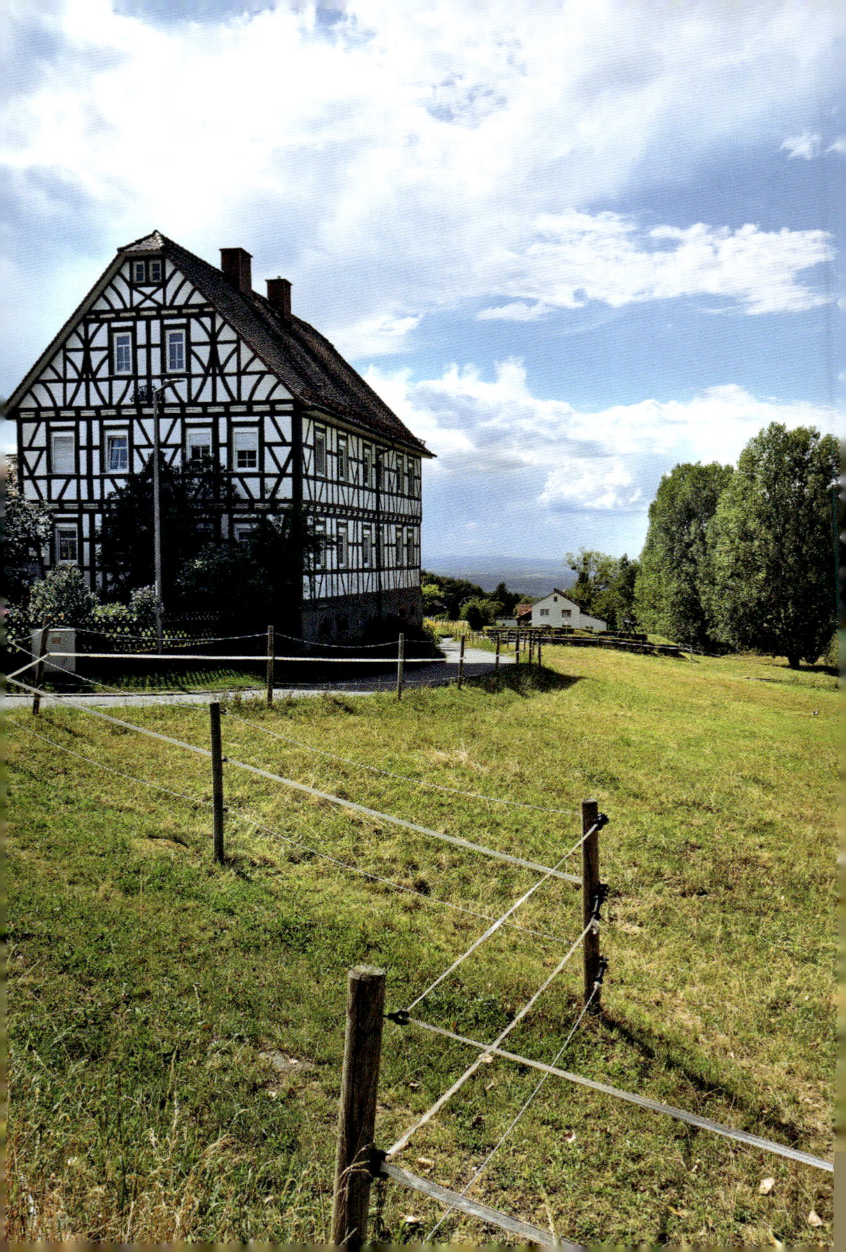

Vorwort

Mit 50 Tourenvorschlägen erschließt dieser Wanderführer den Odenwald zwischen Bergstraße, Neckar und Main im Dreiländereck von Hessen, Bayern und Baden-Württemberg. Er leitet zu Naturdenkmälern und zu den höchsten und aussichtsreichsten Bergen ebenso wie zu den romantischen Ruinen versunkener Burgen, zu sagenumwobenen Quellen und Felsen sowie zu Fachwerkdörfern und uralten Bildstöcken in rauschenden Wäldern. Das Tourenangebot umfasst familienfreundliche Kurzwanderungen, Halbtages- und Ganztagestouren. Hinzu kommen vier lohnende Weitwanderwege: der Europäische Fernwanderweg E1 im Vorderen Odenwald, der Qualitätswanderweg Neckarsteig, der Nibelungensteig und – nicht nur für geschichtlich Interessierte – der Westliche Limeswanderweg.
Tatsächlich liegt die Anziehungskraft des Odenwalds in seiner vielfältigen Bündelung von Natur und Kultur, von ästhetischem, sportlichem, spirituellem Bildungs- und Erholungswert. Der Odenwald ist ein Wald voller natürlicher Schönheit, aber auch ein Wald voller Geheimnisse, voller Geschichte und voller Geschichten – von Römern, Riesen und Raubrittern, von weißen Jungfern und zauberkundigen Zwergen. Und wer die Quelle sucht, an der Siegfried sein Ende fand, dem werden im »Jagdrevier der Nibelungen« gleich mehrere gezeigt.
Aus bergsteigerischer Sicht ist der Odenwald ein bequemes Wandergebiet, auch wenn auf der Rheinseite und im Neckartal einige steilere Anstiege zu bewältigen sind. Da insgesamt aber nur geringe Steigungen zu erwarten sind und zwischendurch gepflegte Gasthäuser für Gaumenfreuden sorgen, kann man getrost sagen, dass das Wandern im Odenwald Leib und Seele zusammenhält und den Geist zur Ruhe kommen lässt.
Dem Odenwaldklub schulden wir aufrichtigen Dank. Ohne seine ausgezeichnete und stets aktualisierte Wegbeschilderung hätten wir große Probleme, uns im Odenwald zu orientieren. Anregungen unserer Leser wurden in dieser Neuauflage übernommen. Darüber hinaus wurden Einkehrmöglichkeiten unterwegs detailliert aufgeführt und aktualisiert. Die Ausgangspunkte zu den Wanderungen sind umweltfreundlich mit öffentlichen Verkehrsmitteln zu erreichen.
Ich wünsche Ihnen viel Spaß und unvergessliche Stunden im Odenwald.

Dossenheim, im Sommer 2022 — Albrecht Ritter

Fachwerkhof in Knoden.

Inhaltsverzeichnis

Symbole

	mit Bahn/Bus erreichbar		Kirche, Kapelle, Bildstock
	Einkehrmöglichkeit unterwegs		Burg, Schloss, Ruine
	für Kinder geeignet		archäologische Stätte
	Ort mit Einkehrmöglichkeit		Aussichtsturm
	Einkehrmöglichkeit		Höhle
	Unterstand / Picknickplatz		Aussichtsplatz
P	Parkplatz		Gipfel / Pass, Sattel
	Bahn- / Busanschluss		Quelle

Touristische Hinweise

Anforderungen

Die Wanderungen folgen deutlichen Wegen, Pfaden und Steigen. Neben befestigten Forstwegen finden sich Wege und Pfade, die gelegentlich Gehhilfen wie Planken, Knüppeldämme, Felsstufen, Geländer usw. aufweisen. Da der Odenwald ein recht niedriges Gebirge ist, stellen die Anstiege nur wenig Ansprüche an die Kondition; die Kilometer- und Höhenmeterangaben sind ein Hinweis auf die Kondition, die nötig ist, damit das Wandern Spaß macht.
Die namentliche Ausschilderung der Wanderwege und -ziele ist im Allgemeinen so gut, dass der Orientierungssinn nicht oder nur kaum gefordert wird. Um die Anforderungen besser einschätzen zu können, sind die Tournummern mit verschiedenen Farben markiert. Diese erklären sich wie folgt:

Leicht Diese Wanderwege sind gut markiert und an keiner Stelle ausgesetzt. Die Anstiege liegen in der Regel unter 400 Höhenmetern. Die »leichten« Wege können bei entsprechender Witterung – kein Gewitter, kein Sturm, keine Schneelage – auch von Bergunerfahrenen in der Regel gefahrlos begangen werden, vorausgesetzt, es werden gute Wanderschuhe getragen: Auch die »leichten« Routen weisen steinige und Wurzelpfadpassagen auf und sind insgesamt nicht als kinderwagenfähige Promenaden einzustufen. Bei nasser Witterung können auch »leichte« Wege punktuell oder passagenweise matschig sein.

Mittel Diese Wanderwege sind wie die »leichten« Wege gut markiert, sie sind jedoch mit teils steilen Auf- und Abstiegen von jeweils bis zu etwa 800 Höhenmetern verbunden und folgen passagenweise wurzelig-steinigen, schmalen Pfaden und Steigen, deren Begehung Wander- bzw. Bergerfahrung erfordert. Manche Touren fallen auf Grund ihrer Länge in diese Kategorie.

Gehzeit

Die Gehzeiten verstehen sich ohne Rast- und Fotopausen; Grundlage ist ein Schnitt von ca. 4 km pro Stunde. Die Stundenangabe aber ist nur ein vager Anhaltspunkt: Anstiege, Luftfeuchtigkeit, Temperatur, Beschaffenheit des Geländes je nach Jahreszeit, Witterung und Wetter (Trockenheit, Schnee, Glätte, aufgeweichter Boden), die persönliche Verfassung, die Rücksichtnahme auf eventuell schwächere Partner und viele andere Faktoren bestimmen die tatsächliche Gehzeit.

Ausrüstung

In der schneefreien Jahreszeit ist im Odenwald eine Wanderausrüstung mit folgenden Grundelementen erforderlich: leichte Berg- oder Trekkingschuhe

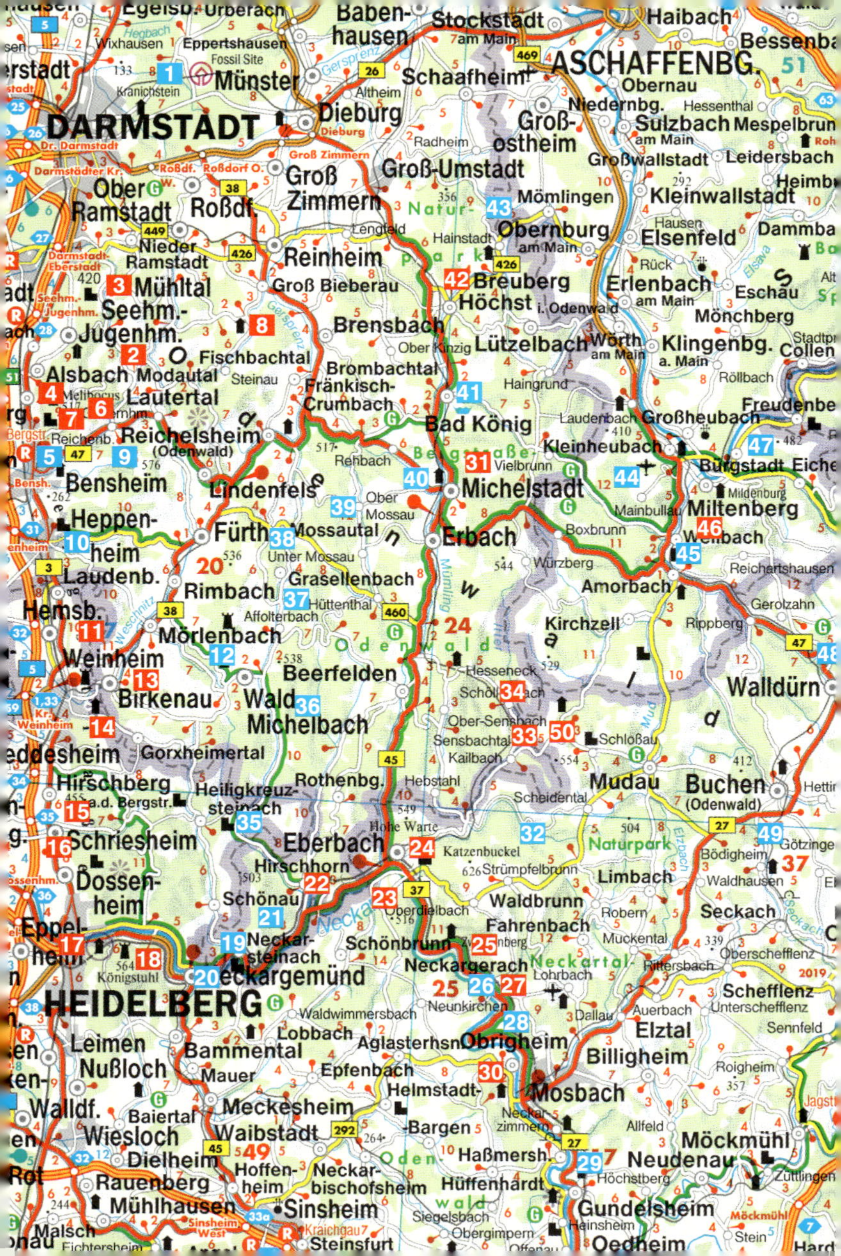

Egelsb.
Urberach
Baben-
hausen
Stockstadt
am Main
Haibach
Bessenbach
Wixhausen
Eppertshausen
Fossil Site
Münster
Kranichstein
Altheim
Schaafheim
ASCHAFFENBG.
Obernau
DARMSTADT
Dieburg
Dr. Darmstadt
Darmstädter Kr.
Radheim
Groß-
ostheim
Niedernbg.
Hessenthal
Sulzbach
am Main
Mespelbrunn
Großwallstadt
Leidersbach
Groß Zimmern
Roßdf.
Roßdorf O.
Ober
Ramstadt
Roßdf.
Groß
Zimmern
Groß-Umstadt
Mömlingen
Kleinwallstadt
Heimbuchenthal
Natur-
Park
Obernburg
am Main
Elsenfeld
Hausen
Dammbach
Lengfeld
Hainstadt
Nieder
Ramstadt
Darmstadt-
Eberstadt
Reinheim
Rück
Erlenbach
am Main
Eschau
Mühltal
Seehm.-
Jugenhm.
Groß Bieberau
Breuberg
Höchst
i. Odenwald
Mönchberg
Brensbach
Ober Kinzig
Lützelbach
Wörth
am Main
Klingenbg.
a. Main
Collenberg
Fischbachtal
Steinau
Alsbach
Modautal
Brombachtal
Fränkisch-
Crumbach
Haingrund
Röllbach
Lautertal
Bad König
Laudenbach
Großheubach
Freudenberg
Reichenb.
Reichelsheim
(Odenwald)
Rehbach
Bergstraße
Vielbrunn
Kleinheubach
Bürgstadt
Eichenbühl
Bensheim
Lindenfels
Ober
Mossau
Michelstadt
Mainbullau
Mildenburg
Miltenberg
Heppen-
heim
Fürth
Mossautal
Erbach
Boxbrunn
Weilbach
Unter Mossau
Würzberg
Reichartshausen
Laudenb.
Rimbach
Grasellenbach
Amorbach
Hüttenthal
Mümling
Gerolzahn
Hemsb.
Affolterbach
Kirchzell
Rippberg
Mörlenbach
Odenwald
Weinheim
Beerfelden
Hesseneck
Walldürn
Birkenau
Wald
Michelbach
Schöllenbach
Ober-Sensbach
Sensbachtal
Schloßau
Kailbach
Weinheim
Leddesheim
Gorxheimertal
Hebstahl
Mudau
Buchen
(Odenwald)
Hirschberg
a.d. Bergstr.
Heiligkreuz-
steinach
Rothenbg.
Scheidental
Hettingen
Schriesheim
Eberbach
Hohe Warte
Katzenbuckel
Strümpfelbrunn
Naturpark
Bödigheim
Götzingen
Hirschhorn
Dossen-
heim
Limbach
Waldhausen
Schönau
Oberdielbach
Waldbrunn
Robern
Seckach
Eppel-
heim
Neckar-
steinach
Schönbrunn
Zwingenberg
Fahrenbach
Muckental
Oberschefflenz
Königstuhl
Neckargemünd
Neckargerach
Neckartal-
Lohrbach
Rittersbach
Schefflenz
Unterschefflenz
HEIDELBERG
Waldwimmersbach
Neunkirchen
Dallau
Auerbach
Elztal
Sennfeld
Leimen
Bammental
Lobbach
Aglasterhsn.
Obrigheim
Billigheim
Nußloch
Mauer
Epfenbach
Roigheim
Helmstadt-
Bargen
Mosbach
Walldf.
Baiertal
Meckesheim
Neckar-
zimmern
Allfeld
Jagst
Wiesloch
Waibstadt
Möckmühl
Dielheim
Haßmersh.
Neudenau
Hoffen-
heim
Neckar-
bischofsheim
Hüffenhardt
Höchstberg
Züttlingen
Rot
Rauenberg
Siegelsbach
Gundelsheim
Mühlhausen
Sinsheim
Kraichgau
Obergimpern
Heinsheim
Möckmühl
Malsch
Fichtersheim
Sinsheim West
Steinsfurt
Offenau
Oedheim
Stein
Hardthausen

mit knöchelhohem Schaft und rutschfesten Profilsohlen, Tagesrucksack, Sonnenschutz, Kopfbedeckung, Kälteschutz, Regenschutz, Karte, Proviant und Getränk. Auch eine Mini-Apotheke, bestehend aus Pflaster, Pinzette, Verband und anderen im Fall des Falles hilfreichen Dingen, sollte nicht fehlen. Nicht schlecht ist saisonal ein Mückenschutz.

Einkehr

Viele Touren wurden so gestaltet, dass eine Einkehr unterwegs möglich ist. Die jeweiligen Öffnungszeiten sind mit Vorbehalt aufgeführt und sollten vorab überprüft werden. Gibt es mehrere Lokale in einem Ort, ist nur der Ortsname angegeben.

Wanderkarten

Die den Wandervorschlägen beigegebenen farbigen Karten mit Routeneintragungen sind wesentlicher Bestandteil jeder Tourenbeschreibung. Die Ausschnitte ermöglichen in den meisten Fällen eine problemlose Orientierung. Für einen noch umfassenderen Überblick empfehlen sich folgende Karten:

Wanderkarten 1:20.000: In 21 Blättern deckt die vom Geo-Naturpark Bergstraße-Odenwald herausgegebene Wanderkartenserie im Maßstab 1:20.000

Die Wegbeschilderung im Odenwald hat sich auf fast allen Wanderungen als gut erwiesen. Hier ein zum Wegweiser umfunktionierter Bohrloch-Findling zwischen der Frauenhecke und den Opfersteinen auf der Juhöhe (Tour 10).

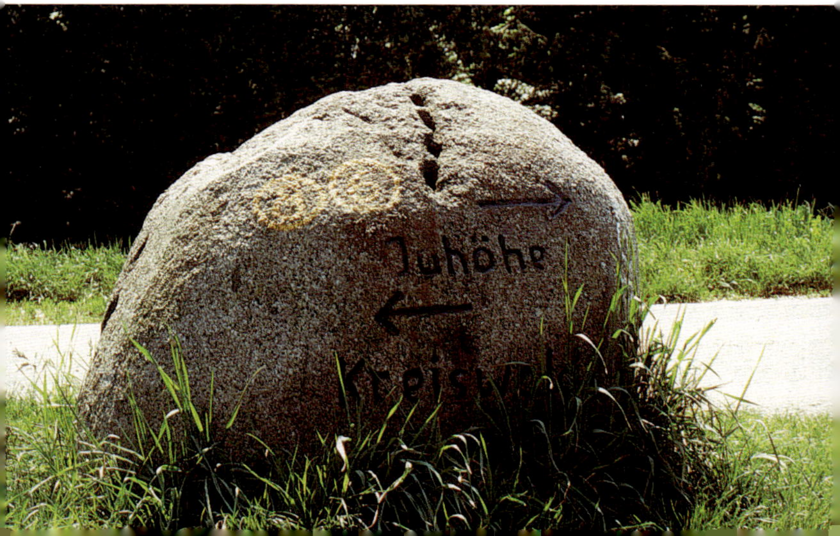

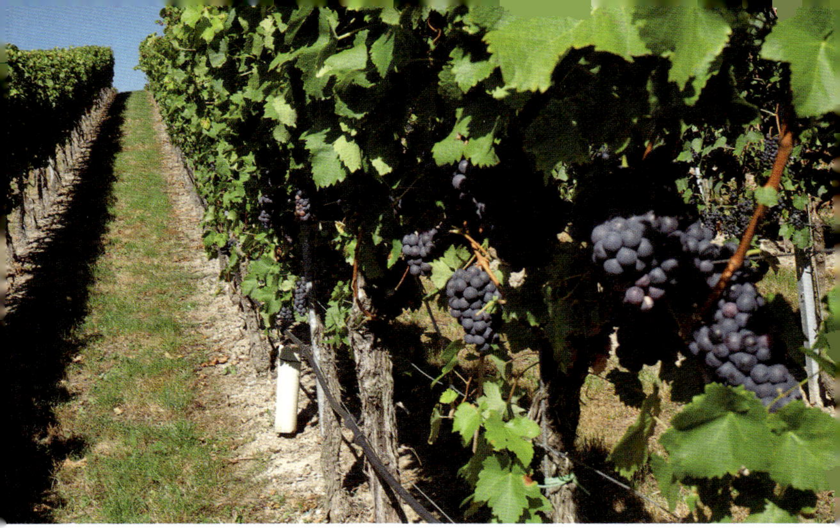

Spätburgunder-Reben an der Bergstraße.

den gesamten Bereich Bergstraße-Odenwald einschließlich des baden-württembergischen Naturparks Neckartal-Odenwald ab. Info: www.geo-naturpark.net.
Wanderkarten 1:50.000: Für die hessischen und bayerischen Gebiete des Geoparks Bergstraße-Odenwald liegen die topografischen Freizeitkarten »Nördlicher Odenwald NO West« und »Nördlicher Odenwald NO Ost« der Hessischen Verwaltung für Bodenmanagement und Geoinformation (Landesvermessungsamt) vor. Das Landesvermessungsamt Baden-Württem-

GPS-Tracks und Koordinaten der Ausgangspunkte

Zu diesem Wanderführer stehen auf www.rother.de GPS-Tracks und Koordinaten der Ausgangspunkte zum kostenlosen Download bereit.
8. Auflage, Passwort: **415108uhg**
Die GPS-Daten wurden von den Autoren teils im Gelände, teils mit einer digitalen Karte erfasst. Verlag und Autoren haben die Tracks und Wegpunkte nach bestem Wissen und Gewissen überprüft. Dennoch können wir Fehler oder Abweichungen nicht ausschließen, außerdem können sich die Gegebenheiten vor Ort zwischenzeitlich verändert haben. GPS-Daten sind zwar eine hervorragende Planungs- und Navigationshilfe, erfordern aber nach wie vor sorgfältige Vorbereitung, eigene Orientierungsfähigkeit sowie Sachverstand in der Beurteilung der jeweiligen (Gelände-)Situation. Man sollte sich für die Orientierung auch niemals ausschließlich auf GPS-Gerät und -Daten verlassen.

berg gibt die Freizeitkarten 1:50.000 Blatt 513 Mannheim – Heidelberg – Naturpark Neckartal – Odenwald, Westblatt, und Blatt 514 Mosbach – Naturpark Neckartal – Odenwald, Ostblatt, heraus. Info: www.lgl-bw.de.
Vom Verlag Meki Landkarten gibt es zwei Blätter im Maßstab 1:30.000, die ebenfalls den gesamten Bereich abdecken. Info: www.meki-landkarten.de.

Die Top-Touren im Odenwald

Frankenstein – Magnetsteine – Seeheim

Vom Blütenweg steigt die Tour hoch zur Burg Frankenstein, führt auf urigen Waldpfaden an eigentümlichem Gestein vorbei zur Burgruine Tannenberg mit Ausblick bis zum Taunus (Tour 3, 4.30 Std.).

Fürstenlager – Felsenmeer – Melibocus

Vom Landschaftspark Fürstenlager zum Felsberg mit dem bedeutendsten Felsenmeer des Odenwalds und weiter zu Melibocus und Auerbacher Schloss, wo nach einem letzten grandiosen Blick auf die Oberrheinebene der Abstieg zur Bergstraße beginnt (Tour 7, 6.45 Std.).

Lichtenberg – Neunkircher Höhe – Rodenstein

Panoramawiesen- und Waldwanderung vom Geopark-Eingangstor Schloss Lichtenberg auf die Neunkircher Höhe, den höchsten Berg des hessischen Odenwalds, und zur Burgruine Rodenstein (Tour 8, 6.30 Std.).

Birkenau – Abtsteinach – Götzenstein

Rechts und links des Kallstädter Tals, an vorchristlichen Kultstätten vorbei, führt die Wanderung zum Höhenort Ober-Abtsteinach, dem Tor zum Überwald (Tour 13, 5.30 Std.).

Weinheim – Eichelberg – Leutershausen

Von der sehenswerten Weinheimer Altstadt mit Schlosspark und Exotenwald durch Wälder und Panoramawiesen hinauf zum mystischen Steinberg an der Ursenbacher Höhe (Tour 14, 5.15 Std.).

Schriesheim – Weißer Stein – Heidelberg

Von der Strahlenburg zur Höhengaststätte Weißer Stein und über den kulturell bedeutsamen Heiligenberg hinab nach Heidelberg (Tour 16, 4 Std.).

Eberbach – Katzenbuckel

Von der Stauferstadt Eberbach im Neckartal auf den Katzenbuckel, den höchsten Berg des Odenwalds (Tour 24, 4.45 Std.).

Neckargerach – Minneburg – Zwingenberg

Die Minneburg ist eine der eindrucksvollsten Burgruinen über dem Neckartal (Tour 26, 3.30 Std.), bei Schloss Zwingenberg lohnt der Abstecher in die Wolfsschlucht (Tour 25, 5.30 Std.).

Kailbach – Hesselbach – Schöllenbach

Vor 2000 Jahren errichteten die Römer mit dem Odenwaldlimes eine gewaltige Grenzbarriere gegen germanische Einfälle. Eine historisch interessante Tour mit Infotafeln (Tour 33, 4.45 Std.).

Amorbach – Gotthard – Miltenberg

Von der Barockstadt Amorbach auf den Gotthardsberg mit Siebentälerblick im Maintal-Odenwald und durch das abgeschiedene Wiesen- und Waldland des Buntsandstein-Odenwalds in die Fachwerkstadt Miltenberg (Tour 45, 3.45 Std.).

Wandern im Odenwald

Der im Katzenbuckel, 626 m, gipfelnde Odenwald fällt auf 60 km Länge mit einem markanten Steilabbruch zu den sonnigen Obstbaumfluren, Weingärten und Fachwerkstädten der Bergstraße ab. Auf den rheinabgewandten Seiten dagegen bildet er eine sanft geneigte Hochfläche, in die imposante, steilwandige Täler einschneiden.

Auf der Rheinseite erheben sich die markantesten Berggestalten, darunter neben dem Austritt des Neckartals der von den Ruinen der Michaelsbasilika überhöhte Heiligenberg und der Königstuhl mit seinem wundervollen Panorama sowie – oberhalb von Zwingenberg – der Melibocus, der am weitesten in den Rheingraben vorspringende Bergkoloss des gesamten Gebirges. Schon ein kurzes Stück weiter östlich beginnt der Hochflächencharakter: Zwar überragt die Neunkircher Höhe, 605 m, Melibocus, Königstuhl und Heiligenberg, aber die Steilheit der Berge am Rheingraben geht ihr ab.

Steilabbruch auf der einen, sacht geneigte Hochfläche auf der anderen Seite: Diese Reliefstruktur findet sich im Odenwald ebenso wie im benachbarten Pfälzerwald, im Schwarzwald und den Vogesen, sie ist eine Folge der Entstehung der Oberrheinebene. Vor 100 Millionen Jahren bildeten diese Gebirge Teile einer gigantischen Rumpfscholle; während der alpidischen Faltung vor 60 Millionen Jahren hoben Erdkräfte die Scholle an und zerrissen sie: Zwischen den auseinandergerissenen Teilen brach die Oberrhein-

Manchmal ist auch im Odenwald Trittsicherheit gefordert: drahtseilgesicherter Steig in der Wolfsschlucht (Tour 25).

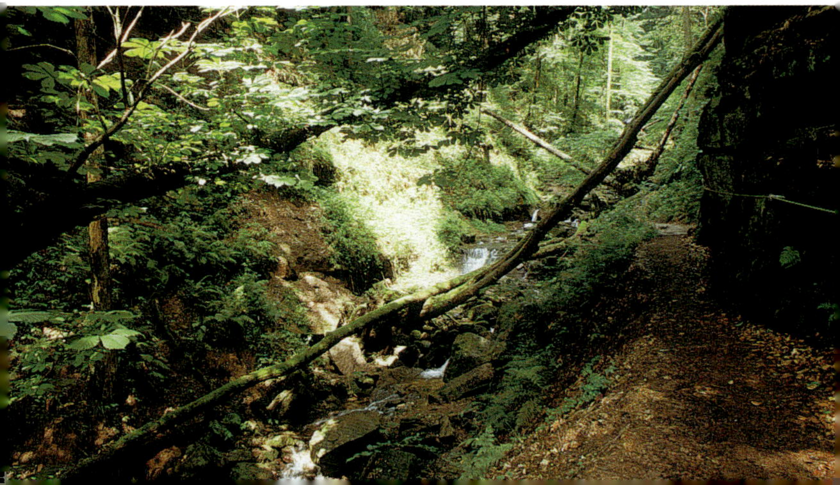

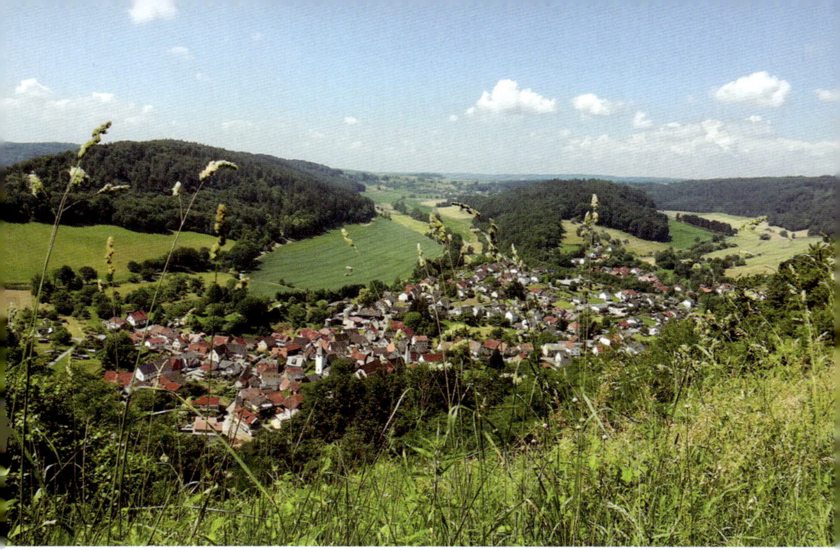

Ehemalige Neckarschleife um den Mittelberg (Tour 30).

ebene ein – rechts der Ebene erheben sich seither Odenwald und Schwarzwald, links davon Pfälzerwald und Vogesen. Nach dem Zerbrechen der Scholle hoben die Erdkräfte die Bruchkanten an und stellten sie schräg: Steil und tief zertalt fallen seither die Flanken der Gebirge zur Rheinebene ab, während auf den rheinabgewandten Seiten der Pultschollencharakter erhalten ist. Auf rechtsrheinischer Seite dacht der Odenwald ins Bauland (Südosten), in den Taubergrund (Osten) und in den Kraichgau (Süden) ab, während er nach Norden zu beidseits der Gersprenz zerfasert und als Gebirge nicht mehr erkennbar ist. Im Nordosten erscheint der Spessart als natürliche Fortsetzung: Der Main hat sich zwar tief in die Pultscholle eingefressen, doch jenseits des Flusses geht das Buntsandsteingebirge nahtlos weiter. Ebenso am Neckar: Südlich des Neckars setzt sich der Buntsandstein-Odenwald im »Kleinen Odenwald« fort. Die Hügellandschaft des Kraichgaus trennt den Odenwald vom Nordschwarzwald.

Kristalliner und Buntsandstein-Odenwald

Wie der Schwarzwald und die Vogesen, aber auch wie der nordöstlich des Maintals anschließende Spessart gliedert sich der Odenwald in ein Gebiet, in dem das aus Graniten und Gneisen aufgebaute Grundgebirge ansteht (»kristalliner Odenwald«), und in einen – weitaus größeren – Teil, in dem das kristalline Grundgebirge von rotem Buntsandstein überlagert ist (»Buntsandstein-Odenwald«). Während der Steilabbruch im Westen die markante, auch auf Landkarten deutlich erkennbare Grenze zur Oberrheinebene bildet, ist der Übergang zwischen kristallinem und Buntsandstein-Odenwald nur vor Ort wahrnehmbar. Die Grenze verläuft in etwa auf der Linie Schriesheim – Abtsteinach – Wald-Michelbach – Weschnitz – Brombach – Wiebelsbach. Südlich und östlich dieser Linie wird das kristalline Grundgebirge vom »roten« Buntsandstein überlagert.

Geo-Naturpark Bergstraße-Odenwald

Der Geo-Naturpark Bergstraße-Odenwald umfasst rund 3500 km² zwischen Rhein, Main und Neckar im hessisch-bayerischen Naturpark Bergstraße-Odenwald sowie im baden-württembergischen Naturpark Neckartal-Odenwald. Geoparks sind Landschaften mit geologischen Besonderheiten (Geotope) von herausragender Schönheit, Seltenheit und wissenschaftlicher Bedeutung sowie mit archäologischen, historischen und kulturellen Sehenswürdigkeiten, Naturschutzgebieten, Museen, Besucherbergwerken usw. Diese Objekte werden miteinander vernetzt, durch Exkursionspfade erschlossen und durch Schautafeln allgemein verständlich erläutert. Vom Hessischen Ried im Westen bis zum Granit des kristallinen Odenwalds an der Bergstraße und dem Buntsandstein-Odenwald im Osten sowie dem Neckartal im Süden werden im Geopark auf unterschiedlichste Weise 500 Mio. Jahre Erdgeschichte sichtbar. An Infozentren und »Eingangstoren« erwarten von März bis Oktober Ranger die Besucher, um geowissenschaftliches Know-how weiterzugeben und Exkursionen durchzuführen.

Das meistbesuchte Infozentrum ist das Informationszentrum Felsenmeer in Lautertal (Tour 6), das nördliche »Eingangstor« ist die UNESCO-Welterbestätte Grube Messel bei Darmstadt (Tour 1). Nationale Geoparks gibt es in Deutschland seit 2002, der Geopark Bergstraße-Odenwald ist zugleich europäischer und UNESCO-Geopark.

- Info: Geo-Naturpark Bergstraße-Odenwald, Nibelungenstraße 41, 64653 Lorsch, Tel. +49 6251 707990, www.geo-naturpark.net.

Welterbe Grube Messel – Urpferde unter Palmen

Die Grube Messel (Tour 1) in der gleichnamigen Gemeinde bei Darmstadt im äußersten Norden des Geo-Naturparks ist die weltweit fundreichste Fossillagerstätte des Tertiärs. Sie enthält in einmaliger Qualität subtropische und tropische Tiere und Pflanzen aus der Zeit vor 50 Millionen Jahren und steht seit 1995 als Weltnaturerbe unter dem Schutz der UNESCO. In den fast 200 m mächtigen Ölschiefervorkommen der 65 m tiefen Grube (Abbau 1886–1971) wurden die weitgehend vollständig enthaltenen Skelette von Urpferden, Krokodilen, Schildkröten, Laufvögeln, Halbaffen usw. ebenso wie von Palmen, Lorbeergewächsen und Myrten entdeckt. Die Funde aus der Grube Messel werden im Fossilien- und Heimatmuseum Messel (das auch Führungen veranstaltet), im Hessischen Landesmuseum Darmstadt und in der Messel-Abteilung des Museums Senckenberg in Frankfurt am Main präsentiert. Eine Aussichtsplattform bietet einen beeindruckenden Blick in die Grube.

Naturpark Bergstraße-Odenwald

Der hessisch-bayerische Naturpark Bergstraße-Odenwald ist Teil des UNESCO-Geoparks Bergstraße-Odenwald. Der 1960 gegründete Naturpark umfasst 2000 km² vom Hessischen Ried und der klimatisch begünstigten Bergstraße bis zum fränkischen Maintal, das den Odenwald vom Spessart trennt; im Süden grenzt er an den baden-württembergischen Naturpark Neckartal-Odenwald und erreicht in der Vier-Burgen-Stadt Neckarsteinach das Neckartal. Höchste Erhebung ist die Neunkircher Höhe, 605 m, markantester Berg der weit in die Oberrheinebene vorspringende Melibocus, 517 m, zu den bekanntesten Naturdenkmälern zählt das Reichenbacher Felsenmeer. Mit seinen über 50 Burgen und Schlössern, den Fachwerk-Altstädten und Parks, den Weinbergen und prachtvollen Buchenwäldern und seiner Verbindung mit der Nibelungensage zählt der Naturpark Bergstraße-Odenwald zu den abwechslungsreichsten deutschen Naturparks. Gleich drei UNESCO-Welterbestätten befinden sich im Naturpark: das Weltkulturerbe Kloster Lorsch, das Weltnaturerbe Grube Messel und das Weltkulturerbe Obergermanisch-Rätischer Limes.

- Info: Geo-Naturpark Bergstraße-Odenwald, Nibelungenstraße 41, 64653 Lorsch, Tel. +49 6251 707990, www.geo-naturpark.net.

Naturpark Neckartal-Odenwald

Der baden-württembergische Naturpark Neckartal-Odenwald bildet den südlichen Teil des UNESCO-Geoparks Bergstraße-Odenwald. Auf 1300 km² erstreckt er sich beidseits des tief in den Buntsandstein-Odenwald eingeschnittenen Neckartals von der Romantik-Stadt Heidelberg bis zum Madonnenländchen am Rand der Bauland-Muschelkalkhochflächen im Osten; im Süden bildet der Kleine Odenwald den Übergang zum Kraichgau, während im Norden der Naturpark Bergstraße-Odenwald anschließt. Höchste Erhebung des Naturparks und des gesamten Odenwalds ist der Katzenbuckel, 626 m, hoch über dem Neckartal bei der Stauferstadt Eberbach, wo sich das Naturpark-Informationszentrum befindet.

- Info: Naturpark Neckartal-Odenwald, Informationszentrum Eberbach, Kellereistraße 36 (Thalheimsches Haus), 69412 Eberbach, Tel. +49 6271 942275, www.naturpark-neckartal-odenwald.de.

Vorderer Odenwald und Bergstraße

Zwischen Darmstadt im Norden und Heidelberg im Süden erheben sich die sonnigen Berge des Vorderen Odenwalds mit ihren malerischen Burgruinen und faszinierenden Ausblicken über die Rheinebene hinweg auf Pfälzerwald, Vogesen, Donnersberg und Taunus, während sich im Osten die Wiesentäler und Waldrücken des Hinteren Odenwalds zeigen. Am Fuß des Gebirges reihen sich die alten Weindörfer und Städte der Bergstraße in einer der klimatisch am meisten begünstigten Gegenden Deutschlands: An der

Attraktive Bergziele im Odenwald

Die Berge zählen zu den schönsten Wanderzielen im Odenwald. Viele von ihnen sind bewaldet und tragen Aussichtstürme.

626 m	**Katzenbuckel**	Aussichtsturm mit Gaststätte
605 m	**Neunkircher Höhe**	höchster Berg im hessischen Odenwald, Aussichtsturm mit Gaststätte am Alemannenweg
577 m	**Hohe Tromm**	Wahrzeichen des Überwaldes, Aussichtsturm
566 m	**Königstuhl**	höchster Berg des Kleinen Odenwaldes, Panorama, Bergbahn, Gasthof, Felsenmeer
548 m	**Weißer Stein**	höchster Berg des Vorderen Odenwaldes, Aussichtsturm, Gasthof
525 m	**Eichelberg**	Aussichtsturm mit Hütte am E1
517 m	**Melibocus**	Aussichtsturm am Nibelungensteig, Kiosk
514 m	**Felsberg**	Aussichtsturm und Gasthaus am E1, im Hang das Reichenbacher Felsenmeer
463 m	**Bürgstadter Berg**	Ringwallanlage und Panorama über dem Maintal am Nibelungensteig
448 m	**Heiligenberg**	Ringwallanlagen und Panorama über dem Neckartal, Ruine der Michaelsbasilika
368 m	**Otzberg**	markanter Basaltkegel mit Gipfelburg
337 m	**Breuberg**	Burg Breuberg
305 m	**Gotthardsberg**	Ruine der vom Blitz getroffenen Basilika, »Sieben-Täler-Blick«

Frühling am Philosophenweg (Tour 17).

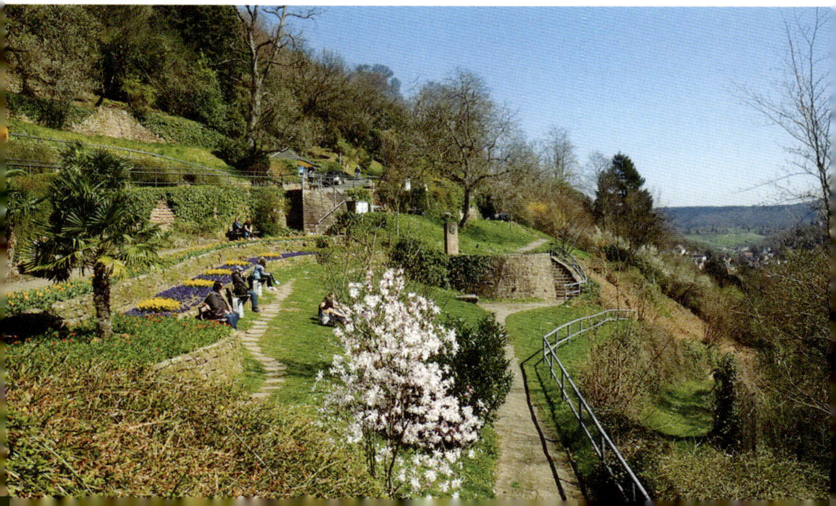

Bergstraße reifen Mandeln, Aprikosen und Pfirsiche, die sonnendurchglühten Rebhänge bringen bekannte Weine hervor, hinter dem Weinheimer Schloss steht die mit 4,30 m Umfang stärkste Libanonzeder Deutschlands.
Der Vordere Odenwald besteht überwiegend aus kristallinem Grundgebirge. Von der Oberfläche bildet er eine reich gegliederte Mittelgebirgslandschaft mit schroffen Kurzrücken, kegelförmigen Bergen und in wechselnde Richtungen streichenden, tief eingeschnittenen Tälern. Verwitterungsvorgänge haben in zahlreichen Steilhängen beeindruckende Felsenmeere geschaffen, wobei die Felsenmeere auf dem Reichenbacher Felsberg (Tour 6) eine weit über den Odenwald hinausreichende Bekanntheit erlangt haben. Weschnitz und Gersprenz haben die wichtigsten Täler (und Verkehrsleitlinien) geschaffen, der markanteste Gipfel des Vorderen Odenwalds ist der Melibocus (Tour 4).
Die Bergstraße – heute zwischen Darmstadt im Norden und Wiesloch (Kraichgau) verlaufend – wurde als Handels- und Heerstraße spätestens von den Römern angelegt, archäologische Funde deuten darauf hin, dass diese Route schon Jahrtausende vor der Ankunft der römischen Militärmaschinerie genutzt wurde. Urkundlich begegnet sie erstmals im Jahr 795 als »strata publica« (öffentliche Straße), 1241 wird sie »Berstrata« und 1354 erstmals »Bergstrazze« genannt.
Die zahlreichen Burgruinen oberhalb der Bergstraße erinnern an die Kämpfe, die mittelalterliche Feudalherren austrugen, um diese wichtige Handelsstraße zu kontrollieren: Burg Frankenstein (Tour 3), Auerbacher Schloss (Tour 4), die nur in Resten erhaltene Hirschburg (Tour 15), schon abseits der Bergstraße die durch die Scheffel-Lieder bekannte Burg Rodenstein (Tour 8) und zahlreiche andere. Der sehr schöne Landschaftspark »Fürstenlager« hingegen (Tour 5) stammt aus dem Großherzogtum Hessen-Darmstadt und das Steinschloss (Tour 9) wurde – wenn man den Sagen Glauben schenkt – von Riesen errichtet, die auch auf der Juhöhe (Tour 10) und andernorts ihre Spuren hinterlassen haben.

Neckartal

Auf rund 70 km Länge durchschneidet der Neckar den südlichen Buntsandstein-Odenwald zwischen Gundelsheim und Heidelberg. Der Gebirgsteil südlich des Neckars wird als »Kleiner Odenwald« bezeichnet; er gipfelt im Königstuhl (Tour 18).
Aufgrund des bis heute nicht abgeschlossenen Einsinkens der Oberrheinebene und der Heraushebung der die Ebene begrenzenden Gebirgsflanken musste sich der Neckar – vor allem in den letzten fünf Millionen Jahren – immer tiefer in das Gebirge einschneiden, wenn er nicht den Kontakt zum Rhein verlieren wollte. Da er, um seine Erosionskraft zu verstärken, also schneller fließen musste, galt es, neue Wege zu suchen: Das Umfließen einiger Berge erwies sich als zu zeitintensiv und so durchstieß er Bergbarrieren und grub sich ein neues Bett.

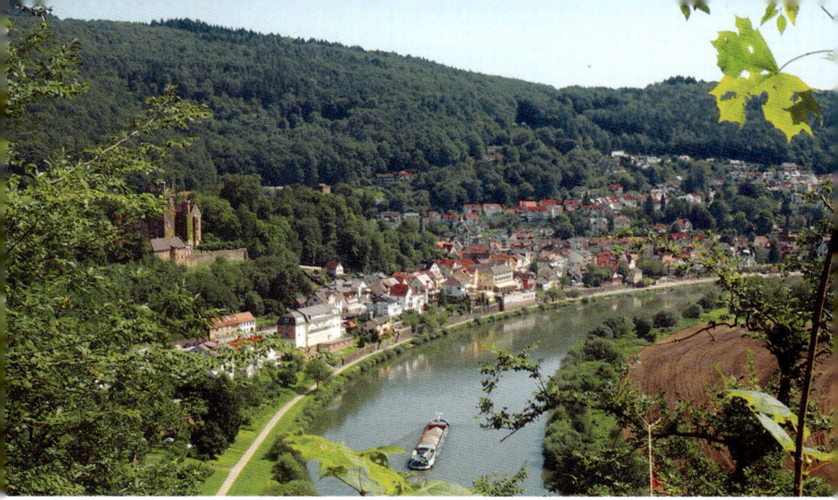

Der Neckar bei der Vier-Burgen-Stadt Neckarsteinach.

Die Berge, um die der Fluss ursprünglich herumfloss, werden »Umlaufberge« genannt. Ein eindrucksvoller Umlaufberg ist der Mittelberg unterhalb der Minneburg (Tour 26). Der Naturlehrpfad an der Marienhöhe (Tour 23) erläutert das Entstehen eines weiteren Umlaufbergs, nämlich des Ohlbergs in Eberbach.

Heidelberg

Wo der Neckar beim Verlassen des Gebirges einen fruchtbaren Schwemmkegel aufgeschüttet hat und die Siedlungsspuren aus vor-, früh- und urgeschichtlicher Zeit ungewöhnlich dicht sind, liegt die berühmteste Odenwald-Stadt: Heidelberg, seit der Romantik die meistbesungene deutsche Stadt. Von den US-Amerikanern zum Hauptquartier vorgesehen, blieb Heidelberg im Zweiten Weltkrieg unzerstört und ist heute in seiner alten Pracht zu erleben.
Ein wunderschöner Panoramaweg in Heidelberg ist der Philosophenweg mit Blick auf das Schloss und die Altstadt; vom Philosophenweg erfolgt der Aufstieg zum Heiligenberg (Tour 17). Auf den Königstuhl, den zweiten Heidelberger Hausberg, führt die schönste Route ebenfalls vom Neckartal aus (Tour 18). 1910 beschloss die Regierung des Großherzogtums Baden, die Pläne zur Restaurierung des Ottheinrichsbaus des Heidelberger Schlosses, eines Hauptwerks deutscher Renaissance-Architektur, aufzugeben: Die berühmte Ruine sollte als Ruine erhalten bleiben, nur die Fassade sollte »gegen Winddruck und Verwitterung« geschützt werden. Das Heidelberger Schloss liegt am Südende der Stadt auf zwei Geländestufen 90 m über dem Neckar, in dessen Tal es einen markanten Blickpunkt setzt.

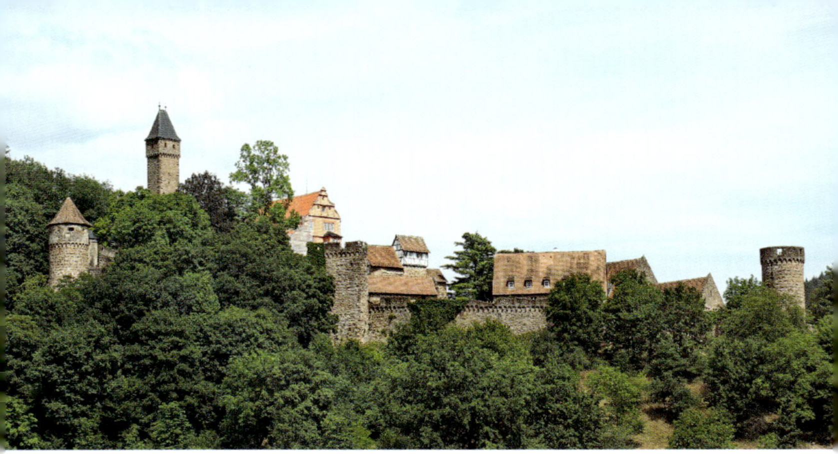

Burg Hirschhorn.

Den Ottheinrichsbau ließ ab 1556 Kurfürst Otto Heinrich anlegen; der Name des Baumeisters ist nicht bekannt. Seit den schweren Zerstörungen durch französische Truppen im Pfälzischen Erbfolgekrieg (1689–93) sind nur die Umfassungsmauern mit der frühesten Prachtfassade der deutschen Spätrenaissance erhalten.

Neckartalburgen

Die zahlreichen Burgen auf den Höhen über dem tief in den Buntsandstein-Odenwald eingeschnittenen Fluss haben das Neckartal zum berühmtesten »romantischen« Burgental neben dem mittleren Rheintal werden lassen. Erwandert werden können die Burgen auf dem rechten oder linken Neckarrandweg, dem Prädikatswanderweg Neckarsteig (Tour 30) sowie auf zahlreichen lokalen Rundwanderwegen.

Die Vier-Burgen-Stadt Neckarsteinach ist Ausgangspunkt der Wanderungen zum Münchel (Tour 19) und nach Hirschhorn (Tour 21), gegenüber von Neckarsteinach erhebt sich die alte Feste Dilsberg (Tour 20), einen imposanten Tiefblick gewähren die Eberbach-Burgen (Tour 24), während die Ruine Stolzeneck tief versteckt im Wald liegt (Tour 23). Hinter der Burg Zwingenberg, die von den Nachfahren der badischen Großherzöge bewohnt wird und für Freilichtaufführungen bekannt ist, empfängt die wildromantische Wolfsschlucht (Tour 25); auch die sagenumwobene Minneburg bei Neckargerach ist ein romantischer Platz (Tour 26). Die Götz-von-Berlichingen-Burg Hornberg lädt zum Tafeln in noblem Rahmen ein (Tour 29), das Deutschordensschloss Horneck schließlich (Tour 29) bildet den Abschluss der Neckartalburgen und ist neben dem Heidelberger Schloss die größte aller Burgen über dem Neckartal.

Der Neckarrandweg führt noch ein Stück weiter flussaufwärts und endet in der Stauferstadt Wimpfen über der Mündung der Jagst. Mit der staufischen Kaiserpfalz verfügt Bad Wimpfen über eine der größten und besterhaltenen staufischen Pfalzanlagen Deutschlands.

Östlicher Buntsandstein-Odenwald

Die Überlagerung des kristallinen Urgesteins durch den Buntsandstein hat keine natürlichen Grenzen geschaffen. So reicht das Gebiet des Überwaldes im Westen bis zu den kristallinen Felsenmeeren der Tromm hinauf (Tour 12), während im Osten des Überwaldes das wohl älteste Verkehrszeichen des Odenwalds, der Verbotsstein, aus Buntsandstein gefertigt wurde (Tour 37). Der Überwald ist das abwechslungsreiche Gebiet im Einzugsbereich des oberen Ulfenbachs, Hauptort ist Wald-Michelbach; zu den landschaftlichen Kleinodien zählen das Eiterbachtal (Tour 35) und das Dürr-Ellenbacher Tal (Tour 36).
Östlich des Überwaldes durchschneiden als markante Verkehrsleitlinien die in Beerfelden entspringende Mümling und die in Eberbach mündende Itter das Gebirge: Während im Einzugsbereich der in den Neckar entwässernden Itter die imposanten Täler des Reisenbacher Grundes (Tour 32), des Haingrundes (Tour 33), des Euterbachtals (Tour 34) und des Höllgrundes am Fuß des Katzenbuckels (Tour 24) entstanden sind, erwarten an der in den Main entwässernden Mümling die alten Residenzen Erbach und Michelstadt (Tour 40), der Kurort Bad König (Tour 41), die alte Höhenburg Breuberg (Tour 42) und – im Fränkischen – das ruhige, aussichtsreiche Wandergebiet rund um Mömlingen (Tour 43).
Östlich von Mümling und Itter beginnt eine aussichtsreiche Hochfläche, die von den Römern zum Bau des westlichen (Tour 50) und des östlichen Limes (Tour 48) genutzt wurde. Den Buntsandstein-Odenwald durchquerte die Via Sancta, ein uralter Wallfahrtsweg vom Überwald nach Walldürn. Er wird an verschiedenen Punkten berührt, so an der Quellkirche in Schöllenbach (Tour 34), ohne jedoch ausgeschildert zu sein.

Erster Europäer – der »aufrechte Heidelbergmensch«

Der erste bekannte Odenwälder durchwanderte vor 600.000 Jahren den Buntsandstein-Odenwald am Neckar und gilt neben dem etwa gleich alten Menschen von Tautavel als erster Europäer. Wissenschaftler haben ihn Homo erectus heidelbergensis getauft. In Mauer wurde 1907 der Unterkieferknochen dieses »aufrechten Heidelbergmenschen« gefunden, und die Lehre, die von den tadellosen Zähnen seines Gebisses ausgeht, ist der Zahnpasta-Industrie ein Graus: »Gesunde Zähne ohne Fluoride«. Damit das Beweisstück nicht beseitigt wird, wird es in einem Panzerschrank des geologischen Instituts in Heidelberg verwahrt; ein Abguss ist im prähistorischen Museum in Mauer ausgestellt.

Älteste Spuren im Odenwald

Die ältesten Spuren, die einem beim Wandern im Odenwald begegnen, sind die Spuren der Megalithkultur, der ältesten Kultur in Europa. Die Megalithmenschen erfanden vor 6000 Jahren Ackerbau, Viehzucht und Hausbau (»neolithische Revolution«) sowie viele andere brauchbare Dinge. Benannt ist die Megalithkultur nach den Bauten aus »großen Steinen« (griechisch: megalithos). Im Odenwald begegnen einem unter anderem die Menhire in den Scheftheimer Wiesen (Tour 1) und der Menhir von Alsbach an der Bergstraße am Fuß des Melibocus. Letzterer ist ein knapp drei Meter hoher, vier Tonnen schwerer Langstein, der vor 6000 Jahren millimetergenau platziert wurde. Mit seiner Hilfe wurden die Tagundnachtgleichen und Sonnenwenden bestimmt (eine Orientierungstafel vor Ort verzeichnet die Berge, über denen damals die Sonne aufging).
Die Megalithmenschen lebten im Einklang mit den natürlichen Zyklen und begingen immer wiederkehrende feste Tage und Nächte auf besondere Weise. Das aus der Megalithzeit stammende Grundraster fester Tage und Nächte lebte grundsätzlich in keltischer, germanischer und christlicher Zeit fort, auch wenn viele Feste umbenannt wurden (z.B. wurde in reformierten Gebieten aus dem uralten Sankt-Martins-Fest ein Martin-Luther-Fest), und bildet bis heute die Grundlage für die Feste, die – wenn auch unter unterschiedlichen Namen – im Odenwald gefeiert werden: Fastnacht, Osternacht, Weihnacht, Kirchweih, Mariä Himmelfahrt usw.

Keltischer Odenwald

Die Megalithkultur, die eine friedliche gewesen zu sein scheint, ging unter beim Ansturm patriarchal strukturierter, indogermanischer Metallwaffenvölker, von denen im Odenwald die Kelten die dominierende Rolle spielten. Die Hallstattzeit (um 750–600 v. Chr.) und die nachfolgende La-Tène-Zeit, wesentlich geprägt vom bäuerlichen Kriegeradel als der weltlichen und vom Druidentum als der geistlichen Macht, scheinen für die Herrschenden Zeiten des Wohlstands und des Reichtums gewesen zu sein. Die in den Museen ausgestellten Funde zeichnen ein detailliertes Bild dieser Zeit. Einen »Keltischen Lehrpfad« (wie auf dem Donnersberg) gibt es im Odenwald nicht, obwohl einem beim Wandern zahlreiche Spuren aus keltischer und galloromischer Zeit begegnen.
Die markantesten keltischen Stätten sind die Ringwallberge und Quellheiligtümer. Bei den Ringwallanlagen handelt es sich um Steinkreise, -ellipsen oder -ovale, die bestimmte Partien von Bergen umgeben. Der Bezirk im Inneren diente als Kultplatz (Bergheiligtum), als Versammlungsstätte und in Zeiten kriegerischer Bedrängung wohl auch als Fliehburg. Heute sind diese ringumwallten Berge naturschöne Wanderziele, darunter der Heiligenberg von Heidelberg (Tour 17), die Altscheuer bei Lichtenberg (Tour 8) oder der Bürgstadter Berg (Tour 47).

Die Römer – der Limes

Der römische Feldherr Caesar versuchte um 55 v. Chr. vergeblich, Gebiete rechts des Rheins zu unterwerfen. Aus propagandistischen Gründen (er musste die Niederlage erklären) erfand er in seinen Schriften die Mär von den rechts des Rheins siedelnden wilden Germanen (die noch nicht zu schlagen seien) und den links des Rheins siedelnden Kelten (die er unterworfen hatte). Damit schuf Caesar »die Rheingrenze«, obwohl der Rhein vorher nie eine Grenze gewesen war und hüben wie drüben Germanen und Kelten siedelten: Das rechtsrheinische Gebiet hieß seit Caesar Germania (obwohl dort auch Kelten lebten), das unterworfene linksrheinische Gebiet hieß Gallia (obwohl dort weiterhin auch Germanen siedelten). Erfolgreicher war das Imperium bei den Vorstößen im ausgehenden 1. Jh. n. Chr. Um die Eroberungen zu sichern, zogen die Römer als Erste quer durch Deutschland einen Grenzwall. Die Demarkationslinie hieß Limes und verlief als Obergermanischer Limes zunächst zwischen Wörth und Wimpfen, später wurde der Schutzwall nach Osten vorgeschoben und verband Miltenberg und Lorch: Alle 400 m stand ein Wachturm, dazwischen zog sich die von einer Patrouillenstraße und Gräben begleitete Mauer aus Palisaden (daher die vielen »Pfahl«-Namen) und Wällen. Zwei Limeswanderwege folgen den einstigen Demarkationslinien (Tour 50), bei Walldürn wurde ein Limeslehrpfad eingerichtet (Tour 48). Außer dem Limes begegnen auch Einzelzeugnisse römischer Kultur, z.B. die Steinmetzarbeiten auf dem Reichenbacher Felsberg (Tour 6).

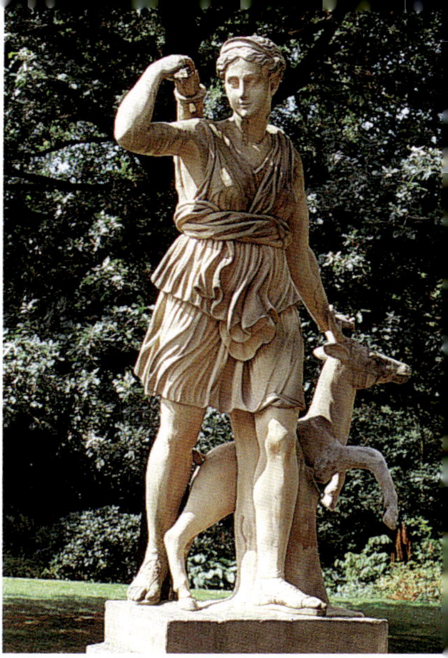

Diana im Weinheimer Schlosspark.

Alemannisch-fränkischer Odenwald

Um 260 n. Chr. durchbrachen die Alemannen den Limes und beendeten die Römerherrschaft. Die Alemannen waren kein einheitlicher Volksstamm, sondern ein Stammesverband, in dem die Sueben (die späteren Schwaben) den Hauptanteil bildeten. Die Chatten (die späteren Hessen) hatten zwar an vorderster Front gegen den römischen Limes angekämpft, doch nach dem Fall des Limes blieben sie »zu Hause« – zwischen dem Main und den Quellen von Eder und Lahn.

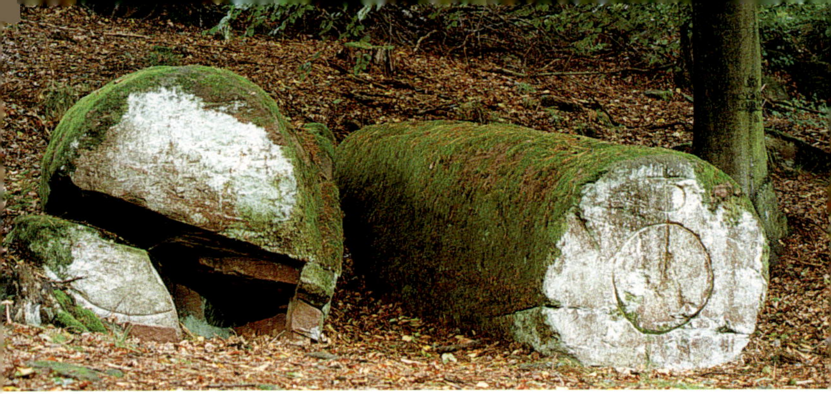

Zwei der zahlreichen Heunesäulen bei Bürgstadt (Tour 47) und Mainbullau (Tour 44). Einige von ihnen wurden in Museen nach Nürnberg und München verfrachtet. Die Kreuzeinritzungen stammen aus dem 19. Jahrhundert.

200 Jahre nach dem Fall des Limes stießen von Norden die Franken rheinaufwärts. Die Franken waren Germanen wie die Alemannen, aber sie waren nicht »basisdemokratisch« strukturiert, sondern hatten einen König an ihrer Spitze, der nicht gewählt wurde. Aus der alemannisch-fränkischen Entscheidungsschlacht des Jahres 496 ging der fränkische König Chlodwig I. als Sieger hervor. Damit verloren die Alemannen den Nordteil ihres Gebiets an die Franken, die Grenze verlief etwa auf der Linie Hagenau/Elsass – Hornisgrinde/Nordschwarzwald – Ries. Der Odenwald lag mithin im nördlichen Vorfeld dieser Grenze, was zur Folge hatte, dass er bis heute zugleich alemannisch und fränkisch ist. Das lässt sich auch an Ortsnamen ablesen:
-ingen verweist auf eine alemannische Gründung (Edingen, Östringen usw.), -heim verweist auf eine fränkische Gründung. Die Dominanz der Orte auf -heim ist zumindest an der Bergstraße eindeutig: Bensheim, Heppenheim, Weinheim, Schriesheim, Dossenheim, Handschuhsheim usw.

Kultur der Klöster und Kirchen

Zwei Jahre nach dem Sieg über die Alemannen ließ sich König Chlodwig I., der Gründer des Frankenreichs, taufen. Damit begann – Hand in Hand mit der politischen Eingliederung der den Alemannen abgerungenen Gebiete – die Christianisierung des Odenwalds. Während die Christianisierung bis Mitte des 8. Jh. vergleichsweise sanft erfolgte, setzte unter den Karolingern ein massiver Druck ein, der nach der Kaiserkrönung Karls durch den Papst im Jahr 800 noch verstärkt wurde. Fast der gesamte Odenwald gehörte nun den mächtigen Benediktinerklosterstaaten Lorsch (im Westen) und Amorbach (im Osten); der Lorscher Verwaltungssitz für die Besitzungen im östlichen Odenwald war Michelstadt.

Zu Beginn des Dreißigjährigen Kriegs sank Lorsch, außer der Torhalle, in Asche. Diese Torhalle, die anlässlich des Besuchs von Karl dem Großen im Jahr 774 vollendet worden sein soll, ist eines der ältesten erhaltenen Gebäude in Deutschland. Neben der Pfalzkapelle in Aachen zählt es zu den bedeutendsten Werken karolingischer Baukunst, als Kulturerbe der Menschheit steht es unter dem Schutz der UNESCO. Zahlreich sind weitere eindrucksvolle Bauwerke aus der Zeit der Klöster und Wallfahrten, viele von ihnen sind Ruinen wie die Michaelsbasilika auf dem Heidelberger Heiligenberg (Tour 17), die karolingische Einhardsbasilika bei Michelstadt (Touren 31 und 40) oder die Klosterruine auf dem aussichtsreichen Gotthardsberg (Tour 45), an wieder anderen Orten wird die abendländisch-christliche Kultur gepflegt wie eh und je, etwa in Walldürn (Tour 48) oder in der Benediktinerabtei Neuburg (Tour 17).

Kleindenkmäler und »Teuffelswerck«

Auf vielen Wanderungen begegnen einem Bildstöcke, Steinkreuze und andere Spuren alter Volksfrömmigkeit. In den reformierten Gebieten des Odenwalds wurden diese Gegenstände, die volkskundlich einen unschätzbaren Wert haben, fast alle zerstört. So befahl Friedrich Magnus Graf von Erbach 1608 die Vernichtung des »Bildsteins« bei [Bad] König (vermutlich ein Bildstock, in dem vor der Reformation eine Heiligenfigur stand): Die ganze Gemeinde musste sich zum Bildstock begeben, ihn aus der Erde graben, ihn in kleine Stücke schlagen und diese Stücke in das Wasser der Mümling werfen. Heute sind dergleichen Aktionen verboten, die alten Steinsetzungen stehen als Kulturdenkmäler unter staatlichem Schutz. Doch damals galten solche Steine als »Teuffelswerck«: Für die Reformation waren die heilenden Heiligen, mit denen solche Steine verknüpft waren, Chiffren für ein uraltes, von Generation zu Generation weitergegebenes, heidnisches (= teuflisches) Volkswissen. Dass die Königer Bauern den Steinstaub auch noch nach der Reformation vom Bildstein kratzten, um kranke »Pferde und Viehe« zu heilen, war mithin »hochsträfliche Abgötterei«. Auch die Schrift »Ein Christlich Bedencken von Zauberei« (1585) des calvinistischen Heidelberger Universitätsprofessors Hermann Witekind bezeichnet die katholische Lehre als des »Aberglaubens Teuffelswirckung ... voll«.
Der Heidelberger Hexenturm (Teil der Neuen Universität) erinnert an die vorreformatorischen Hexenbrände. Nach der Reformation avancierte der bis dahin von der Justiz außer Acht gelassene und von Volksbüchern und Humanisten gleichermaßen als Dummheit verlachte katholische »Hexenhammer« zu einem bei den Konfessionen in ökumenischer Eintracht ernst genommenen und von der akademischen Intelligenz viel beachteten »wissenschaftlichen« Standardwerk. In diesem geistigen Klima erfolgte in den reformierten Gebieten die Zerstörung der alten Steinsetzungen: Uraltes Kulturwerk ging unwiederbringlich verloren. Gleichzeitig brannten die Scheiterhaufen wie nie zuvor, im Odenwald vor allem in den damals kurmainzischen Gebieten.

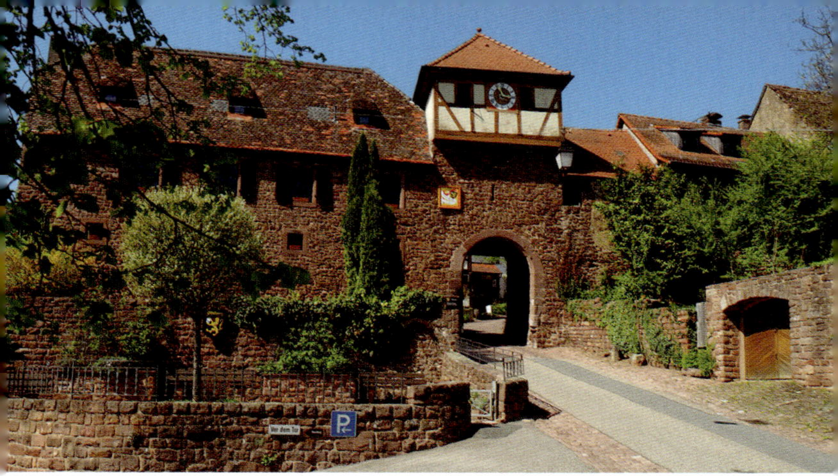

Stadttor der Bergfeste Dilsberg (Tour 20).

Dreißigjähriger Krieg

Der Beginn des Dreißigjährigen Krieges machte den Odenwald zum Brennpunkt internationaler Politik. Dieser furchtbare Krieg brachte so viel Leid über den Odenwald wie kaum eine andere Zeit. In vielen Dörfern wurde die gesamte Bevölkerung ausgerottet, insgesamt kamen im Odenwald etwa 50 % der Bevölkerung um. 500 Menschen lebten in Wald-Michelbach im Jahr 1613, im Jahr 1671 (ein Vierteljahrhundert nach Beendigung des Kriegs) waren es 215. Nominell war der Dreißigjährige Krieg ein Glaubenskrieg. Der calvinistische Kurfürst Friedrich V. von der Pfalz (Hauptstadt: Heidelberg) wurde 1619, eineinhalb Jahre nach dem Prager Fenstersturz (zwei kaiserliche katholische Statthalter waren durch ein Fenster des Prager Hradschins gestürzt worden), als Nachfolger des für abgesetzt erklärten katholischen Kaisers Ferdinand II. zum König von Böhmen gewählt. Der kaiserliche Feldherr Tilly besiegte Friedrich V. 1620 in der Schlacht am Weißen Berg, der geschlagene »Winterkönig« floh in die Niederlande, Tilly zog in den Odenwald: 1621 plünderte seine Soldateska das Neckartal und den Überwald, 1622 eroberte sie Heidelberg. Als Entschädigung für die päpstliche Kriegshilfe wurde die Palatina, eine der bedeutendsten Bibliotheken der Welt, 1623 von Heidelberg nach Rom gebracht.

Armut und Hunger nach dem Krieg waren unvorstellbar. Die Sage, die sich um einen Bildstock bei Stallenkandel (Tour 12) rankt, berichtet von zwei Soldaten, die aus dem Krieg heimkehrten: Dort, wo jetzt der Bildstock steht, erblickten sie eine Maus. Als der eine sie erhascht hatte und verzehren wollte, zog der andere seinen Säbel. Am Ende lagen beide Soldaten tot auf der Erde.

Informationen und Adressen

Auskunft

- Odenwald Tourismus GmbH, Marktplatz 1, 64720 Michelstadt, Tel. +49 6061 965970, www.odenwald.de
- Tourist-Information Nibelungenland: Marktplatz 1, 64653 Lorsch, Tel. +49 6251 175260, www.nibelungenland.net
- Tourismus Service Bergstraße: Marktplatz 1, 64653 Lorsch, Tel. +49 6251 1752615, www.diebergstrasse.de
- Touristikgemeinschaft Odenwald: Neckarelzer Straße 7, 74821 Mosbach, Tel. +49 6261 841390, www.tg-odenwald.de

Unterwegs im Odenwald

Die Privatisierung hat zum Aufbau leistungsfähiger Schnellbahnsysteme geführt, von denen Odenwald-Wanderer erheblich profitieren. Wegen der Vielzahl neuer Namen (die sich noch dazu gelegentlich ändern) kann das Angebot ein wenig verwirren. Insgesamt gilt: Die Verkehrsangebote der örtlichen Ruftaxis, des Verkehrsverbunds Rhein-Neckar (VRN), des Rhein-Main-Verkehrsverbunds (RMV), der Deutschen Bahn AG usw. bilden eine Tarifkombination. Im Beförderungsbereich der Verkehrsverbünde werden die Fahrpreise über sogenannte Waben bestimmt. Jede Wabe entspricht einer Preisstufe. Innerhalb einer Wabe spielt es keine Rolle, welche Verkehrsträger (einschließlich der Ruftaxis) benutzt werden.

Verlaufen fast unmöglich: mustergültige Beschilderung im Odenwald.

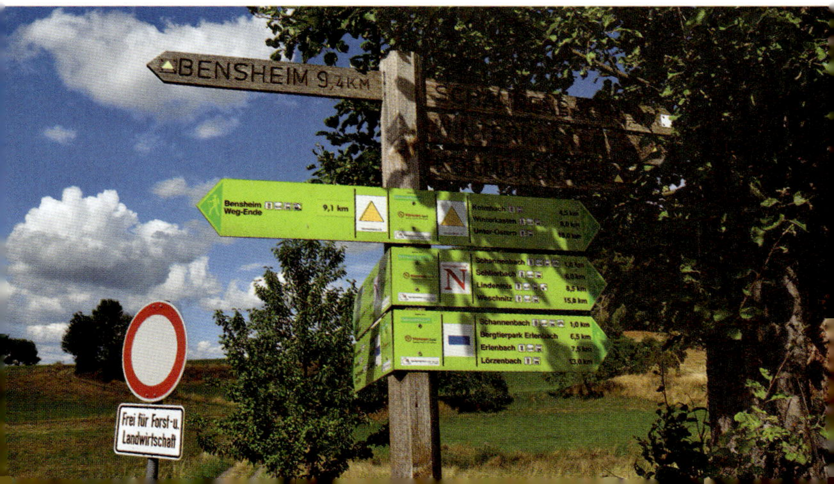

Wichtigste Neuerung der letzten Jahre ist die S-Bahn Rhein-Neckar: Mehrere Linien bedienen im (mindestens) Stundentakt 61 Haltepunkte des Gebiets Heidelberg – Mannheim – Neckartal – Osterburken.
Eine weitere Neuerung ist der **NaTourBus**: Zwei NaTourBus-Linien bringen Wanderer und Radwanderer (Fahrradtransport derzeit kostenlos) von April bis Oktober an Wochenenden und Feiertagen von den Bahnhöfen zu den Ausgangspunkten auf den Höhen des Odenwalds:

- Linie 50N: Eberbach – Beerfelden – Erbach – Michelstadt
- Linie 40N: Erbach – Michelstadt – Amorbach – Miltenberg

Parallel zum NaTourBus startet auch der badische **NeO-BUS** seine Rundreise im südöstlichen Odenwald – Eberbach, Waldbrunn, Mudau und Amorbach lauten seine bekannten Stationen.

- Linie 821: Eberbach – Mudau – Amorbach

Im Landkreis Bergstraße pendelt der **NibelungenBus** im Zweistundentakt und bringt Wanderer und Radfahrer zu attraktiven Ausgangszielen:

- Linie 665: Bensheim – Lindenfels – Reichelsheim – Erbach

Info zu allen Linien: www.odenwaldmobil.de unter der Rubrik Freizeitverkehre.

Odenwaldklub

Der 1882 in dem Weiler Zipfen am Otzberg als »Odenwälder Höhenklub« gegründete Odenwaldklub unterhält und markiert bundesländerübergreifend das Wanderroutennetz im Odenwald und einigen angrenzenden Gebieten. Dem Odenwaldklub mit seinen ehrenamtlichen Helfern und Wegewarten ist das dichte Wanderwegenetz zu verdanken. Darüber hinaus spielt er eine wichtige Rolle bei Schutz und Pflege der Landschaft.

- Geschäftsstelle: Odenwaldklub e. V., Prinzenbau im Staatspark Fürstenlager, 64625 Bensheim-Auerbach, Tel. +49 6251 855856, www.odenwaldklub.de

Wanderwege im Odenwald

Das Wanderwegesystem im Odenwald ist vorbildlich. Bei allen Touren sind im Kopf die Markierungszeichen in der Reihenfolge des Auftretens aufgeführt.

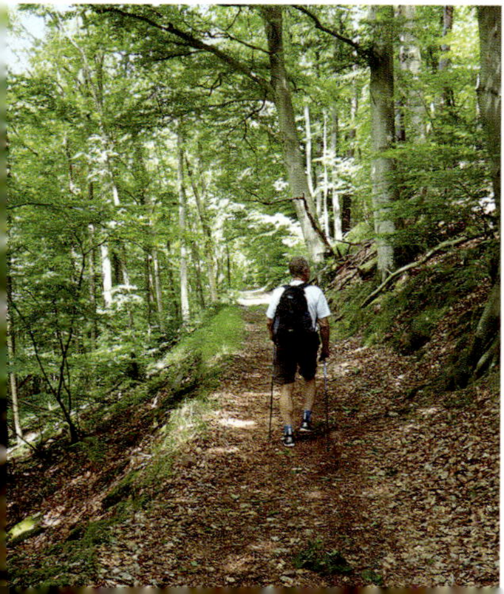

Immer wieder empfangen den Wanderer im Odenwald idyllische, pfadartig schmale, von Forstfahrzeugen unberührt gebliebene Wege – wie hier auf Tour 30.

Es gibt fünf Arten von Wanderwegen im Odenwald (Info: www.odenwald-klub.de/wanderwege/wanderwege-hauptwanderwege/):

- Hauptwanderwege (HW) des Odenwaldklubs
  Sie sind mit farbigen Symbolen, wie Kreis, Dreieck, Kreuz oder Raute markiert. Rote und blaue Symbole führen von Nord nach Süd. Grüne und gelbe Zeichen von West nach Ost. Dazu kommen Randwege mit farbigen Buchstaben, z.B. blaues m des Mainwanderweges.
- Qualitätswege »Wanderbares Deutschland«
  - Alemannenweg mit rotem A
  - Nibelungensteig mit rotem N
  - Neckarsteig mit blauem, geschwungenem N
  - Burgensteig mit blauer Burg
- Qualifizierte Wanderwege »Wanderbarer Odenwald«
  Rundwanderwege mit grüner Ziffer im Kreis und Kennbuchstaben des Ortes.
- Rundwanderwege der Naturparke
  Rundwanderwege, ausgehend von Natur-Parkplätzen des Geo-Naturparks Bergstraße-Odenwald und des badischen Naturparks Neckartal-Odenwald, mit schwarzer Ziffer in gelbem Kreis. Dazu Lehrpfade mit L und Verbindungswege mit V.
- Örtliche Wanderwege der Gemeinden
  Örtliche Rundwanderwege mit einer Ziffer im Kreis und einem Kennbuchstaben der Gemeinde.

Klima

Der kristalline Odenwald an der klimatisch begünstigten Bergstraße wird von den milden Witterungsbedingungen der Oberrheinebene beeinflusst, hier werden im Jahresschnitt oft mehr als 30 Sommertage gezählt. Bei überwiegend südwestlichen Winden erreichen die Niederschläge 850–1100 mm pro Jahr, das Temperaturmittel liegt im Januar bei 0 bis –1° C, im Juli bei 18° C. Ganz anders sieht es auf den Hochflächen am Katzenbuckel, der höchsten Erhebung des Odenwaldes, aus: Hier macht sich der Frühling erst im Mai bemerkbar, im Jahresschnitt werden nur 10–20 Sommertage gezählt. Klimatisch begünstigter sind die übrigen Bereiche des östlichen Odenwaldes.

Sport und Freizeit

Bäder

Bad König mit der Odenwald-Therme und der Meersalzgrotte im Mümlingtal ist das Thermalheilbad des Odenwalds; Kneippkurort ist Grasellenbach an der Siegfriedsquelle. Darüber hinaus gibt es eine Vielzahl an Hallen-, Frei- und Wellnessbädern, darunter das Miramar-Kur- und Freizeitbad in Weinheim an der Bergstraße und das Basinus-Bad in Bensheim an der Bergstraße. Badeseen wie der Eutersee Schöllenbach sind vergleichsweise rar. Der Marbachstausee an der Siegfriedstraße in Mossautal ist der größte Freizeit-

Klimatabelle Odenwald

Heidelberg

Monat		1	2	3	4	5	6	7	8	9	10	11	12	Jahr
Temperatur	°C	1,8	3,1	6,3	10,2	14,5	17,4	19,4	18,9	15,5	11,2	5,8	2,6	10,6
Niederschlag	mm	59	56	55	60	86	83	80	70	65	61	68	62	804

Eberbach

Monat		1	2	3	4	5	6	7	8	9	10	11	12	Jahr
Temperatur	°C	0,5	1,7	4,6	8,3	12,8	15,8	17,4	16,8	13,6	9,4	4,6	1,6	8,9
Niederschlag	mm	101	81	91	75	81	88	85	76	70	77	97	113	1036

Buchen

Monat		1	2	3	4	5	6	7	8	9	10	11	12	Jahr
Temperatur	°C	-1,0	0,2	3,6	7,6	12,2	15,4	17,1	16,6	13,1	8,4	3,3	0,4	8,1
Niederschlag	mm	71	64	67	62	68	76	63	65	53	60	69	84	803

see im Odenwald, das Baden geschieht »auf eigene Gefahr«. Der unbeaufsichtigte Waldsee Grube Prinz von Hessen bei Darmstadt ist beliebt für textilfreies Baden. Dem Basinus-Bad in Weinheim ist der Waidsee, ein Badesee mit Sandstrand, angegliedert.

Gleitschirmfliegen

Lindenfels, Reichelsheim und Fränkisch-Crumbach, Erlau, Billings, Schriesheim und Königstuhl – im Odenwald gibt es zahlreiche Fluggebiete. Zu den Vereinen der »Odenwaldrunde« zählen der Erste Odenwälder Drachen- und Gleitschirmflieger Club (www.ersterodc.de), die Bergsträßler Drachen- und Gleitschirmflieger (www.bergstraessler-drachenflieger.de), die Gleitschirmflieger Lindenfels (www.gleitschirmflieger-lindenfels.de), der Gleitschirmclub Neckar-Odenwald (www.para-now.de) und der Delta-Club Mosbach (www.deltaclub-mosbach.de).

Hochseilgärten

Hochseilgarten & Teamparcours Forest-Jump bei Walldürn-Rippberg im Madonnenländchen war der erste Hochseilgarten im Naturpark Bergstraße- Odenwald (www.kletterpark-hochseilgarten.de/hochseilgarten-wallduern.htm). Inzwischen sind weitere gefolgt, darunter der Eventure Park in Mudau-Steinbach (www.eventurepark.de) oder der Kletterwald Wald-Michelbach (www.erlebnishoehe-wald-michelbach.de).

Kanuwandern

Der Neckar zwischen bewaldeten Bergen ist mit Blick auf Burgen, Schlösser und Ruinen die Leitlinie für Kanuwanderungen im Odenwald. Der Hochseilgarten in Neckargemünd verleiht Kanus und veranstaltet Kanutouren auf dem Neckar (www.hochseilgarten-neckargemuend.de).

Der Umwelt zuliebe ...

Auch beim Wandern hinterlassen wir einen ökologischen Fußabdruck, aber im Einklang mit der Natur unterwegs zu sein, ist gar nicht so schwer!

VORBEREITUNG UND ANFAHRT

- Sich vorab informieren, worauf in Bezug auf Natur und Umwelt in der jeweiligen Wanderregion besonders zu achten ist.
- Soweit möglich mit Bahn und Bus anreisen, Wander- und Rufbusse nutzen.
- Ist eine Anfahrt mit dem Auto nötig, Fahrgemeinschaften bilden.
- Bei weiten Anfahrten Mehrtagestouren planen oder von einem Quartier vor Ort aus mehrere Touren absolvieren.
- Flugreisen möglichst reduzieren und durch Beiträge zu Klimaschutzprojekten kompensieren.

KLEIDUNG UND AUSRÜSTUNG

- Beim Kauf von Outdoor-Kleidung auf umweltfreundliche und faire Herstellung achten und Kleidungsstücke möglichst viele Jahre nutzen.
- Ausrüstung kann man eventuell auch gebraucht kaufen oder ausleihen.
- Reparieren statt neu kaufen.

VERPFLEGUNG

- Beim Einkauf Bio-Ware, regionale und saisonale Erzeugnisse bevorzugen.
- Hütten und Gasthäuser auswählen, die regionale Produkte verwenden.
- Auf Einwegflaschen und Plastikverpackungen verzichten, stattdessen wiederverwendbare Trinkflaschen und Brotzeitboxen benutzen.

ÜBERNACHTUNG

- Bei lokalen Anbietern buchen, damit Menschen vor Ort profitieren.
- Auf Hütten und in anderen Unterkünften Strom und Wasser sparen.

UNTERWEGS

- Wege benutzen und Abkürzer vermeiden.
- Sperrungen von Wegen und Schutzgebieten respektieren.
- Keine Blumen pflücken und keine Pflanzen entnehmen.
- Waldbrandgefahr beachten.
- Müll wieder mit nach Hause nehmen und dort entsorgen.
- Toilettengänge in freier Natur möglichst vermeiden.
- Lärm vermeiden.
- Hunde an die Leine nehmen.

ROTHER
BERGVERLAG

Klettern

Der felsenreiche Odenwald wartet mit zahlreichen Klettergebieten auf, der aufgelassene Steinbruch oberhalb von Schriesheim an der Bergstraße ist das größte Klettergebiet der Metropolregion Rhein-Neckar. Oberhalb des Heidelberger Schlosses liegt im Nordhang des Königstuhls das Boulder- und Klettergebiet Riesenstein. Stiefelhütte, Ziegelhausen und Jakobswand sind weitere Klettergebiete im Neckartal-Odenwald. Im nordöstlichen Odenwald liegen die Klettergebiete Silberwald, Höchst und Hainstadt, im norwestlichen Odenwald Zwingenberg, Borstein, Hohenstein, Schenkenberg, Zindenauer Schlösschen, Billerstein und Brohmfels (www.ag-klettern-odenwald.de).

Mountainbiking und Radwandern

Der Odenwald mit seinen zahlreichen Forststraßen und asphaltierten Wirtschaftswegen ist ein hervorragendes Radwandergebiet, die guten Bahnverbindungen (Neckartalbahn, Odenwaldbahn, Madonnenlandbahn, verschiedene Bahnen an der Bergstraße) ermöglichen auch erstklassige Streckentouren auf Radfernwegen mit Rückkehr zum Ausgangspunkt. Im Neckartal verläuft der Neckartal-Radweg, einer der meistbefahrenen Radfernwege Deutschlands. Ebenfalls im Neckartal beginnt der Heidelberg-

Nahezu auf jeder Wanderung trifft man auf eine oder mehrere Schutzhütten.

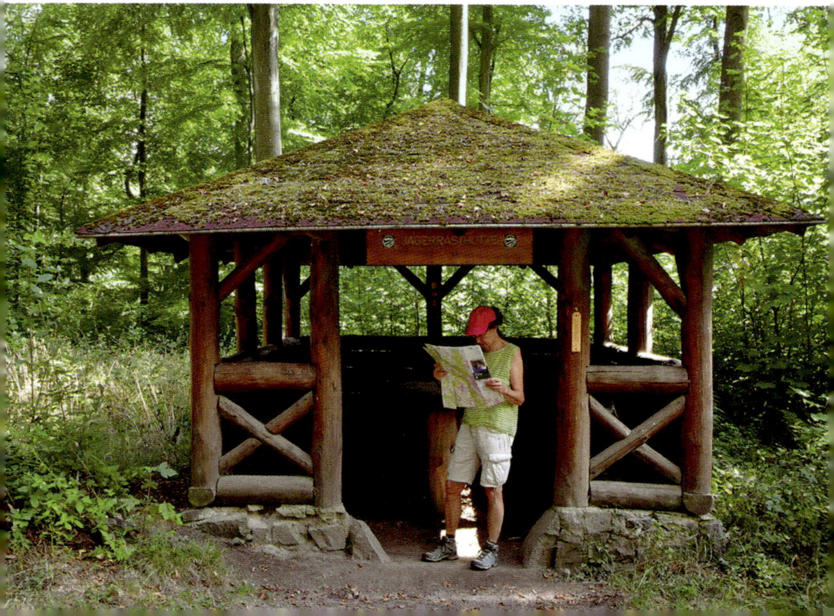

Beliebter Treffpunkt. Marktplatz in Weinheim (Tour 11).

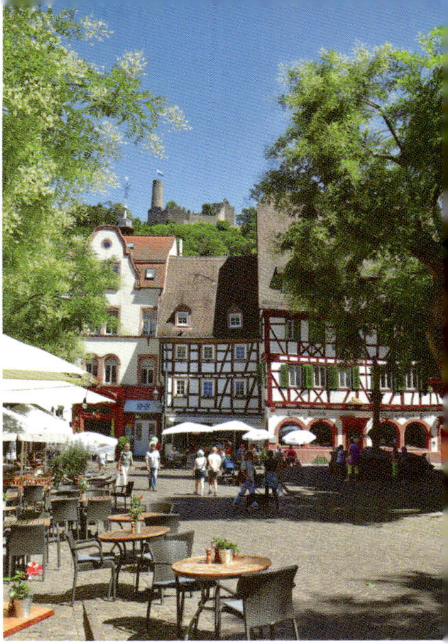

Schwarzwald-Bodensee-Radweg; er führt aus dem Neckartal in den Kraichgau. Ein Leckerbissen abseits der Bundesstraßen ist die »Wanderbahn Neckartal-Odenwald« (28 km) auf der Trasse der stillgelegten Schmalspurbahn von Mudau nach Mosbach im Elztal; sie ist Teil der Ostvariante des Odenwald-Madonnen-Wegs. Der Odenwald-Madonnen-Weg führt durch das Madonnenländchen nach Walldürn, ab Mosbach bzw. Zwingenberg (es gibt eine Ost- und eine Westvariante) durch das Neckartal nach Heidelberg und weiter in die Domstadt Speyer. Der Bergstraße-Rhein-Weg führt als Teil des Rhein-Wegs nach Heidelberg und Heppenheim; dort setzt er sich als Hessischer Radfernweg R8 an der hessischen Bergstraße fort.

Museen

Viele hochkarätige Museen und Freilichtmuseen locken Wanderer im Odenwald, allein in Heidelberg gibt es über 20 Museen. Ein Freilichtmuseum besonderer Art ist die als UNESCO-Welterbe ausgewiesene Fossilienfundstätte Grube Messel; das Besucherzentrum dort ist ein »Eingangstor« des Geo-Naturparks Bergstraße-Odenwald. Ein weiteres ist das Renaissanceschloss Lichtenberg mit dem Odenwälder Landschaftsmuseum. In der historischen Zehntscheuer der Michelstädter Burg befindet sich das Odenwaldmuseum.

Unten: Einkehr an der Neckarpromenade in Neckarsteinach (Tour 19).

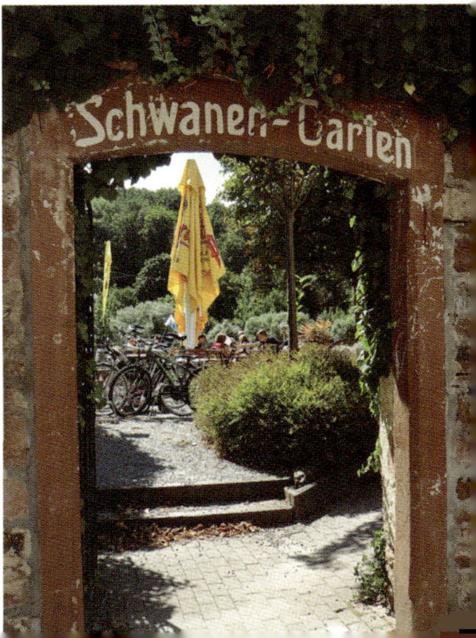

1 Oberwaldhaus – Messel – Kranichstein

5.30 Std.

Von den Scheftheimer Wiesen zum Jagdschloss

Vom Naherholungsgebiet Steinbrücker Teich am Oberwaldhaus leitet diese leichte Wiesen- und Waldwanderung durch die Scheftheimer Wiesen im Messeler Hügelland, wo im äußersten Norden des Natur- und Geoparks Bergstraße-Odenwald die als Weltkulturerbe ausgewiesene Grube Messel faszinierende Einblicke in die Welt der Fossilien bietet.

Ausgangspunkt: Oberwaldhaus, 150 m, Ausflugsgasthof an der Dieburger Straße 257 am nordöstlichen Stadtrand von Darmstadt; Busverbindung Darmstadt-Hbf.– Oberwaldhaus.
Höhenunterschied: Unter 100 m.
Anforderungen: Leichte Wiesen- und Waldwanderung.

Markierung: Gelbe 2, rotes Quadrat, grünes Quadrat, grünes X.
Einkehr: Restaurant Oberwaldhaus (Di–So ab 12 Uhr), Messel, Forsthaus Kalkofen, Abstecher von der Dianaburg (tgl. ab 12.30 Uhr).
Karte: GNBO Blatt 14, Darmstadt, 1:20.000.

Vom Parkplatz beim **Oberwaldhaus (1)** folgt der Uferweg auf der gelben 2 dem Steinbrücker Teich südwärts und taucht in die Wälder am Ruthsenbach ein. Zwischen den unter Naturschutz stehenden Auenwäldern des unbegradigten Bachs, neben weiten Wiesen und Laubwäldern mit alten Eichen und Buchen geht es bachaufwärts, auf dem **Brunnersweg (2)** ans gegenüberlie-

Die Menhire in den Scheftheimer Wiesen wurden in der Jungsteinzeit errichtet.

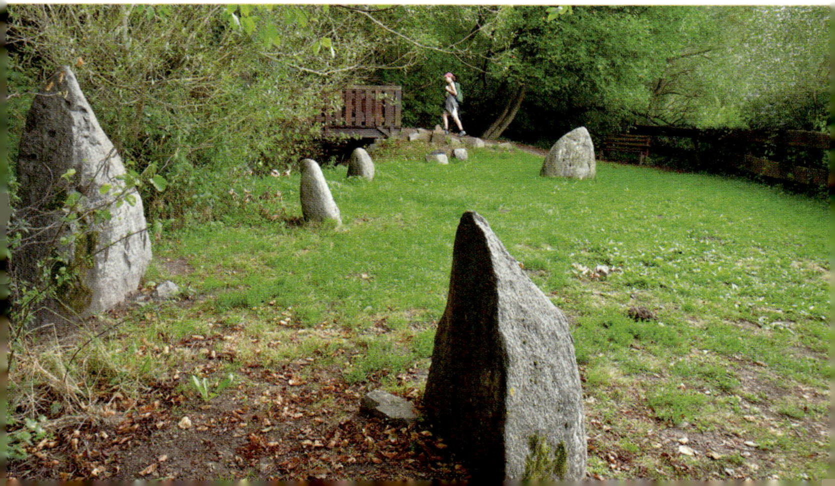

gende Ufer und rechts zur Kreuzung mit der **Bernhardsackerschneise (3)**. Die Markierung (auch DA4 kommt hinzu) folgt einem schnurgeraden Forstweg südwärts durch die Schneise und über den Ruthsenbach, bald zeigen sich links die Scheftheimer Wiesen, durch die wenig später der **Heuweg (4)** führt; nach Überqueren des Ruthsenbachs ist rechts am Waldrand die jungsteinzeitliche Menhiranlage **Rossdorfer Hinkelsteine (5)** ausgeschildert.

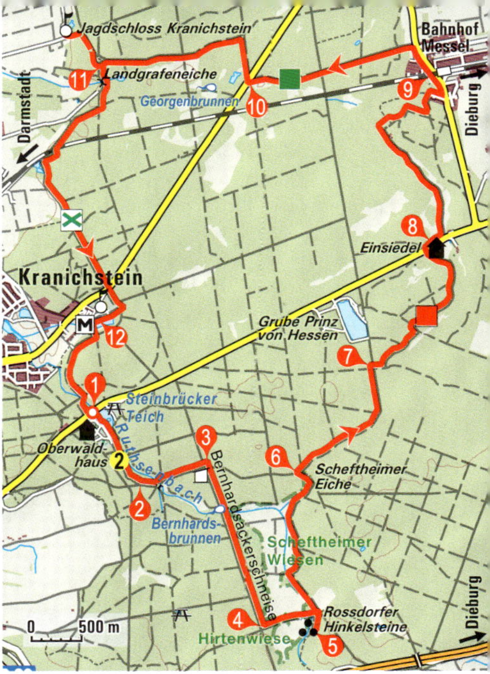

Die mit dem Zeichen gelbe 2 markierte Heegewiesenschneise folgt dem Waldsaum am Rand der Wiesen nordwärts zur Schutzhütte an der **Scheftheimer Eiche (6)**. Nach rechts auf dem Steinsnickelsweg leitet die Markierung rotes Quadrat durch die Wälder in Richtung des ausgeschilderten Freizeitgeländes »Grube Prinz von Hessen«, wechselt kurz vor dem Badesee rechts auf den **Hinterhecksweg (7)** und quert beim **Restaurant Einsiedel (8)** die Dieburger Straße (hier ist das Besucherzentrum der Grube Messel ausgeschildert). Die Markierung M3 folgt dem Bach Silz nordwärts, zuletzt rechts über den Bach und zum **Bahnhof Messel (9)**. Hier geht es kurz nordwärts auf der Rossdörfer Straße, bis die Markierung grünes Quadrat links auf die Dreibrückenschneise abzweigt, an der **Kranichsteiner Straße (10)** rechts und an der ersten links zum Jagdpavillon **Dianaburg (11)** führt. Von dort leitet das grüne X südwärts durch die Wälder zum Park des Jagdschlosses **Kranichstein (12)** und zurück zum **Oberwaldhaus (1)**.

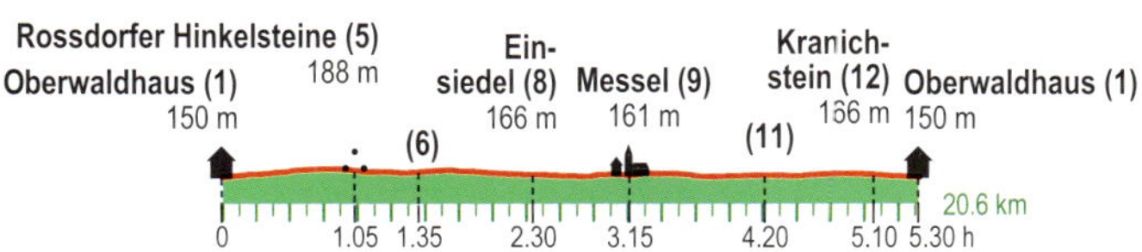

2 Ober-Ramstadt – Birkenau – Heidelberg

3 Tage

Auf dem Fernwanderweg E1 durch den westlichen Odenwald

Der Europäische Fernwanderweg E1 durchquert den westlichen Odenwald von Nord nach Süd. Von Ober-Ramstadt im Modautal führt er durch die aussichtsreichen Grünland-Hochflächen und über die bewaldeten Höhen im Hinterland der burgenreichen Bergkette über der Weinstraße. Nach Überqueren des Reichenbacher Felsbergs kreuzt er im Lautertal den Nibelungensteig und strebt auf einsamen Waldwegen dem Höhendorf Juhöhe zu, ehe in Birkenau im Weschnitztal erstmals ein Bahnhof am Weg liegt. Nach Überqueren des Eichelberg-Massivs senkt er sich nach Ziegelhausen im Neckartal.

Ausgangspunkt: Bahnhof Ober-Ramstadt, 216 m, Bahnhofstraße 23; Odenwaldbahn Darmstadt – Hanau/Eberbach.
Endpunkt: Bahnhof Schlierbach-Ziegelhausen, 120 m, an der Neckartalbahn Heidelberg – Mosbach – Bad Friedrichshall.
Höhenunterschied: Insg. ca. 1400 m.
Anforderungen: Das kuppige Gelände mit permanentem Auf und Ab erfordert Kondition.
Markierung: Grünes X des E1-Weges.
Einkehr/Unterkunft: Frankenhausen, Kuralpe, Reichenbach, Elmshausen, Steigkopf, Juhöhe, Nieder-Liebersbach, Birkenau, Unter-Flockenbach, Steinklingen, Eichelberg (Mannheimer Hütte, vgl. Tour 14), Kohlhof, Wilhelmsfeld, Ziegelhausen.

1. Tag: Ober-Ramstadt – Lautertal: 17 km/gut 6 Std.; Höhenunterschied: Aufstieg gut 430 m, Abstieg 450 m.
Vom Bahnhof **Ober-Ramstadt (1)** folgt die X-Markierung des E1 der Hohen Straße, einem historischen Handelsweg, auf einem Naturlehrpfad südwärts durch den **Stadtwald (2)** in das Kirchdorf **Frankenhausen (3)**, von dem die Hutzelstraße, ebenfalls ein historischer Höhenweg, im Hang des von Windkraftanlagen gezeichneten **Segetskopfs (4)** am Kirchdorf Ober-Beerbach vorbei zum **Hotel Kuralpe (5)** weiterleitet. Bei klarer Sicht lohnt ein Blick vom Ohlyturm nahe dem afrikanischen Restaurant **Ada's Buka (6)**, dann beginnt der Abstieg durch das Reichenbacher Felsenmeer. Nach dem Abstieg führt das grüne X am Infozentrum vorbei in das Fachwerkdorf **Reichenbach (7)**.

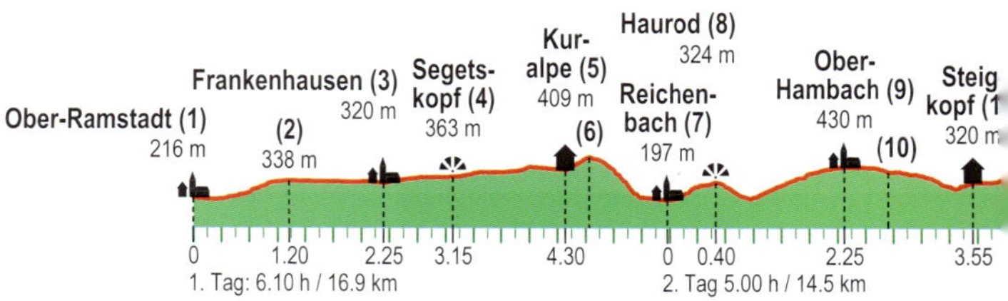

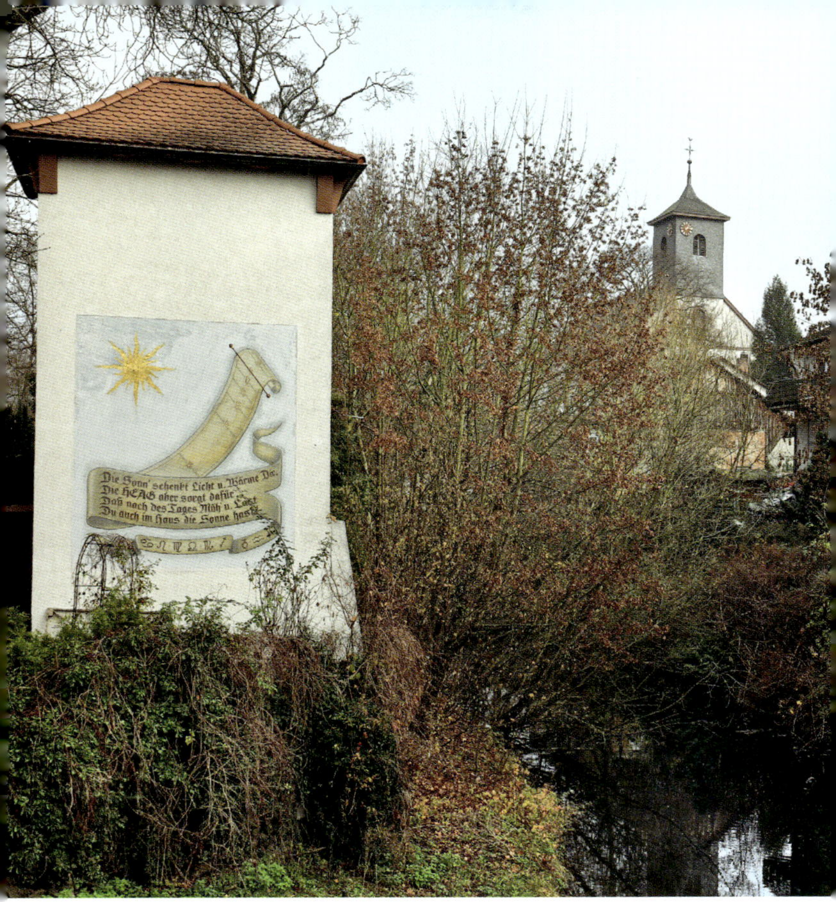

Eine der zahlreichen Sonnenuhren von Birkenau

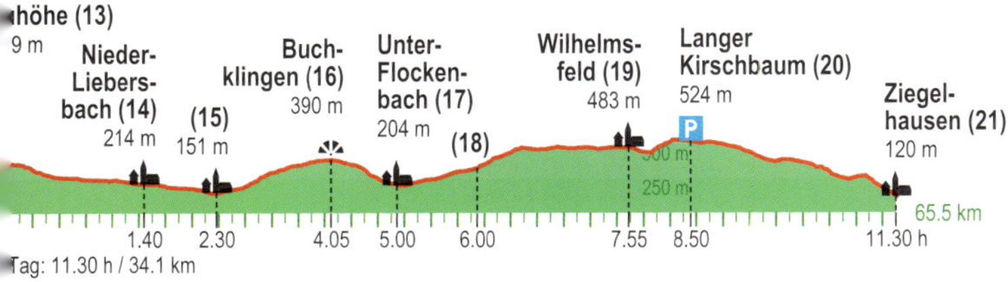

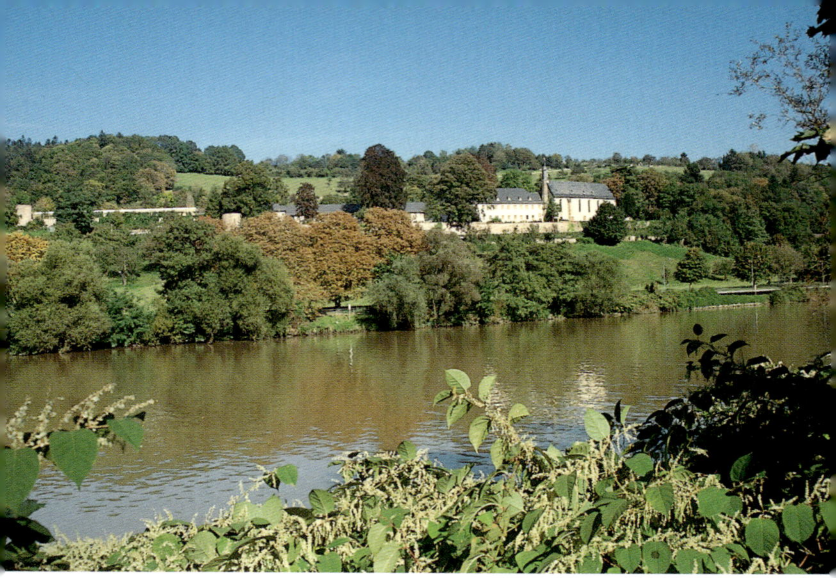

Heidelberg-Ziegelhausen.

2. Tag: Lautertal – Juhöhe (ca. 15 km/5 Std.; Höhenunterschied: Aufstieg gut 540 m, Abstieg 370 m):
Von **Reichenbach (7**) führt der Weg durch aussichtsreiche Wiesen hinauf in die Wälder am **Haurod (8)**, verläuft östlich von **Ober-Hambach (9)** vorbei, führt zur Wegespinne **Jägerrast (10)** hinauf, senkt sich in Wiesen zur **Siegfriedstraße (11)**, wenig später lädt am **Steigkopf (12)** die gleichnamige Gaststätte mit Biergarten zur Stärkung ein, und an den Gasthöfen im Höhendorf **Juhöhe (13)** ist das Tageziel erreicht.

3. Tag: Juhöhe – Ziegelhausen (34 km, 11.30 Std., Aufstieg 860 m, Abstieg 1100 m):
In **Juhöhe (13)** beginnt der aussichtsreiche Wiesenabstieg in das Kirchdorf **Nieder-Liebersbach (14)** und ins Sonnenuhrendorf **Birkenau (15)** im Weschnitztal. Steil führt der E 1 hinauf in den aussichtsreichen Höhenweiler **Buchklingen (16)** und senkt sich ebenso rasch hinab in das Kirchdorf **Unter-Flockenbach (17)**, wo der Anstieg zum Gasthaus »Zur Suppenschüssel« in **Steinklingen (18)** und über das Massiv des Eichelbergs beginnt, gefolgt vom Abstieg in den Luftkurort **Wilhelmsfeld (19)**, hinter dem der **Teltschikturm** auf dem Schriesheimer Kopf Rundschau bietet (kurzer Abstecher). Am Parkplatz **Langer Kirschbaum (20)** beginnt der wald- und aussichtsreiche Abstieg nach **Ziegelhausen (21)** im Neckartal.

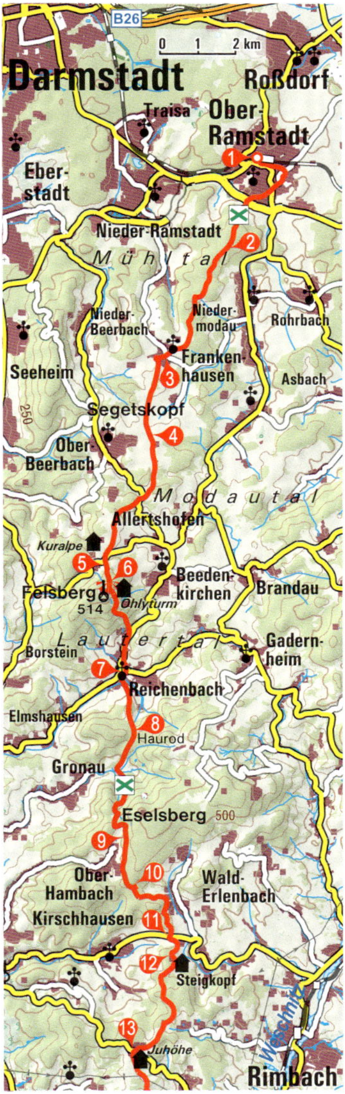
B26
0 1 2 km
Darmstadt
Roßdorf
Traisa
Ober-Ramstadt
Eberstadt
Nieder-Ramstadt
Mühltal
Nieder-Beerbach
Nieder-modau
Rohrbach
Seeheim
Franken-hausen
Asbach
250
Segetskopf
Ober-Beerbach
Modautal
Allertshofen
Kuralpe
Beeden-kirchen
Brandau
Felsberg
514
Ohlyturm
Lautertal
Borstein
Gadern-heim
Reichenbach
Elmshausen
Haurod
Gronau
Eselsberg
500
Ober-Hambach
Wald-Erlenbach
Kirschhausen
Steigkopf
Juhöhe
Weschnitz
Rimbach
1
2
3
4
5
6
7
8
9
10
11
12
13

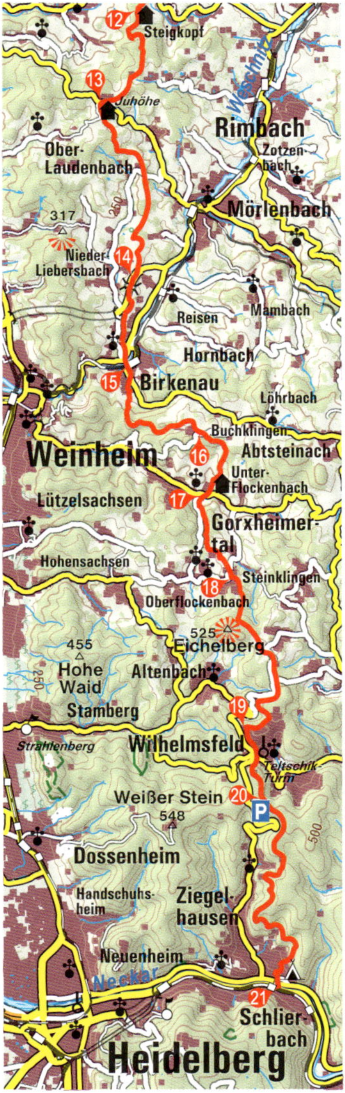
Steigkopf
Juhöhe
Weschnitz
Rimbach
Zotzen-bach
Ober-Laudenbach
Mörlenbach
317
250
Nieder-Liebersbach
Reisen
Mambach
Hornbach
Birkenau
Löhrbach
Buchklingen
Weinheim
Abtsteinach
Unter-Flockenbach
Lützelsachsen
Gorxheimer-tal
Hohensachsen
Steinklingen
Oberflockenbach
525
Eichelberg
455
Hohe Waid
Altenbach
Stamberg
Strahlenberg
Wilhelmsfeld
Teltschik-Turm
Weißer Stein
548
500
Dossenheim
Handschuhs-heim
Ziegel-hausen
Neuenheim
Neckar
Schlier-bach
Heidelberg
12
13
14
15
16
17
18
19
20
21

TOP **3**

Frankenstein – Magnetsteine – Seeheim

4.30 Std.

Burgensteig und Blütenweg im Vorderen Odenwald

Vom Luftkurort Seeheim führt der Blütenweg aussichtsreich durch Wiesen und Weingärten an der Bergstraße entlang. Nach dem steilen Aufstieg zur »Gruselburg« Frankenstein wandern wir auf einem mystisch anmutenden Höhenweg durch die Wälder auf dem Kamm des Vorderen Odenwalds. Wer einen Kompass dabeihat, kann testen, ob die Magnetsteine tatsächlich eine Ablenkung der Nadel bewirken.

Ausgangspunkt: Seeheim, Haltestelle Neues Rathaus, 131 m, Straßenbahnlinie Darmstadt – Eberstadt – Seeheim. Parkmöglichkeit hinter dem Rathaus.
Höhenunterschied: Ca. 590 m.
Anforderungen: Wald- und Weinbergewanderung auf zum Teil steilen Wegen und wurzeligen Pfaden.
Markierung: Gelbes B des Blütenweges, grüner Doppelstrich, Burgensteig, SJ3.
Einkehr: Restaurant Burg Frankenstein (Mi–Fr ab 17 Uhr, Sa/So ab 12 Uhr), Kiosk (Mo–Fr ab 13 Uhr, Sa/So ab 12 Uhr).
Karten: GNBO Blatt 2, Nördlicher Vorderer Odenwald, 1:20.000, MEKI Hessischer Odenwald Nord, 1:30.000.

An der Haltestelle vor dem Rathaus in **Seeheim (1)** gehen wir über den Georg-Kaiser-Platz zur Grünanlage dahinter. Links haltend passieren wir den originellen Brunnen mit dösenden Seeheimer Bürgern des Bildhauers Peter Lenk. Erst rechts in die Darmstädter Straße, nach 50 m links, führt uns ein Durchgang zur Burgstraße, wo wir das erste gelbe B des Blütenweges finden. Wir folgen der gut ausgeschilderten Markierung, die in der Straße Im

Dösende Seeheimer am Schulpädche.

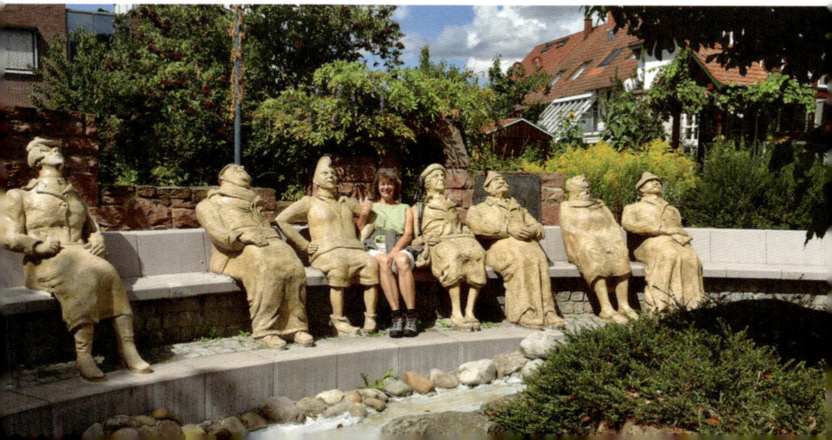

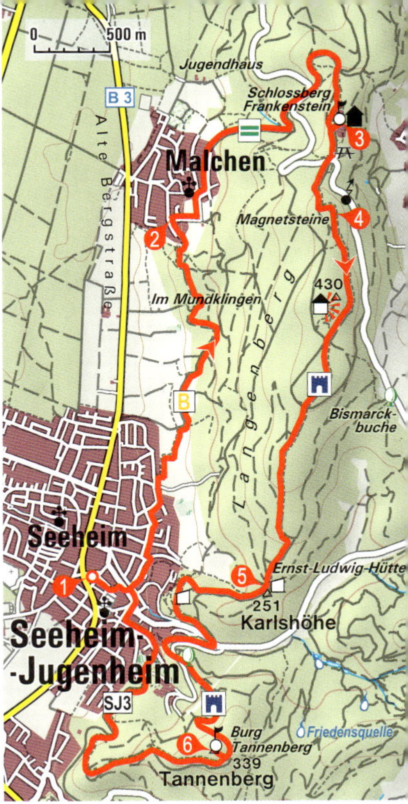

Schecken die bebauten Bereiche von Seeheim nach rechts durch einen verwachsenen Durchstieg verlässt. An der Waldkreuzung nehmen wir den unteren der beiden Wege, der sich nach einigen Kurven durch einen dschungelartigen Mischwald hinabsenkt zum Villenviertel in **Malchen (2)**. Wir verlassen den Blütenweg nach den ersten Häusern und biegen rechts bergauf in die Straße Am Dollacker. Am Ende geht es links in die Frankensteiner Straße, die uns zu einer Kreuzung mit zwei Ruhebänken führt. Hier finden wir die Markierung grüner Doppelstrich, die uns aussichtsreich zur imposanten Anlage der 1252 erstmals erwähnten Burg **Frankenstein (3)** hinaufleitet. Frankenstein ist die nördlichste Burganlage des Vorderen Odenwalds, bei klarer Sicht schweift der Blick hinaus in die Rheinebene, auf Pfälzerwald und Donnersberg und zum Feldberg im Taunus. Die von einer spätgotischen äußeren Ringmauer (mit Torturm) umgebene Anlage wurde nie erobert und zerstört, ihre im Lauf der Jahrhunderte zerfallenen Partien wurden im 19. Jh. teilweise wieder aufgebaut. Da der Name Frankenstein Assoziationen zur Titelgestalt von Mary Shelleys Schauerroman (1818) weckt, ist die Burg Ziel von Gruseltouristen, an Allerheiligen bildet sie die Kulisse eines Halloween-Festivals.

Von der Burg geht es zum Parkplatz in der Einsattelung hinab und, dem blauen Burgensteig-Symbol folgend, geradeaus auf einem Waldweg auf dem Kamm zwischen Bergstraße und Beerbachtal. An der Verzweigung wechselt der Burgensteig links auf einen Pfad in schönem Laubwald in der Ostflanke und führt zu den **Magnetsteinen (4)**, einer Felsgruppe, die wegen des hohen Eisengehalts in dem Tiefengestein Gabbro eine Ablenkung der Kompassnadel bewirkt. An der Ostflanke des Langberges führt der Kammweg zur **Ernst-Ludwig-Hütte (5)** am Zehn-Wege-Platz. Nach einer ausgedehnten Linkskurve passieren wir oberhalb einer Lichtung das Teehäuschen. Der Pavillon ist Bestandteil des Englischen Landschaftsgartens des

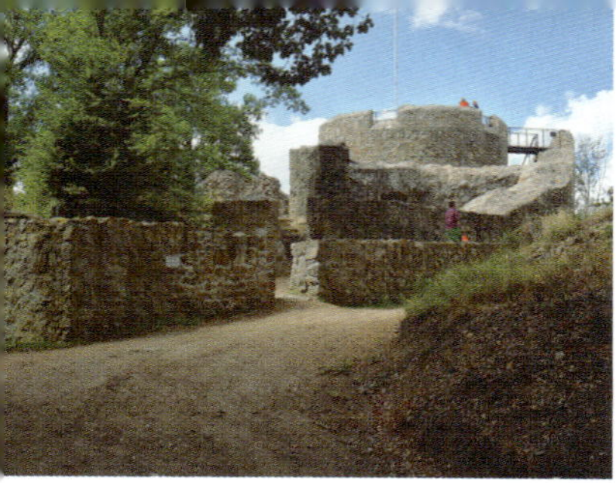

Ruine Tannenberg oberhalb von Seeheim-Jugenheim.

nahe gelegenen Seeheimer Schlosses. Kurz hinter dem Pavillon halten wir uns links, wandern hinunter zur Ober-Beerbacher-Straße, die wir überqueren, und folgen dem Burgensteig wieder aufwärts in Richtung Lufthansa-Schulungszentrum. Nach 250 m verlassen wir die Asphaltstraße nach rechts und biegen in einen Wanderpfad ein, der parallel etwas unterhalb der Straße verläuft. Leicht nach rechts versetzt überqueren wir die Straße und folgen links dem Pfad, der uns zu den Fünfschwesternlinden führt. Im Jahr 1765 wurden hier an einer ehemaligen großen Linde der späteren Hessischen Landgräfin bei einem Spaziergang mit ihren fünf Töchtern von einer Wahrsagerin für ihre fünf Prinzessinen fünf Kronen prophezeit, was auch tatsächlich eintraf.
Nach 15 Minuten folgen wir dem scharfen Linksknick der Wanderwege und erreichen nach einem zuletzt steilen Pfad die **Burgruine Tannenberg (6)**. Die um 1200 errichtete Burg war nach mehreren Erbfolgen seit 1395 von Raubrittern bewohnt, die Kaufmannszüge an der Bergstraße überfielen. Im Jahr 1399 wurde sie von einer Allianz aus Städten und Fürsten erobert und bis auf die Kapelle zerstört.
Zurück von der Burg halten wir uns rechts, wo der Wegweiser des Burgensteigs in Richtung Jugenheim zeigt. Nach einem bergab führenden Waldweg biegen wir auf geschottertem Wirtschaftsweg links ab, halten uns nach einer Schutzhütte rechts und stoßen nach einem langgezogenen, schnurgeraden Pfad wieder auf einen breiten Forstweg. Wir verlassen hier den Burgensteig, behalten – den Weg überquerend – die Richtung bei und gehen auf dem unmarkierten Pfad weiter. An dessen Ende treffen wir auf einen Forstweg und folgen der SJ3-Markierung nach rechts. Der angenehme Terrassenweg führt uns durch ein Eisentor in den Goldschmidts-Park, den wir nach der Villa links über Stufen wieder verlassen. In der Bergstraße biegen wir rechts ab, gehen am alten Rathaus nach links in die Darmstädter Straße und auf bekanntem Weg zurück zur Straßenbahnstation am neuen Rathaus von **Seeheim (1)**.

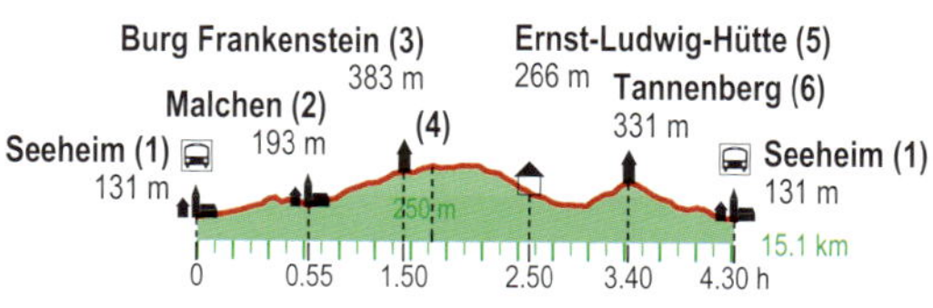

5.00 Std.

Zwingenberg – Melibocus – Auerbacher Schloss

4

Zum König des Vorderen Odenwalds

Diese aussichtsreiche Weinberge- und Waldwanderung führt auf einen der markantesten Berge des Odenwalds: Kein anderer Berg stößt so weit in die Oberrheinebene vor wie der steil aufragende Melibocus, der eine wunderbare Aussicht auf Taunus, Donnersberg, Pfälzerwald und Vogesen gewährt.

Ausgangspunkt: Bahnhof Zwingenberg, 90 m, Bahnhofstraße 25; Main-Neckar-Bahn Frankfurt – Heidelberg.
Höhenunterschied: Knapp 600 m.
Anforderungen: Der stetige, teils in Serpentinen verlaufende Anstieg auf den Melibocus erfordert Kondition.
Markierung: Nibelungensteig, Burgensteig, Blütenweg.
Einkehr: Kiosk auf dem Melibocus (Sa/So und feiertags 11–17 Uhr), Burgschenke Schloss Auerbach (April bis Oktober, Mi–So ab 11 Uhr), Auerbach, Zwingenberg.
Karten: GNBO Blatt 5, Bergstraße – Odenwald, 1:20.000, MEKI Hessischer Odenwald Nord, 1:30.000.
Variante: Vom Wanderparkplatz Not Gottes führt die gelbe 4 an der Not-Gottes-Kapelle vorbei zum Blütenweg am Parkplatz Höllberg.

Vom Bahnhof **Zwingenberg (1)** leitet die N-Markierung des Nibelungensteigs an den Rand der historischen Altstadt, wechselt oberhalb der Bergkirche auf den **Weinlagenweg (2)**, führt kurz durch Wald und tritt dann in die Rebfluren des Lucibergs ein: Sitzbänke und die **Luciberghütte (3)** laden mit hervorragender Aussicht zur Rast. Oberhalb der Schutzhütte

Bei uns d'hoam – Picknickplatz bei Balkhausen.

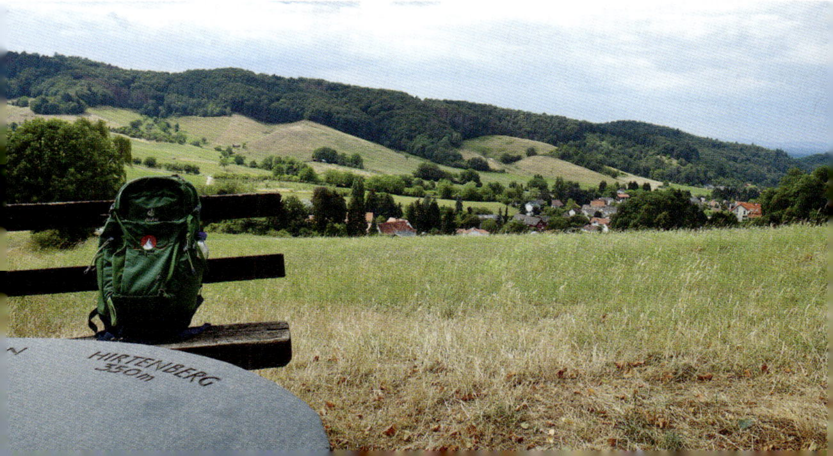

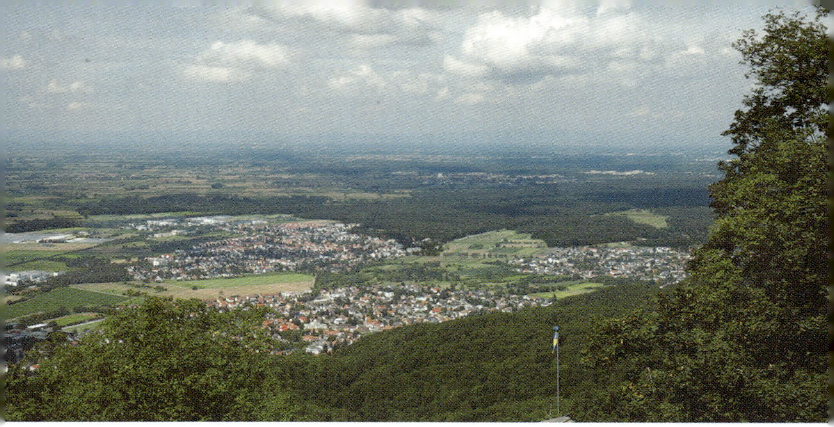

Blick vom Melibocus, bei guter Sicht bis Frankfurt.

taucht der Nibelungensteig bei einer Ziegenalm – rechts zeigt sich das Auerbacher Schloss – wieder in den Wald ein, kreuzt am **Comoder Weg (4)** den Burgensteig und führt stetig aufwärts, teils in Serpentinen. Schöner alter Buchenwald, durchsetzt von Felsblöcken, bedeckt die Bergflanken. Schließlich ist der Gipfel des **Melibocus (5)** erreicht. Hier befindet sich ein Aussichtsturm sowie eine nur an Wochenenden und Feiertagen geöffnete Gaststätte.

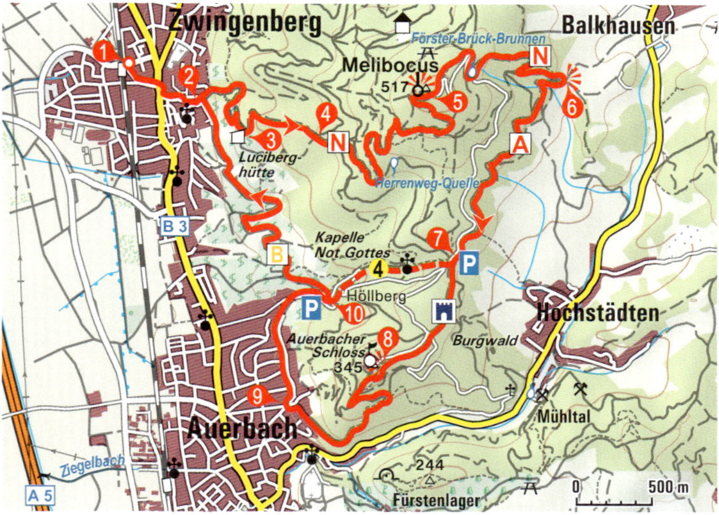

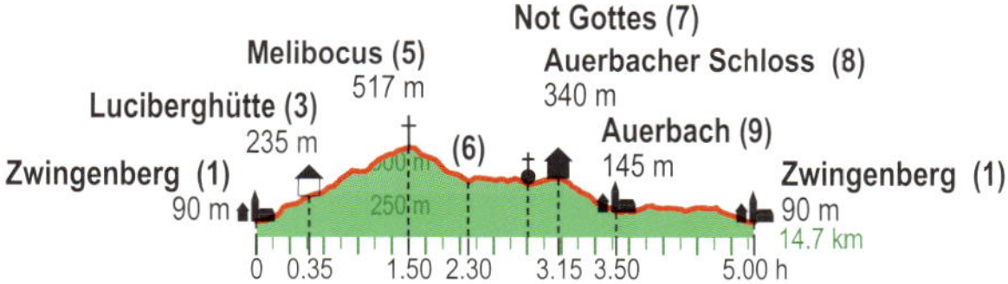

Vom Gipfel senkt sich der Nibelungensteig an der Forstmeister-Kurz-Hütte und dem Fürster-Brück-Brunnen vorbei zum **Waldrand (6)**, wo der mit dem Buchstaben A markierte Alemannenweg rechts abzweigt und in sachtem Anstieg zum Waldparkplatz bei der **Not-Gottes-Kapelle (7)** leitet. Hier vereinigen sich Alemannen- und Burgensteig und folgen einem bequemen Waldweg zum **Auerbacher Schloss (8)**, wo man einkehren kann.
Von der Schlosszufahrt zweigt der Burgensteig in den Steilhang ab und trifft in den Weinbergen am Ortsrand von **Auerbach (9)** auf den mit dem Buchstaben Gelb-B markierten Blütenweg: Dieser führt nordwärts zum Parkplatz am **Höllberg (10)**, wechselt hier auf den aussichtsreichen Weinlagenweg und führt in einem Panoramafinale durch die Rebfluren zurück zum Nibelungensteig am **Weinlagenweg (2)**; wie beim Aufstieg leitet dieser zurück zum Ausgangspunkt, dem Bahnhof **Zwingenberg (1)**.

Marktplatz in Zwingenberg.

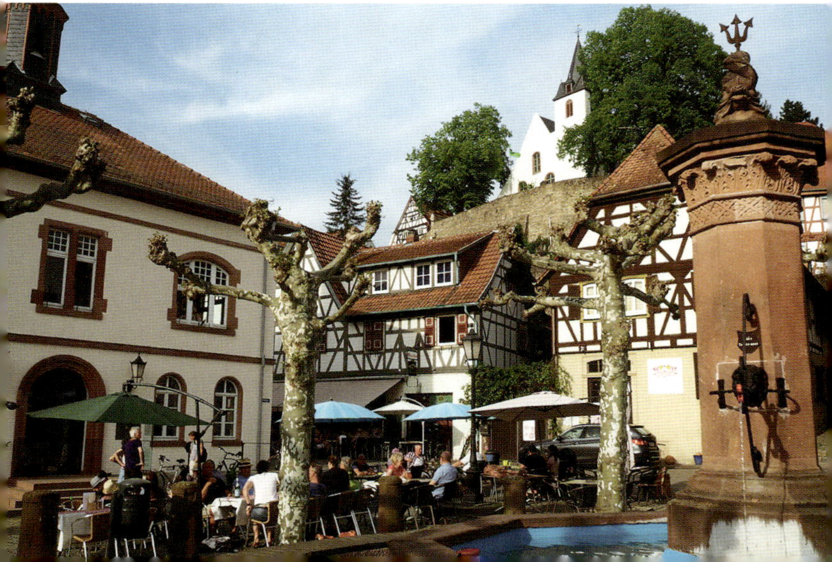

5 Bensheim – Kirchberg – Fürstenlager

3.00 Std.

Zum bedeutendsten Landschaftspark an der Bergstraße

Von der Bensheimer Fachwerk-Altstadt führt der Burgensteig aussichtsreich über den Kirchberg zum Landschaftspark Fürstenlager in Auerbach; von dort leitet der Blütenweg zurück in die Weinstadt an der Lauter.

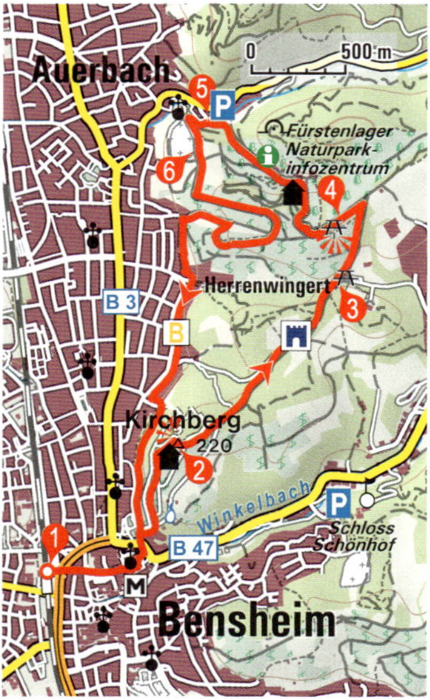

Ausgangspunkt: Bahnhof Bensheim, 100 m, Amershamplatz 1; Main-Neckar-Bahn Frankfurt – Heidelberg und Nibelungenbahn Worms – Bensheim.
Höhenunterschied: Knapp 300 m.
Anforderungen: Bequeme Wald- und Aussichtswanderung, z. T. steile Wege.
Markierung: Burgensteig, Blütenweg.
Einkehr: Bensheim, Kirchberghäuschen (Di–So ab 10 Uhr, wenn die Fahne weht), Kiosk und Landgasthof Herrenhaus im Fürstenlager (Do–So ab 12 Uhr).
Karten: GNBO Blatt 5, Bergstraße – Odenwald, 1:20.000, MEKI Hessischer Odenwald Nord, 1:30.000.

Vom Bahnhof **Bensheim (1)** leitet die Bahnhofstraße als Fußgängerzone zum Marktplatz, vom dortigen Georgsbrunnen geht es links hinauf zur klassizistischen Georgskirche, am Seiteneingang halb links hinab zur B 47, nach Queren der Bundesstraße wenige Meter links und in der Kurve rechts die Treppe hinauf, ausgeschildert »Kirchberg«, markiert mit dem blauen Symbol des Burgensteigs. Durch Weinberge führt dieser hinauf zum Ausflugslokal auf dem **Kirchberg (2)**: Weit schweift der Blick hinaus auf die Rheinebene und hinüber zum Pfälzerwald, während sich links von Bensheim der Hemsberg und dahinter der Heppenheimer Schlossberg mit der Ruine der Starkenburg zeigen.

Kurz nach Überschreiten des Kirchberggipfels kurvt der Burgensteig bei einem Marienbildstock nach rechts und führt geruhsam durch die Wälder, schließlich begleitet von den Lehrtafeln eines Waldlehrpfads. Hinter einem ausgedehnten Wiesen-Rastplatz-Gelände erreicht er den Parkplatz **Herrenwingert (3)** und führt bald darauf zum Fürstenlager, dessen erster markanter Punkt die **Ludwigslinde (4)** ist, gepflanzt von Graf Ludwig zu Erbach-Schönberg (1792–1863): Hier laden Tische und Bänke zur Rast, mit Blick auf Hemsberg, Starkenburg, Heiligenberg-Kesselberg bei Knoden, Neunkircher Höhe und viele andere Berge. Von der Ludwigslinde geht es hinab zum Guten Brunnen, dem Herzstück des Fürstenlagers mit dem Infozentrum des Geo-Naturparks Bergstraße-Odenwald. Am **Parkplatz Fürstenlager (5)** am unteren Ausgang des Landschaftsparks übernimmt die Markierung Gelb-B des Blütenwegs die Routenführung zur Bergkirche, wechselt am Bergfriedhof auf den aussichtsreichen **Weinlagenweg (6)** und führt im Hang des Kirchbergs zurück nach **Bensheim (1)**.

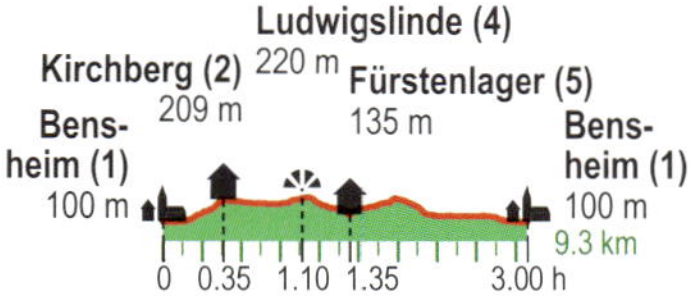

Ausblick auf Bensheim und das Rheintal beim Abstieg vom Kirchberghäuschen.

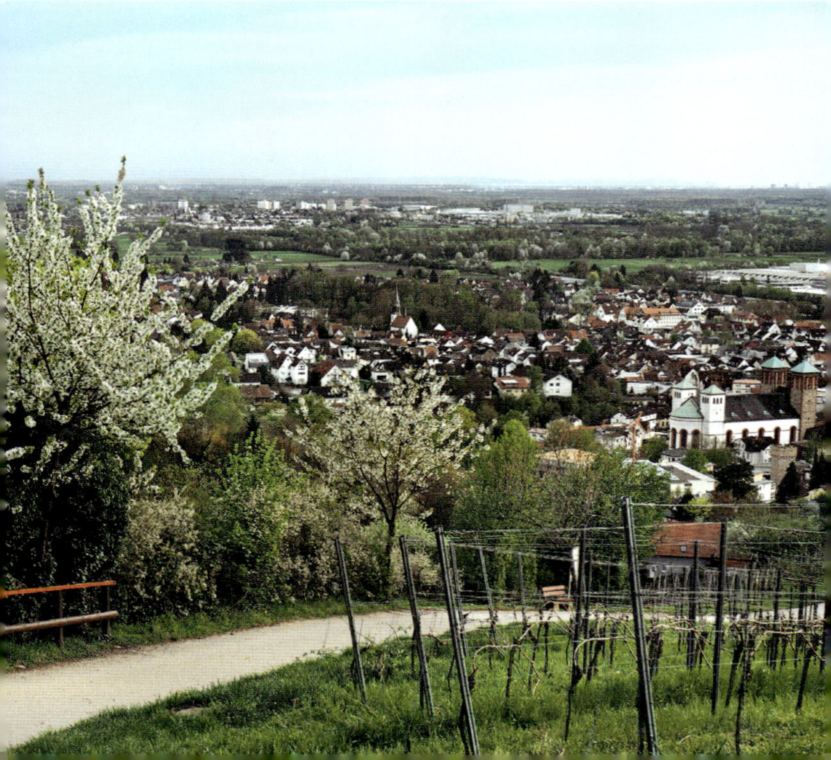

6 Reichenbach – Felsberg – Borstein

2.30 Std.

Durch das Reichenbacher Felsenmeer

Das Reichenbacher Felsenmeer zählt zu den Wanderklassikern im Odenwald, steht auf der Liste der bedeutendsten Geotope Deutschlands und ist eine der meistbesuchten Attraktionen im Geo-Naturpark Bergstraße-Odenwald. Die 18 kleineren und größeren Felsenmeere aus wollsackverwitterten Granit-, Gneis- und Quarzdioritblöcken und Geröllen in den Hängen des Felsbergs wurden schon von den Römern zu Steinmetzarbeiten aufgesucht, 1972 wurden 186 ha als Naturschutzgebiet ausgewiesen. Am Geopark-Informationszentrum verzeichnet eine Orientierungstafel mehrere Rundwanderwege, unsere Leitlinie ist der Europäische Fernwanderweg 1.

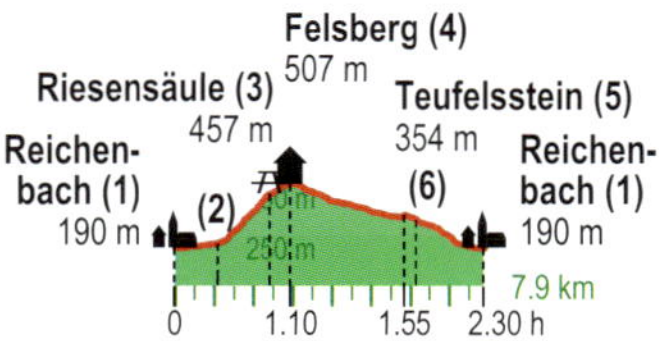

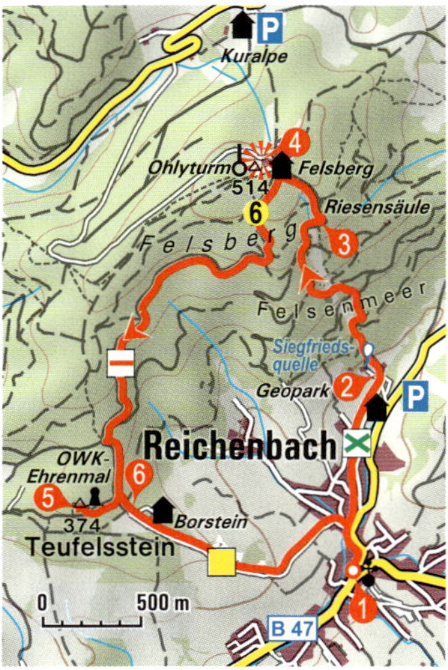

Ausgangspunkt: Bushaltestelle Reichenbach Marktplatz, 190 m (Buslinie ab Bahnhof Bensheim), oder ausgeschilderter Parkplatz Felsenmeer am Geopark-Informationszentrum Felsenmeer, 15 Gehminuten oberhalb vom Marktplatz.
Höhenunterschied: Knapp 350 m.
Anforderungen: Vom Infozentrum bis zum Felsberg steile, zum Teil steinige Pfade, für die festes Schuhwerk und ein wenig Trittsicherheit notwendig sind, ansonsten bequeme Forstwege.
Markierung: Grünes X, roter Strich, gelbes Quadrat.
Einkehr: Felsberg, Ada's Buka (Sa/So ab 11 Uhr, Mi–Fr ab 14 Uhr), Gasthaus Am Borstein, Mi–So ab 10 Uhr.
Karten: GNBO Blatt 5, Bergstraße – Odenwald, 1:20.000, MEKI Hessischer Odenwald Nord, 1:30.000.

Vom Marktplatz an der Nibelungenstraße im Fachwerkdorf **Reichenbach (1)** führt die N-Markierung des Nibelungensteigs, anfangs auch des Europäischen Fernwanderwegs 1 (X-Markierung) mit Richtungsangabe »Felsenmeer« kurz aufwärts durch die Beedenkirchener Straße, wechselt links versetzt in den Seifenwiesenweg und erreicht

hinter dem Sportplatz das **Geopark-Informationszentrum (2)** im unteren Vorfeld des Reichenbacher Felsenmeers. Die X-Markierungen führen hinauf zur Siegfriedquelle am unteren Ansatz des ersten Felsenmeers, einer jener Quellen, denen zugedacht wird, dass hier – wie im Nibelungenlied besungen – der treulose Hagen von Tronje den heldenhaften König Siegfried von den Niederlanden heimtückisch ermordete, »den Speer ließ er in Siegfrieds Herz stecken ... ringsumher wurden die Blumen nass von Siegfrieds Blut«. Auf stellenweise mit Stufen ausgelegten Pfaden/Steigen führt der E1 steil am Rand des »Meeres« aus kantengerundeten Granitblöcken aufwärts, einige der Felsen tragen fantasievolle Namen wie »Krokodil« oder »Gralsburg«. Die Sage erklärt die Entstehung des Felsenmeers dadurch, dass sich einst zwei Riesen wütend mit Felsbrocken bewarfen, der Riese vom Hohenstein hatte mehr Wurfmaterial und schüttete den Riesen vom Felsberg mit den Blöcken zu. Wenn der Sturm braust, soll zuweilen das schauerliche Heulen des unter den Felsenmeeren verschütteten Riesen zu hören sein.
Zwischendurch gewährt eine Holzbrücke eine schöne Aussicht über das Felsenmeer ins Tal. An der mehr als 9 m langen **Riesensäule (3)** lädt eine Schutzhütte zur Rast, eine zweite steht am Altarstein. Weiter geht es aufwärts zum Restaurant Ada's Buka an der 1892 gepflanzten Gabelsberger Linde in der Nähe des Ohlyturms, des Aussichtsturms auf der höchsten Erhebung des **Felsbergs (4)**, 514 m.
Von der Verzweigung beim Restaurant führt der mit der Ziffer 6 bezeichnete Dicker-Stein-Weg hinab durch den oberen Bereich des Felsenmeers. Am ersten breiten Forstweg kreuzt der mit dem Zeichen Rotstrich markierte Fernwanderweg Odenwald – Vogesen; dieser angenehme Hangweg führt rechts durch die Wälder, zuletzt immer wieder mit schöner Aussicht auf Lautertal und die umgebenden Berge. Beim Naturfreundehaus im Hang des Teufelsbergs führt ein Abstecher nach rechts zum Odenwaldklub-Ehrenmal an der zerklüfteten Felsformation **Teufelsstein (5)**.
Zurück am Naturfreundehaus verlassen wir die Rotstrich-Markierung und wandern geradeaus auf dem Vier-Länder-Weg (gelbes Quadrat). Er führt am eindrucksvollen Naturdenkmal **Borstein (6)** vorbei und leitet dann mit teilweise hervorragender Aussicht durch Feld- und Wiesenfluren zurück ins Tal nach **Reichenbach (1)**.

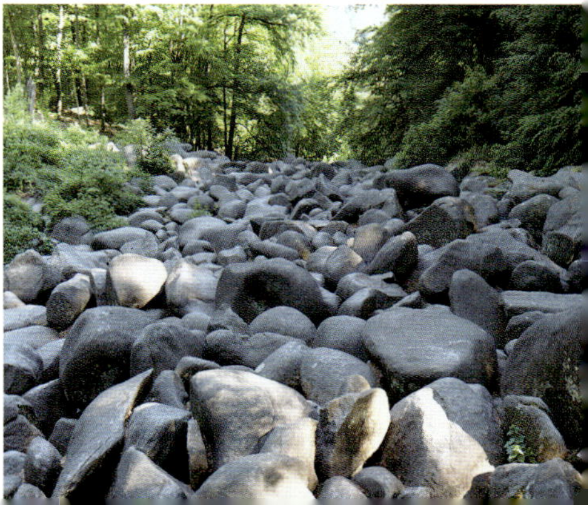

Felsenmeer bei Reichenbach.

TOP **7**

Fürstenlager – Felsberg – Melibocus

6.45 Std.

Aussichtsrunde im Vorderen Odenwald

Vom Fürstenlager-Landschaftspark führt der Vier-Länder-Weg Richtung Reichenbach, wo sich am Felsberg eines der berühmtesten Felsenmeere Deutschlands befindet. Weiter geht es über stille Odenwaldhöhen zum aussichtsreichen Melibocus und zum Auerbacher Schloss. Hier beginnt nach einem grandiosen Blick auf die Oberrheinebene der Abstieg ins Fürstenlager.

Ausgangspunkt: Bahnhof Auerbach, 102 m, an der Main-Neckar-Bahn Frankfurt–Heidelberg.
Höhenunterschied: 820 m.
Anforderungen: Anstieg und Länge der Tour erfordern Kondition.
Markierung: Gelbes Quadrat, roter Strich, ab Felsenmeer N des Nibelungensteigs bis Melibocus, von dort gelbe 6 und Burgensteig.
Einkehr: Fürstenlager, Kiosk (Do–So ab 12 Uhr), Waldgasthaus Am Borstein (Mi–So ab 10 Uhr), Felsberg, Ada's Buka (Sa/So ab 11 Uhr, Mi–Fr ab 14 Uhr), Melibocus (Hütte, Sa, So und feiertags 11–17 Uhr), Schloss Auerbach, Burgschenke (Fr–So und feiertags 12–17 Uhr, wetterabhängig).
Karten: GNBO Blatt 5, Bergstraße – Odenwald, 1:20.000, MEKI Hessischer Odenwald Nord, 1:30.000.
Variante: Wer das Felsenmeer aussparen möchte, kann die Tour um 3,5 km verkürzen. An der zweiten großen Kreuzung nach dem Abzweig zum Borsteinhaus verzweigt der grüne L2-Weg zum Parkplatz Schollrain. Am Kreisel geradeaus, stoßen wir auf den von rechts kommenden Felsenmeer-Weg und setzen unsere Wanderung geradeaus auf dem mit rotem N gekennzeichneten Nibelungensteig fort.

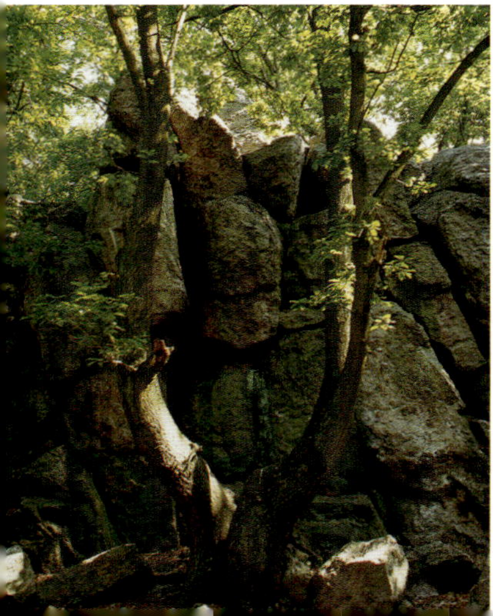

Vom Bahnhof in **Auerbach (1)** folgen wir zunächst dem roten N (Zubringer des Nibelungensteigs) zur Darmstädter Straße. Hier biegen wir rechts ab, gehen nach 300 m links die Bachgasse hinauf zum Fürstenlager und folgen einer Platanenallee im unteren Hang eines Wiesen- und Waldtals zum historischen Gebäudeensemble am **Guten Brunnen (2)** im Zentrum des Landschaftsparks. Im Wechsel von aussichtsreichem Grünland und Wäldern leitet das gelbe Quadrat (früher Nibelungenweg) vom Fürstenlager hinauf

Lautertal: Borstein.

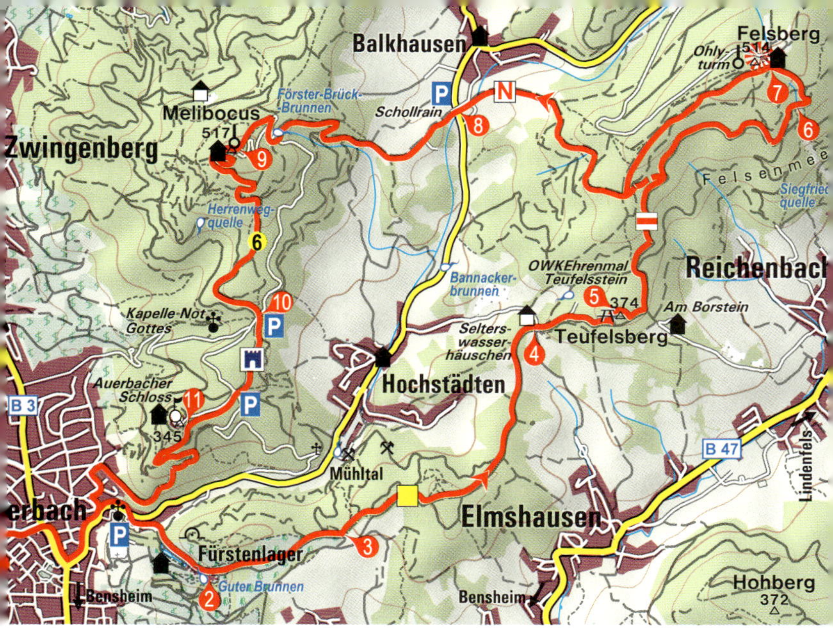

zur **Ludwigshöhe (3)** (Schutzhütte) und zur Wegeverzweigung »Beim Toten Mann«, wo im 16. Jh. eine Frau ihren Mann mit der Axt erschlug und der Leichnam genau auf der Grenze von Hessen-Darmstadt und Erbach liegen blieb, woraufhin die Mörderin jeweils sieben Jahre in Erbach und sieben Jahre in Zwingenberg inhaftiert gewesen sein soll. Zwischendurch bieten sich herrliche Ausblicke Richtung Auerbacher Schloss und Starkenburg.
Von der Hütte an der Wegekreuzung **Selterswasserhäuschen (4)** führen das gelbe Quadrat und die Rotstrich-Markierung im Wald hinauf auf den **Teufelsberg (5)**, wo eine Sitzbank am Teufelsstein, dem Ehrenmal des Odenwaldklubs, zur Rast einlädt. Wenn sich die Markierungen beim Abstieg vom Teufelsberg trennen (rechts geht es zum Waldgasthaus Am Borstein), weist der Rotstrich die Route links hinauf zum **Reichenbacher Felsenmeer (6)**, siehe Tour 6, und zum **Felsberg (7)**, wo Ada's Restaurant zur Einkehr

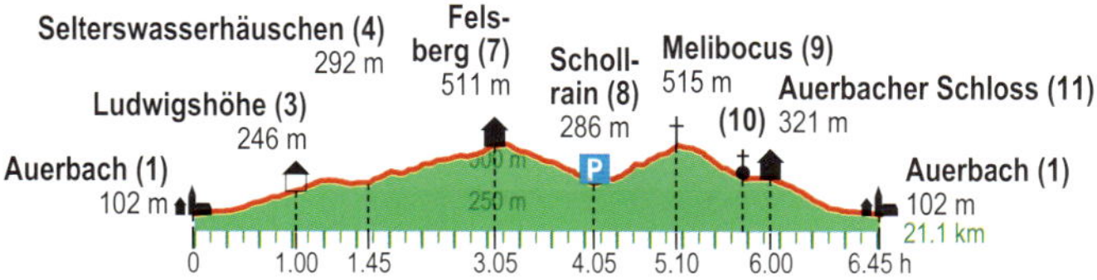

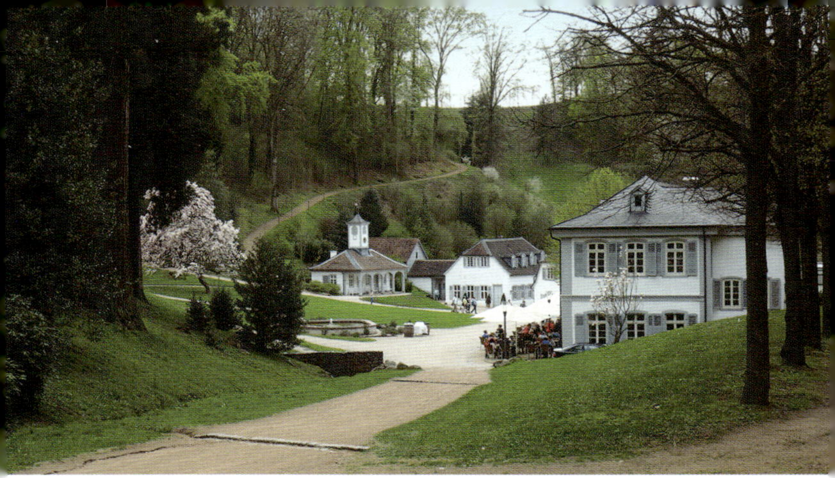

Fürstenlager in Bensheim-Auerbach.

einlädt. Eine kürzere Variante ohne Felsenmeer ist auf S. 48 beschrieben. Vom Restaurant führt der Nibelungensteig am Ohlyturm vorbei, senkt sich auf Waldpfaden abwärts und tritt am Wanderparkplatz **Schollrain (8)** aus dem Wald: Blick zum Melibocus, zum Auerbacher Schloss und ins Balkhausener Tal. Nach Überqueren der Landstraße am Schollrain führt das rote N aufwärts, tritt an der Verzweigung links in den Wald ein und schlängelt sich in Serpentinen zum **Melibocus (9)**, dem Charakterberg des Vorderen Odenwalds.

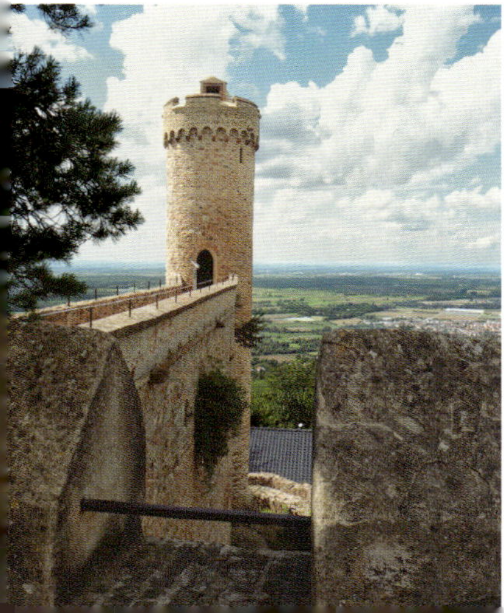

Von der Aussichtsplattform biegen wir am Trafohäuschen rechts ab und folgen dem Nibelungensteig, der nach 10 Minuten auf breitem Forstweg nach rechts führt. Gute 100 m danach, nach einer Rechtskurve, verzweigt nach links die gelbe 6, der wir nun bis zum Parkplatz an der **Kapelle Not Gottes (10)** folgen. Der Burgensteig bringt uns von dort zum **Auerbacher Schloss (11)**, siehe Tour 4. Vom Schloss kehren wir zurück zur Bachgasse und auf bekanntem Weg zum Bahnhof von **Auerbach (1)**.

Blick in die Rheinebene vom Auerbacher Schloss.

6.30 Std.

Fischbachtal – Neunkircher Höhe – Rodenstein

8 TOP

Über den höchsten Berg im hessischen Odenwald

Die Neunkircher Höhe markiert den höchsten Punkt dieser abwechslungsreichen Panoramawiesen- und Waldwanderung auf dem Dach des hessischen Odenwalds.

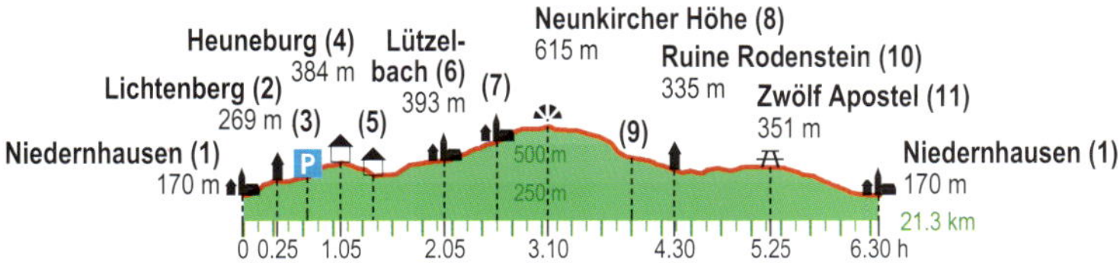

Ausgangspunkt: Niedernhausen, 170 m, Bushaltestelle Linde an der Verzweigung Darmstädter Straße/Lichtenberger Straße.
Höhenunterschied: 740 m.
Anforderungen: Überwiegend bequeme Wald- und Forstwege, die Länge der Wanderung erfordert Kondition.
Markierung: J1, rotes Quadrat, J1, gelbe 4, grüner Strich, blaues Dreieck, rotes A.
Einkehr: Lützelbach, Odenwald Café, (Di–So 13–18 Uhr). Neunkirchen, Kaiserturm auf Neunkircher Höhe (Sa/So 12–17 Uhr), Hofgut Rodenstein (Do ab 17 Uhr, Fr–So ab 11 Uhr).
Karten: GNBO Blatt 4 Rodensteiner Land, 1:20.000, MEKI Hessischer Odenwald Nord, 1:30.000.
Variante: 500 m nach Dieter-Held-Hütte links erst J1, dann gelbe 8 bis Steinkopf-Hütte. Nach dem Steinkopf auf JV bis Rimdidim. Von dort der Beschilderung zur Ruine Rodenstein folgen (J1, V, rotes A).

Von der Kirche in **Niedernhausen (1)** im Fischbachtal leitet die J1-Markierung des St. Jost Pilgerweges hinauf zum imposanten **Schloss Lichtenberg (2)**; der dreiflügelige Renaissancebau beherbergt ein landeskundliches Museum sowie als »Geopark-Eingangstor« eine Ausstellung zur historischen Landnutzung in der Geopark-Region

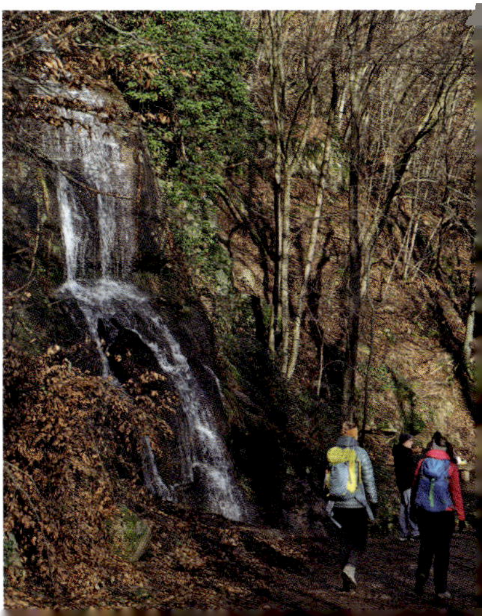

Bei Burg Rodenstein gischtet der Fallenbach über einen knapp 6 m hohen Felsen.

von der Steinzeit bis heute. Vom Schloss führt das Zeichen rotes Quadrat (es weist bis zur Neunkircher Höhe die Route) auf der Waldstraße zur ehemaligen Bushaltestelle am Café Heuneburg, dort geradeaus auf dem Lippmannweg zum **Wanderparkplatz Heuneburg (3)** bei der Tempeleiche. Dort beginnt auch der informative Pfad der Geschichte mit Hinweisen zu Geologie und Heimatgeschichte. Nach der Tafel über die gerundeten Geröllsteine knickt der

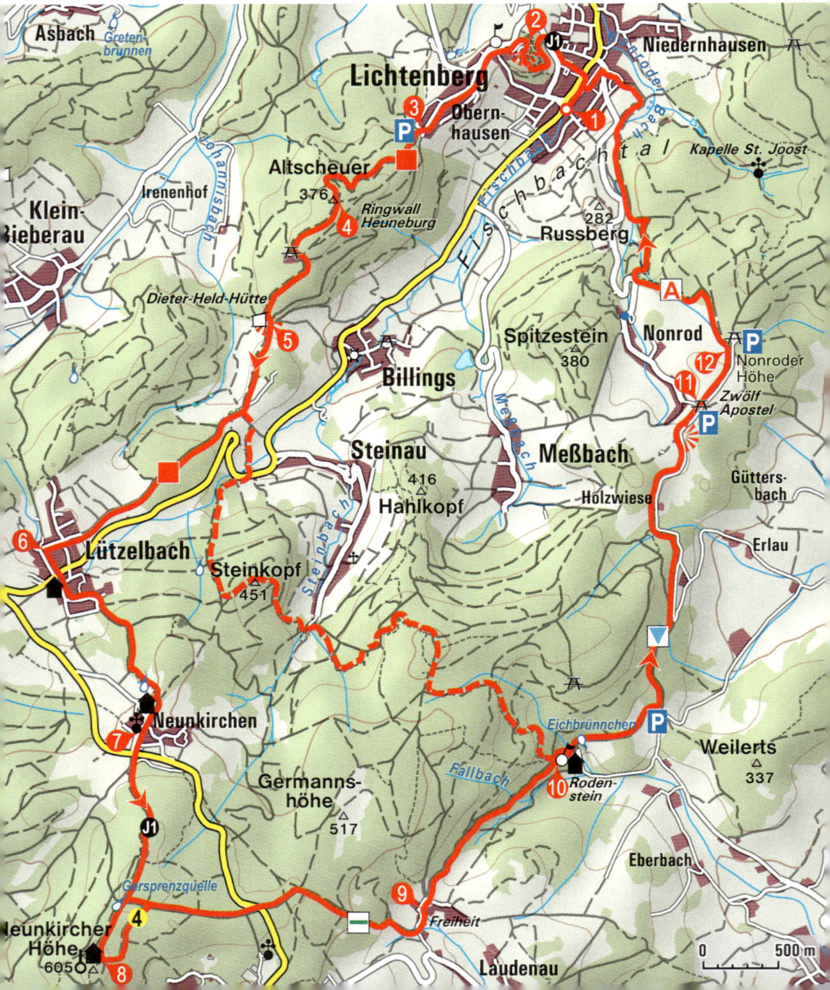

Pfad scharf nach links ab und führt zur **Heuneburg (4)**. Neben den Resten einer keltischen Ringwallanlage lädt eine Schutzhütte zur Rast.

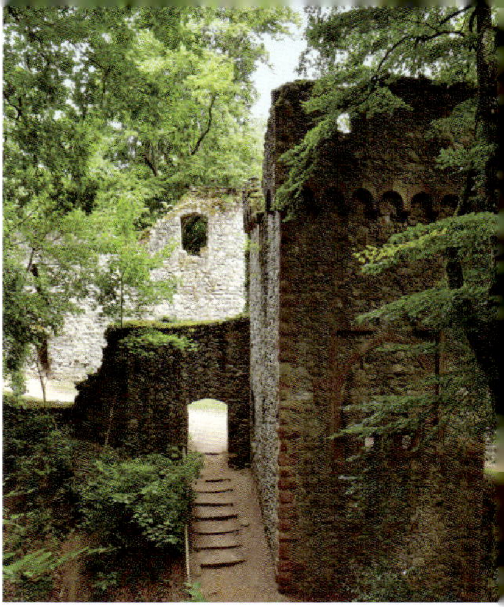

Ruine Rodenstein.

Von der Heuneburg leitet die Markierung rotes Quadrat abwärts und verlässt unterhalb der **Dieter-Held-Hütte (5)** den Wald; am Waldsaum lädt eine aussichtsreiche Sitzbank zur Rast. Im Wechsel von Laubwäldern und aussichtsreichem Wiesenland führt das rote Quadrat weiter in das Dorf **Lützelbach (6)**, wo der Aufstieg in das aussichtsreiche Bergdorf **Neunkirchen (7)** beginnt; die Quellkirche war bis zur Reformation ein bedeutendes Wallfahrtsziel. Nach Queren der Landstraße verlassen wir vorübergehend das rote Quadrat und wandern neben der Aussichtsbank auf dem ungeteerten J1-Weg geradeaus weiter. Er führt an einer Radarstation und der Gersprenzquelle vorbei zur von alten Buchen bestandenen **Neunkircher Höhe (8)**, auf der der Kaiserturm Rundschau gewährt und die höchstgelegene Gaststube des Odenwalds zur Einkehr einlädt.

Vom Turm gehen wir zurück bis zu den Felsblöcken, halten uns rechts und passieren, der gelben 4 (auch J1) folgend, den Seibertstein. Die Ehrentafel davor gebührt dem Erfinder der Wege-Systematik des Odenwaldklubs, Ludwig Seibert (1849–1911). Die Wanderwege queren die L3399 und stoßen kurz darauf an einer Wegekreuzung auf den grünen Strich, dem wir nun nach rechts folgen. Über den Weiler **Freiheit (9)** und die Felsformation Fallender Bach, wo im Frühjahr das Wasser über die Felsen strömt, erreichen wir mitten im Wald die gewaltigen Reste der **Ruine Rodenstein (10)**. Am Wanderparkplatz Rodenstein biegen wir links ab und folgen dem blauen Dreieck.

Achtung an der Gabelung: Der grüne Strich verlässt uns hier endgültig nach rechts, während wir leicht links haltend weitermarschieren. Am Rastplatz **Zwölf Apostel (11)** mit einmaliger Aussicht geht es geradeaus weiter zum Wanderparkplatz **Nonroder Höhe (12)**, wo links haltend die bekannte A-Markierung des Alemannenwegs wieder auftaucht. Im Zickzack führt der Pfad durch den Wald und stößt an der Stelle, wo die Autostraße sichtbar wird, auf einen breiteren Weg, der eine Linkskehre beschreibt. Hier führt ein unmarkierter Pfad nach rechts, auf dem wir eine Schleife abkürzen können. Nach fünf Minuten finden wir wieder das rote A, das uns zurück nach **Niedernhausen (1)** geleitet.

9 Schannenbach – Märkerwald – Knoden

3.40 Std.

Vom Schannenbacher Moor ins obere Gronauer Tal

Vom Bergdorf Schannenbach führt diese naturschöne Buchenwald-, Bachtal- und Hohlwegewanderung durch das Schannenbacher Moor über den Heiligenberg und auf dem E1 zum Haurod-Pass, von wo wir via Knoden nach Schannenbach mit seinen Fachwerkhäusern zurückkehren.

Ausgangspunkt: Schannenbach, 480 m, Wanderparkplatz Brunnenwiese bzw. Bushaltestelle Schannenbach-Ort an der Krehbergstraße; Buslinie Gadernheim – Lindenfels – Fürth.
Höhenunterschied: 420 m.
Anforderungen: Bequeme Wald- und Forstwege, Waldpfad um Knodener Kopf.
Markierung: Gelbe 1, grüne Raute, grünes X, gelbes Dreieck, rotes N des Nibelungensteigs.

Einkehr: Bensheim Gronau, Scholzehof (rund 1 km vom Weg, siehe Hinweisschild im Tal, Fr/Sa ab 17 Uhr, So ab 11 Uhr), Schannenbach, Gaststätte zum Odenwald (Fr–So ab 11 Uhr).
Karten: GNBO Blatt 5, Bergstraße – Odenwald, 1:20.000, MEKI Hessischer Odenwald Nord, 1:30.000.
Variante: Abstecher zu den Steinschloss-Felsen, hin und zurück rund 40 Min.; siehe unten.

Vom Parkplatz **Brunnenwiese (1)** wandern wir am Gasthaus vorbei und biegen links ab. Die Markierung Gelb-1 führt uns hinauf zur Krehbergstraße und wechselt rechts in das Naturschutzgebiet Schannenbacher Moor. Am Haus Sonnentau gehen wir an der Infotafel geradeaus weiter. Das Moor (rechter Hand vom Weg) wird seit Jahren renaturiert, der landschaftlich reizvolle Weg führt teils über Wiesen, teils durch Buchen-Eichen-Wald. Inmitten der Lichtung mündet von links kommend die grüne Raute in unseren Weg, der wir bis zur großen Kreuzung zwischen Eichelsberg und Eselsberg folgen. Unser Weg führt durch Feuchtwiesen dem Wald zu und wendet sich dort gleich rechts.

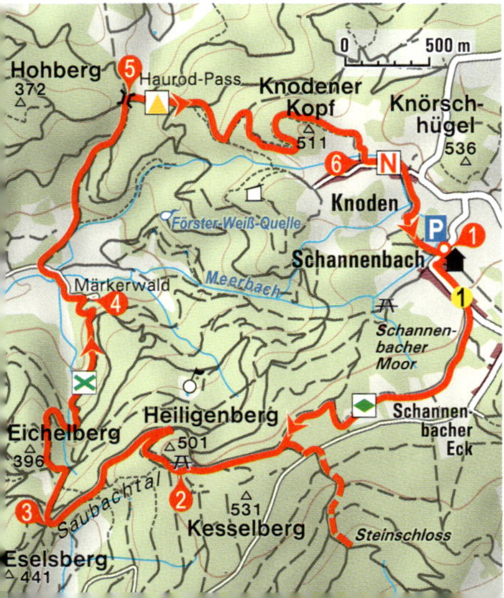

Wer das Steinschloss sucht, findet es mit einem kleinen, ausgeschilderten Abstecher: Das Steinschloss zwischen Schannenbach und Scheuerberg ist eine zerklüftete Felsbastion, die

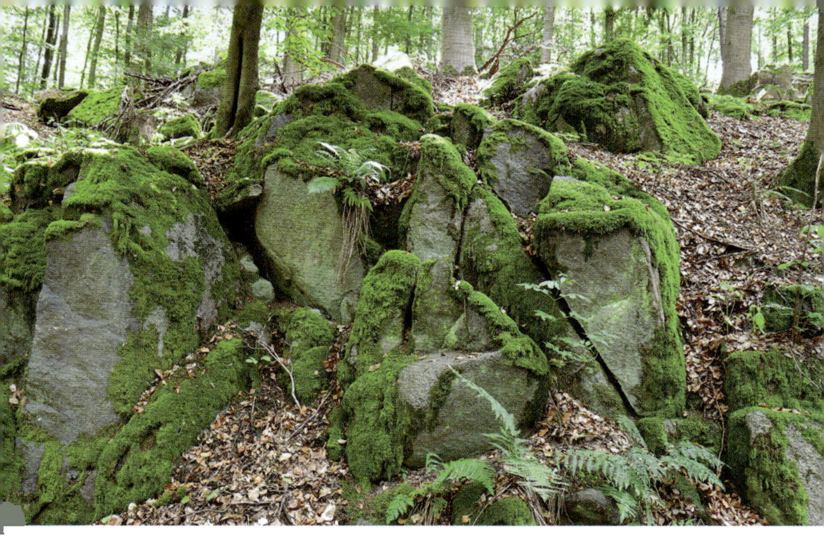

Felsblöcke mit »grünem Mantel« am Heiligenberg.

ebenso wie weitere kleinere Felsenmeere in diesem Gebiet als Naturdenkmal unter Schutz steht. Den Sagen zufolge wurde das auch »Wildleuthäusl« genannte Steinschloss von Riesen erbaut, die in der Umgebung des Heiligenbergs noch weitere steinerne Schlösser gehabt haben sollen. Im Mittelalter sollen im Steinschloss »wilde Leut« gehaust haben, denen die Schannenbacher in Näpfen Essen hinstellten; im Lauf der Jahrzehnte wurden die wilden Leut weniger und weniger und eines Tages holten sie das bereitgestellte Essen nicht mehr ab.
Der mit der grünen Raute bezeichnete Weg führt durch die Wälder hinüber zum felsigen **Heiligenberg (2)**. Dort mündet der bis dahin passagenweise naturnahe Weg in einen Forstweg, der durch blockwerkdurchsetzte Wälder links hinab ins **Saubachtal (3)** führt. Wir biegen vor dem Wegweiser rechts ab und folgen dem Europäischen Fernwanderweg E1 mit dem grünen X (Richtung Reichenbach) weiter bergab. Nach gut 300 m versäumen wir nicht, in spitzem Winkel links abzubiegen. Im Hang des Heiligenbergs leitet uns das grüne X, zuletzt in Serpentinen, zum Wanderparkplatz **Märker-**

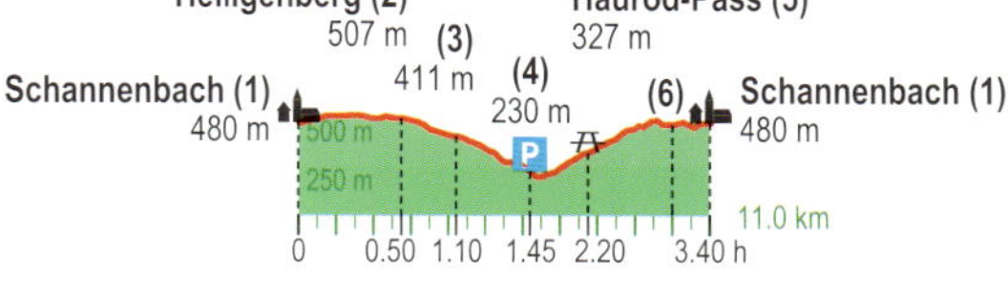

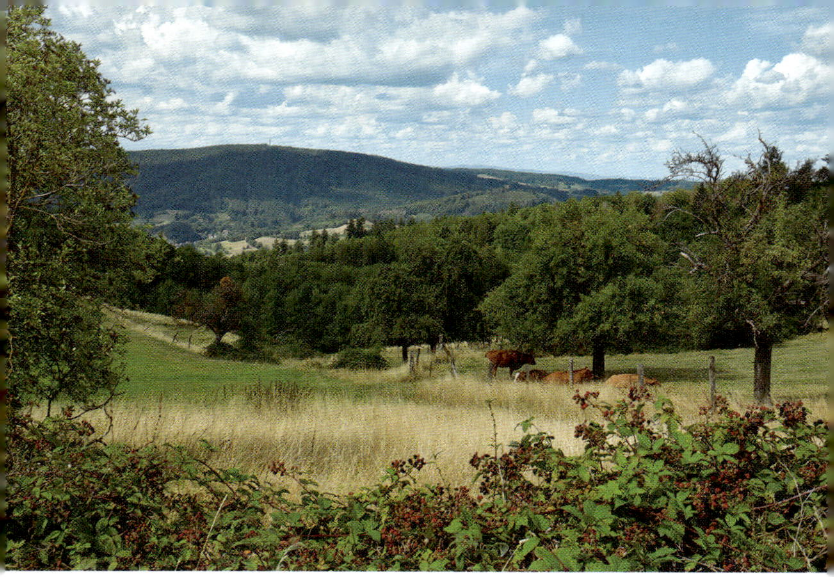

Blick auf den Melibocus.

wald (4) und führt durch ein stilles Wiesenland erneut dem Wald zu: Auf einem hohlwegartig eingetieften Wegstück geht es hinauf zur Wegekreuzung **Haurod-Pass (5)** mit Picknickmöglichkeit. Dort folgen wir der Markierung gelbes Dreieck rechts weiter Richtung »Knoden«. Wenige Meter danach halten wir uns rechts, wandern steil bergauf und verlassen 100 m nach der nächsten Wegekreuzung den breiten Forstweg auf einen Pfad nach rechts (Markierung schwer erkennbar). Nach 10 Minuten heißt es etwas aufpassen: An der Stelle, wo sich der Weg wieder leicht absenkt, zweigt nach links ein etwas verwachsener, unmarkierter Pfad ab, der weiter bergauf führt. Oben stößt er auf den Nibelungensteig, auf dem wir nach rechts weitergehen. Ein traumhaft schöner Wanderweg, gespickt mit Wurzeln und Steinen, führt uns mit herrlichem Ausblick zum Felsberg gegenüber im Halbkreis um den Knodener Kopf. Auf Wiesenwegen senkt er sich hinab in das winzige Dorf **Knoden (6)**.

Das Bergdorf steht im Ruf, nicht geheuer zu sein, die französischen Soldaten sollen während der napoleonischen Kriege gespenstische Erfahrungen mit den Geistern rund um Knoden gemacht haben. »Brauchen« heißt die Zauberkunst, die in Knoden und Schannenbach ausgeübt wird und alljährlich in der Nacht auf Allerheiligen in den Wäldern rund um den Knoden wieder auflebt.

Von Knoden führt uns der Nibelungensteig durch aussichtsreiche Wiesen und über eine letzte Kuppe zurück ins nahe **Schannenbach (1)**.

5.15 Std. — Heppenheim – Juhöhe – Starkenburg — 10

Aussichtsreiche Wald- und Wiesenwanderung über der Bergstraße

Von der sehenswerten Weinstadt Heppenheim leiten Wald- und aussichtsreiche Wiesenwege hinauf zur Juhöhe, der ebenso aussichtsreiche Rückweg führt zur imposanten Starkenburg hoch über der Bergstraße.

Ausgangspunkt: Bahnhof Heppenheim, 100 m, an der Bahnhofstraße; Main-Neckar-Bahn Frankfurt – Heidelberg.
Höhenunterschied: 600 m.
Anforderungen: Der Anstieg erfordert ein wenig Kondition.
Markierung: Roter Strich, grünes X, roter Strich.
Einkehr: Juhöhe, Waldschenke Fuhr, (Mi–So ab 11.30 Uhr), Kirschhausen, Zum Steigkopf (Mi–Fr ab 15 Uhr, Winter ab 17 Uhr, Sa/So ab 12 Uhr).
Karten: GNBO Blatt 8, Bergstraße – Weschnitztal, 1:20.000, MEKI Hessischer Odenwald Süd, 1:30.000.
Varianten: Abstecher vom Wegpunkt 11 zur Ruine Starkenburg (Markierung Gelb-2/3) und Abstieg nach Heppenheim über den Burgensteig.
Von der Bushaltestelle Guldenklinger Höhe (WP9) besteht eine Busverbindung nach Heppenheim.

Vom Busbahnhof beim **Bahnhof Heppenheim (1)** führt die Ernst-Schneider-Straße zum Postplatz an der B 3, dort geht es durch die Fußgängerzone (Friedrichstraße, dann Marktstraße) zum **Großen Marktplatz (2)** im Herzen der Altstadt. Zwischen Dom und Martin-Buber-Schule zweigt die Rotstrich-Markierung links in die Merianstraße ab und die erste rechts (Ernst-Ludwig-Straße) hinauf zu den Weinbergen am Maiberg, von wo der Weg durch ein altes Gartengebiet zur Landstraße im **Erbacher Tal (3)** führt. Nach wenigen Metern längs der Straße führt der Rotstrich auf einem Teerweg scharf rechts auf den Essigkammweg, wendet sich oben am Luisenplatz links in die Wälder des Essigkamms und bietet im Sattel zwischen Essigkamm und Steinberg ein weites Bergstraßen-Panorama.

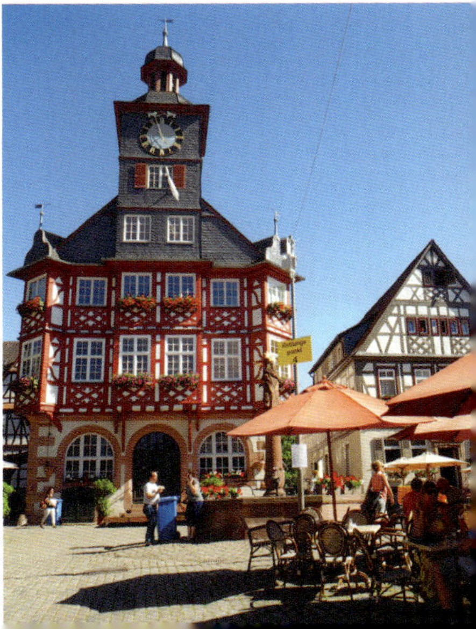

Altes Rathaus am Marktplatz in Heppenheim.

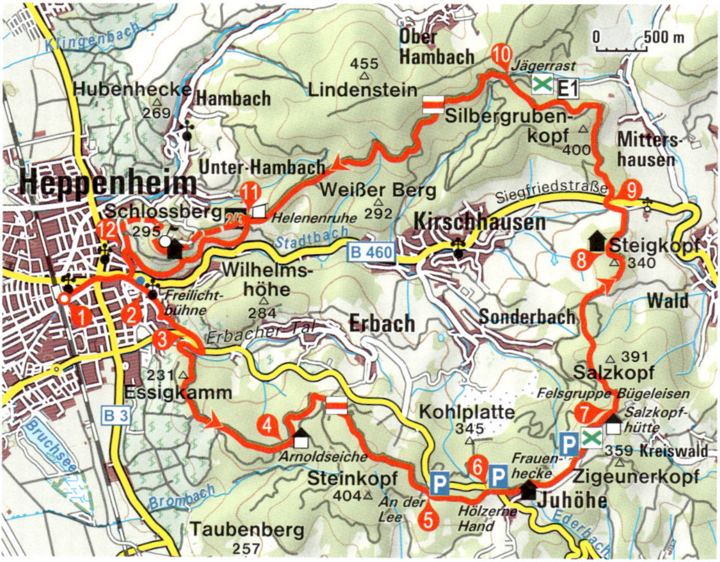

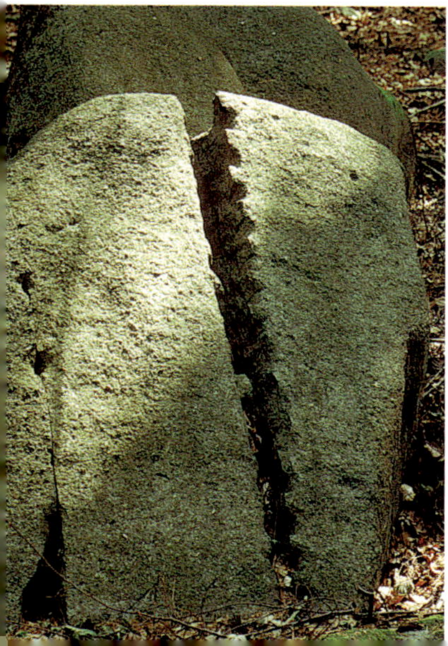

Nach Überqueren des Steinbergs wendet sich der Rotstrich an der Schutzhütte an der **Arnoldseiche (4)** links und am Waldrand rechts hinauf zum Parkplatz **An der Lee (5)** – die Lee ist ein Gebiet mit Hügelgräbern und anderen Vorgeschichtsfunden – und weiter zum Parkplatz **Hölzerne Hand (6)**. Auf der Heppenheimer Straße weiter zum Parkplatz Frauenhecke gegenüber der Waldschenke Fuhr am Ortsrand von Juhöhe.

Hier geradeaus mit der X-Markierung auf dem autofreien Teerweg »Auf der Juhöhe« an der Gabelung schräg links. An der nächsten Ga-

»Zersägter« Felsblock in den Wäldern bei Juhöhe über der Bergstraße.

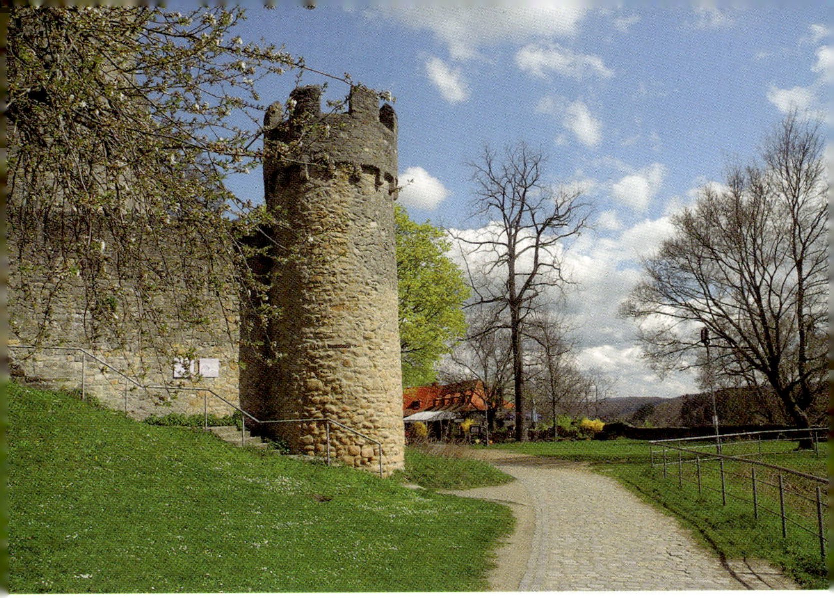

Wehrturm an der Starkenburg bei Heppenheim.

belung erneut links finden wir nach Eintritt in den Wald die rundlich erodierten Granitfelsen der Opfersteine, in deren Einhöhlungen angeblich einst Opfergaben gelegt wurden. Hinter der **Salzkopfhütte (7)** geht es links in den Wald. In sachtem Auf und Ab führt die X-Markierung durch Wälder und über Wiesen zum Waldgasthaus am **Steigkopf (8)**, taucht nach Queren der **Siegfriedstraße (9)** wieder in den Wald ein und führt durch den Hang des Silbergrubenkopfs zur Schutzhütte an der Wegespinne **Jägerrast (10)**.
Dort taucht wieder die bekannte Rotstrich-Markierung auf: Sie führt durch die Hangwälder und erreicht an der Schutzhütte **Helenenruh (11)** die Weinberge im Hang unterhalb der Starkenburg; der Zugang zur Burg ist ausgeschildert, während der Rotstrich dem Drosselberg- und dann dem **Starkenburgweg (12)** zurück nach **Heppenheim (1)** folgt.

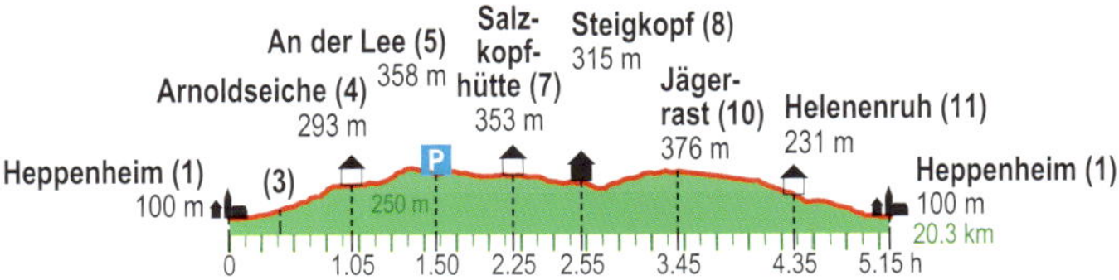

11 Laudenbach – Waldner-Turm – Weinheim

3.30 Std.

Aussichtstour über der badischen Bergstraße

Naturnahe Wälder und erstklassige Aussichtsstellen erwarten uns auf dem Höhenweg im Norden der badischen Bergstraße.

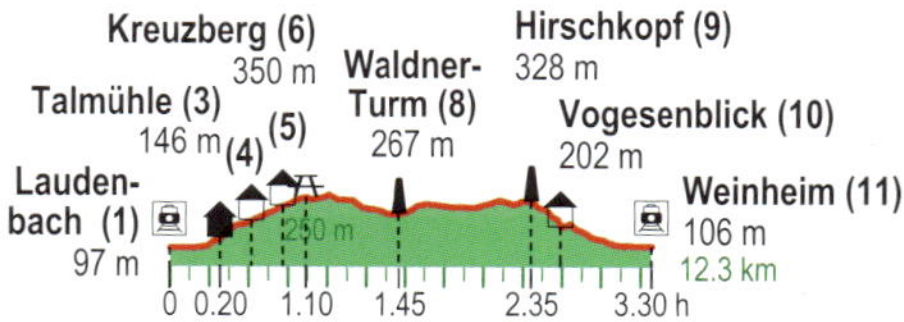

Ausgangspunkt: Bhf. Laudenbach, 97 m, am unteren Ende der Bahnhofstraße.
Endpunkt: Hbf. Weinheim, 106 m, an der Main-Neckar-Bahn Frankfurt – Heidelberg (Zug nach Laudenbach ca. jede Stunde), der Oberrheinischen Eisenbahn OEG Mannheim – Weinheim – Heidelberg und der Weschnitztalbahn Weinheim – Fürth (Odenwald).
Höhenunterschied: Ca. 400 m.
Anforderungen: Zum Teil steile Kammpfade erfordern umsichtiges Gehen bei Nässe.
Markierung: Grünes Dreieck und roter Strich.
Einkehr: Unterwegs keine.
Karten: GNBO Blatt 8, Bergstraße – Weschnitztal, 1:20.000, MEKI Hessischer Odenwald Süd, 1:30.000.

Vom Bahnhof **Laudenbach (1)** folgt die Markierung grünes Dreieck der Bahnhofstraße ortseinwärts, dann der zweiten Straße hinter der Bartholomäuskirche rechts (Mittelstraße) und der nächsten links (Rathausstraße) an der **Bergkirche (2)** vorbei, bis vor dem Gasthaus **Zur Talmühle (3)** rechts der Waldweg abzweigt, der zu den Schutzhütten **Alfred-Nagler-Hütte (4)** und **Heinrich-Wind-Hütte (5)** und zur **Wallfahrtsstätte Kreuzberg (6)** hinaufführt: ein stimmungsvoller Waldrastplatz mit mächtigen alten Bäumen rund um das Kreuz. Die ehemalige Kapelle wurde während der napoleonischen Kriege abgerissen, heute ist der Kreuzberg alljährlich an Pfingsten Ziel einer Wallfahrt.
Vom Kreuzberg leitet das grüne Dreieck ostwärts, bis an einer **Schutzhütte (7)** die Rotstrich-Markierung die Routenführung übernimmt. Am Parkplatz Schaumesklingel verlässt er mit weiten Blicken ins Weschnitztal und in die Rheinebene den Wald und führt am Aussichtsturm **Waldner-Turm (8)** vorbei wieder dem Wald zu. Auf dem hessisch-badischen Grenzkamm leitet der Rotstrich weiter zum Aussichtsturm auf dem **Hirschkopf (9)**, verlässt an der **Schutzhütte Vogesenblick (10)** den Wald und senkt sich in die sehenswerte Altstadt von **Weinheim (11)**.

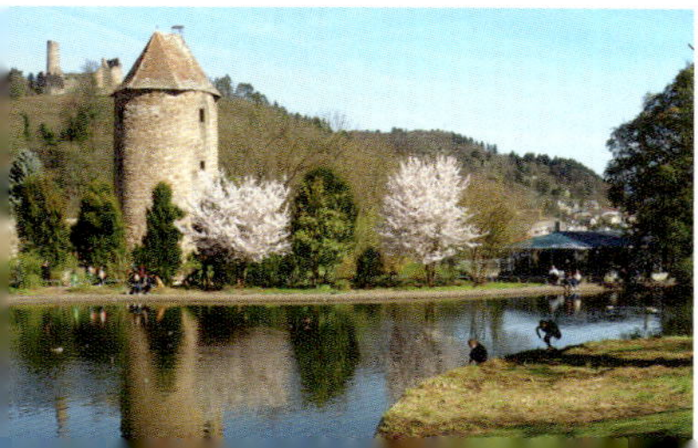

Schlosspark in Weinheim.

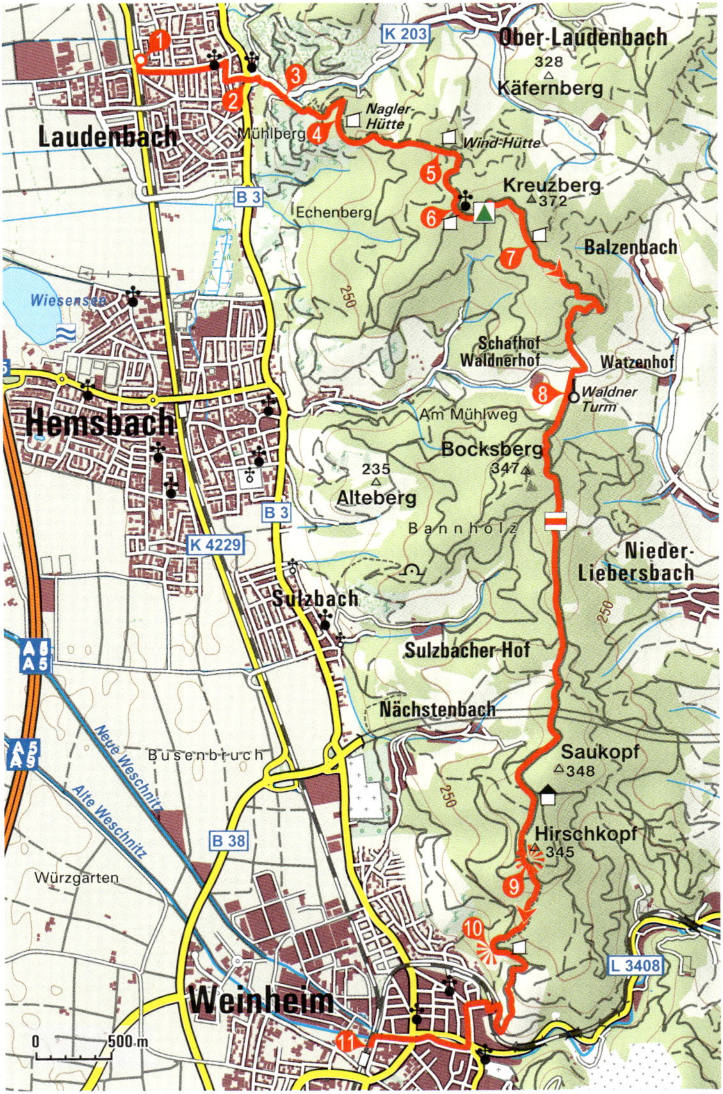
K 203
Ober-Laudenbach
328
Käfernberg
Nagler-Hütte
Wind-Hütte
Laudenbach
Mühlberg
Kreuzberg
372
B 3
Echenberg
Balzenbach
Wiesensee
250
Schafhof
Waldnerhof
Watzenhof
Waldner Turm
Hemsbach
Am Mühlweg
Bocksberg
347
235
Alteberg
B 3
Bannholz
K 4229
Nieder-Liebersbach
Sulzbach
250
A 5
Sulzbacher Hof
Nächstenbach
A 5
Neue Weschnitz
Busenbruch
Saukopf
348
250
Alte Weschnitz
B 38
Hirschkopf
345
Würzgarten
L 3408
Weinheim
0
500 m

12 Wald-Michelbach – Hohe Tromm

3.30 Std.

Wald, Aussicht und Felsen im Überwald

Die Tromm ist der Hausberg des Überwaldes, wo die Grenze zwischen dem Vorderen (oder Kristallinen) Odenwald und dem Hinteren (oder Buntsandstein-) Odenwald verläuft. Von Wald-Michelbach, dem Hauptort der gleichnamigen Überwald-Gemeinde im Geo-Naturpark Bergstraße-Odenwald, führt der aussichtsreiche Trommhöhenweg bergwärts.

Ausgangspunkt: Kirche in Wald-Michelbach, 346 m, an der Ludwigstraße (Durchgangsstraße).
Höhenunterschied: 250 m.
Anforderungen: Durchweg bequeme Wege, nur geringfügige Steigungen.
Markierung: Gelber Punkt, rotes Quadrat, grüne W5.

Einkehr: Kreidacher Höhe, Kiosk an der Sommerrodelbahn (April bis Okt. 10–18 Uhr), Stallenkandel, Restaurant Bergblick (Mi–So ab 11.30 Uhr), Tromm, Zur schönen Aussicht (Mi–So ab 11 Uhr).
Karten: GNBO Blatt 9, Der Überwald, 1:20.000, MEKI Hessischer Odenwald Süd, 1:30.000.

Gegenüber der Kirche von **Wald-Michelbach (1)** leitet die Markierung »blaues Dreieck« durch die kurze Straße »In der Gass«, dann die erste links (Schwalbengasse) zur Verzweigung kurz vor der solarbetriebenen Draisinenbahn. Hier übernimmt am **Bahnhof (2)** die Markierung Gelbpunkt die Routenführung in Richtung Kreidacher Höhe. Direkt neben der Bahnlinie befindet sich das größte Steinkreuznest Hessens; die von alten Eichen beschatteten fünf (von ursprünglich sieben) Kreuzsteine wurden beim Bau des Kreidacher

Natur und Kunst auf dem Höhenweg zur Tromm.

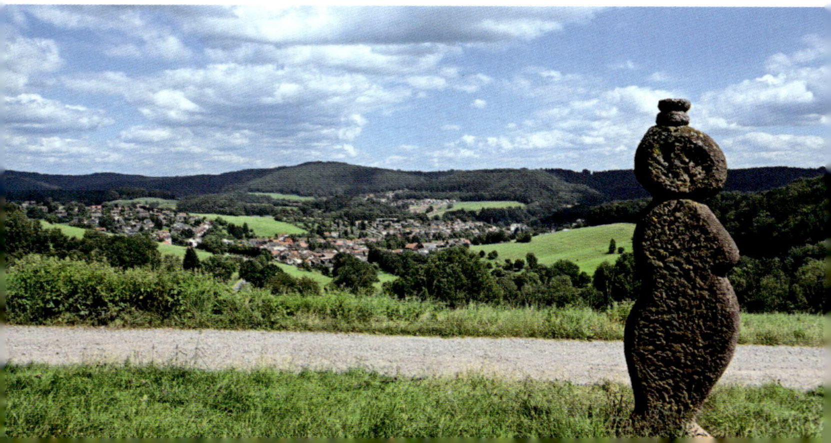

Eisenbahntunnels gefunden. Während die Draisinenbahn im Tunnel verschwindet, schwingt sich der Weg hinauf zur **Kreidacher Höhe (3)** mit Biergarten, Kletterwald und Sommerrodelbahn.

Hier beginnt, markiert mit dem roten Quadrat, einer der schönsten Höhenwege des Odenwalds, der Trommhöhenweg: Er führt anfangs in aussichtsreichen Wiesen, dann in den Wäldern des Schimmelbergs zur wiederum aussichtsreich gelegenen **Heinrich-Schlerf-Hütte (4)**. Der Ritterstein in den Wiesen nahe der Hütte ist ein Doppelbildstock von 1708. Zwei Soldaten sollen sich der Legende nach wegen einer Maus gegenseitig umgebracht haben. Eine Entfernung des Bildstocks solle Unglück hervorrufen, daher steht das Mahnmal auch heute noch mitten im Acker. Kurz nach Passieren der **Gaderner Hütte (5)** mit eindrucksvollem Ausblick taucht der Weg in den Wald ein und verläuft über die für ihre eigenartigen Felsformationen bekannte **Hohe Tromm (6)**.

Von der Tromm leitet das rote Quadrat in den Grasellenbacher Bergweiler **Tromm (7)**, wo der Traditionsgasthof »Zur schönen Aussicht« einlädt. Von hier weist die Michelbach-Rundwanderweg-Markierung grüne W5 die Route zurück: Auf teilweise asphaltierten Wegen leitet sie durch Wiesenfluren und Wälder am **Campingplatz Waldesruh (8)** vorbei via **Gaderner Bild (9)** und Heiligenacker zurück nach **Wald-Michelbach (1)**.

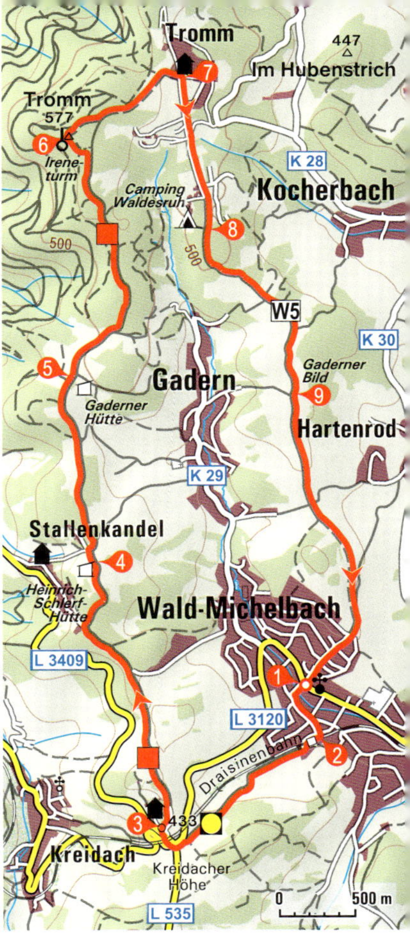

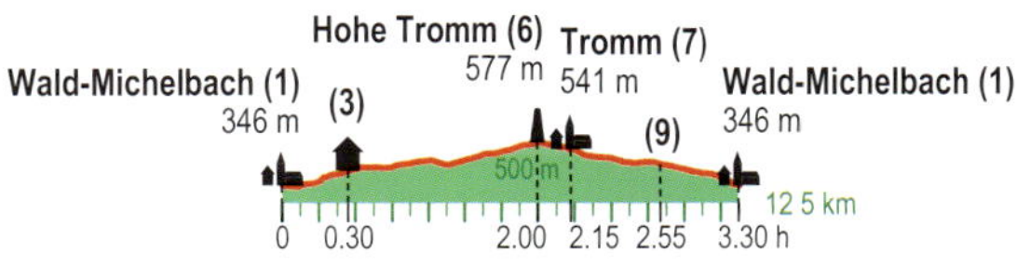

TOP 13

Birkenau – Abtsteinach – Götzenstein

5.30 Std.

Hoch über dem Kallstädter Tal ins Quellgebiet der Steinach

Auf den aussichtsreichen Höhen über dem Kallstädter Tal leitet diese abwechslungsreiche Ganztagswanderung nach Abtsteinach, dem »Tor zum Überwald«. Mit Abschnitten auf dem ehemaligen Grenzweg zwischen Kurpfalz und Kurmainz geht es mit traumhaftem Ausblick zurück ins Sonnenuhrendorf Birkenau.

Ausgangspunkt: Bahnhof Birkenau, 147 m, Bahnhofstraße 4. Parkmöglichkeit am Bahnhof.
Höhenunterschied: Ca. 630 m.
Anforderungen: Trotz der bequemen Wege ist ein wenig Kondition hilfreich.
Markierung: Grünes X, grünes Quadrat, A1 zum Teufelstein, gelber Kreis und B9 zurück.
Einkehr: Buchklingen, Grüner Baum (Mi–Fr ab 17 Uhr, Sa/So ab 11 Uhr), Löhrbach, Zum Krug (Mi, Fr und Sa ab 15 Uhr, So ab 12 Uhr), Ober-Abtsteinach, Cafe Staier (11–18 Uhr, außer Mi), Goldener Bock (Mi–Fr 11.30–14 Uhr und ab 17 Uhr, Wochenende ab 12 Uhr).
Karten: GNBO Blatt 8, Bergstraße – Weschnitztal, 1:20.000, MEKI Hessischer Odenwald Süd, 1:30.000.
Variante: Abkürzung um 4 km. In Löhrbach an der Landstraße links der grünen Markierung B9 folgen.

Ausblick zu den Höhenzügen der Bergstraße.

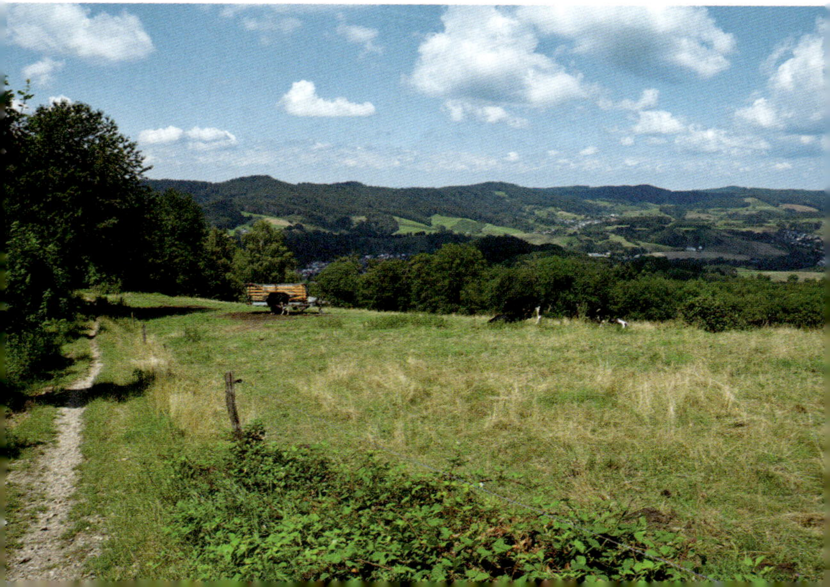

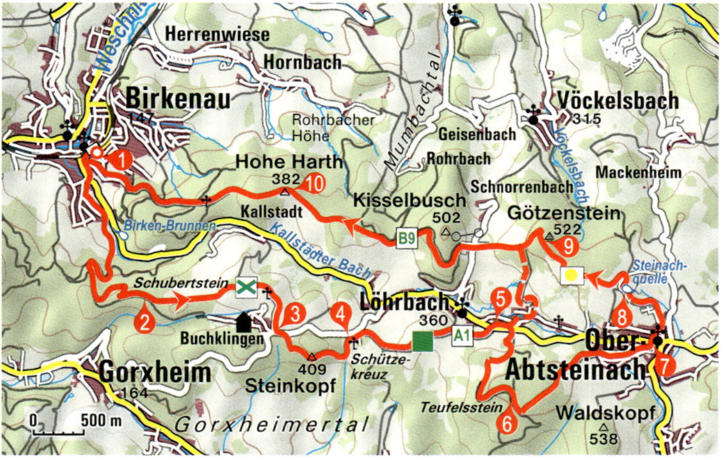

Vom Bahnhof **Birkenau (1)** führt die grüne x-Markierung des Europäischen Fernwanderwegs E1 durch die Obergasse aufwärts im hier steilen Kallstädter Bachtal, wechselt an der ersten Verzweigung auf dem Gorxheimer Weg über den Bach, wenig später links durch die Leuschnerstraße und hinauf durch die Wiesen zum Wald – wenn der aussichtsreiche **Schubertstein (2)** ausgeschildert ist, ist der Anstieg geschafft.

Mit weiten Ausblicken auf die Höhen über dem Kallstädter und dem Weschnitztal umgeht der Weg das aussichtsreich gelegene Höhendorf **Buchklingen** und senkt sich dann hinab zur Straße »Am Steinkopf« am östlichen **Ortsrand (3)**: kurz längs der Straße, dann links in die Wälder des Steinkopfs. An der Wegekreuzung, an der sich der E1 rechts Richtung Unter-Flockenbach wendet, führt die Markierung grünes Quadrat links zum Parkplatz **Schütze-Kreuz (4)**, benannt nach einem Bauern, der hier um 1800 tödlich verunglückt sein soll, wendet sich hier auf dem Asphaltweg »Am Musenstein« rechts und führt mit überragender Aussicht durch Wiesen hinab an den Rand des Kirchdorfs **Löhrbach (5)**.

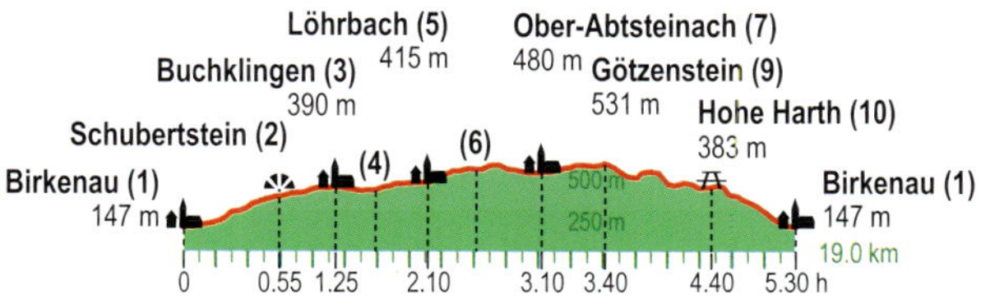

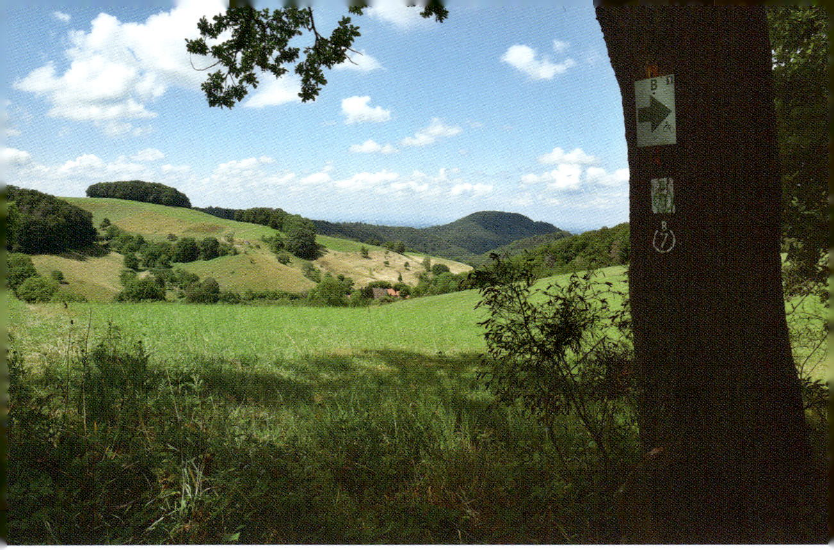

Grüne Hügel, so weit das Auge reicht.

Hier kurz längs der Kreisstraße, dann zeigt das grüne Quadrat wieder zum Wald hinauf. An einer landwirtschaftlichen Halle vorbei führt der Weg nach einer Linkskurve zum Waldrand. Hier verlassen wir das grüne Quadrat und folgen nach rechts dem A1-Weg. Dieser führt im Wechsel von aussichtsreichen Wiesen und Wald im Hang des Waldskopfs zum geologisch interessanten Naturdenkmal **Teufelsstein (6)**, das vermutlich als vorchristliche Kultstätte diente. Knapp 200 m nach dem Teufelstein leitet uns der A1-Weg nach links. Kurz vor dem Ort verlässt uns die Markierung. Wir wandern geradeaus weiter und erreichen über die Danziger Straße die Ortsmitte des Kirchdorfes **Ober-Abtsteinach (7)**.
Von der barocken Bonifatiuskirche führen Kirch- und Friedhofstraße am Friedhof vorbei zum Park- und Spielplatz **Steinachquelle (8)**. Wir gehen im Halbbogen rechts um die Gehölzgruppe und biegen an der zweiten Möglichkeit (an der Steinskulptur) links ab, dem gelben Kreis folgend. Er führt uns nach einem Rechtsabzweig zur Felskuppe des **Götzensteins (9)**.
Nach Überschreiten der von stimmungsvollem Buchenhochwald geschmückten Kuppe und einem langen steilen Abstieg führt an der Kreuzung in der Einsattelung der gelbe Punkt nach rechts. Wir wandern hier geradeaus weiter, der grünen B9 folgend. Auf herrlichen Wegen mit Ausblick bis ins Rheintal bringt uns der ehemalige Grenzweg zwischen Kurpfalz und Kurmainz hoch zur Picknickgruppe **Hohe Harth (10)** und führt am Franzosenkreuz vorbei zurück zum Bahnhof von **Birkenau (1)**.

5.15 Std.

Weinheim – Steinberg – Leutershausen

14 TOP

Durch exotische Wälder hinauf zum Steinberg

Der mystische Steinberg bei der Ursenbacher Höhe, der vermutlich schon den Kelten als Kultstätte diente, zählt zu den attraktivsten Bergwanderzielen des Vorderen Odenwalds. Vom Schlosspark der malerischen Zwei-Burgen-Stadt Weinheim geht es mit hervorragenden Ausblicken hinauf zum Kirchdorf Oberflockenbach und über die sonntags bewirtschaftete Schriesheimer Hütte zurück nach Leutershausen an der Bergstraße.

Ausgangspunkt: Hauptbahnhof Weinheim, 106 m.
Endpunkt: Leutershausen, 120 m (Ortsteil von Hirschberg), Haltestelle der Oberrheinischen Eisenbahn OEG Mannheim – Weinheim – Heidelberg.
Höhenunterschied: 670 m.
Anforderungen: Angenehme Waldwege und -pfade.
Markierung: Roter Strich des Odenwald-Vogesen-Weges, gelber Doppelstrich.
Einkehr: Oberflockenbach, Gasthof Rose (Mo–Mi ab 16 Uhr, Fr–So ab 11 Uhr), Schriesheimer Hütte (meist So 11–16 Uhr, www.naturfreunde-schriesheim.de).
Karten: GNBO Blatt 8, Bergstraße – Weschnitztal, 1:20.000, MEKI Hessischer Odenwald Süd, 1:30.000.
Variante: Bei guter Kondition kann von Oberflockenbach aus die 6,4 km lange Variante über den Eichelberg (525 m) begangen werden, wo im Sommer die Mannheimer Hütte sonntags einlädt. Der rote Strich führt von Oberflockenbach hinauf. Zurück über gelbes L zum Wildeleutestein und über die Wegekreuzung Hohe Straße zur Ursenbacher Höhe.

Vom Bussteig vor dem **Hauptbahnhof Weinheim (1)** führt die Bahnhofstraße in die Altstadt hinauf. Wir biegen am Ehrendenkmal rechts ab in die Ehretstraße, durchqueren Stadtpark und Hermannshof und wandern zum Weinheimer Schloß (heute Rathaus), wo der Schlosspark beginnt. Links haltend, am Teich vorbei, verlassen wir den prächtigen Landschaftspark durch den östlichen Ausgang zum Exotenwald. Der rote Strich leitet uns ab hier bis Oberflockenbach. Nur zu Beginn, an der ersten Linkskehre nach ein paar prächtigen Mammut-

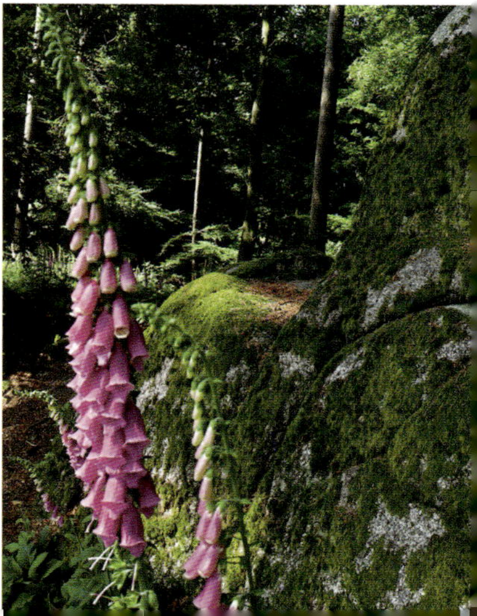

Mystischer Pfad am Steinberg.

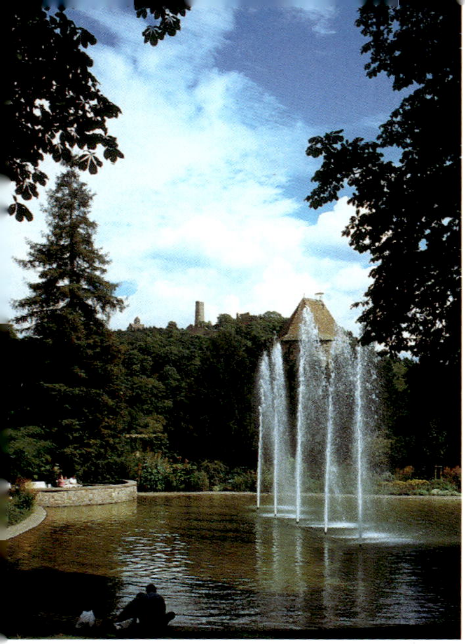

Blick vom Schlosspark zur Wachenburg und zur Ruine Windeck.

bäumen, benutzen wir die Abkürzung, die über einen gut begehbaren Pfad im Scheitel der Kurve steil bergauf führt. Noch einen Weg überquerend, erreichen wir schließlich wieder den asphaltierten Rotstrich-Weg und biegen links ab.

Am Rastplatz **Zinkgräfbank (2)** wechselt der Rotstrich nach links (rot-weiße Schranke) auf den Oberen Geiersbergweg und führt in Laubwäldern durch die Hänge von Geiersberg und Goldkopf aufwärts, quert am gotischen Bildstock **Kalter Herrgott (3)** die Straße Gorxheimertal – Hohensachsen, leitet in aussichtsreichen Wiesen hinauf in das Kirchdorf **Oberflockenbach (4)**. An der Durchgangsstraße links und nach dem Autohaus rechts, folgen wir nun dem gelben V durch den Bildstockweg hoch zum Wanderparkplatz Bildstock. Bei herrlichem Weitblick ins Rheintal halten wir uns links, gehen kurz vor der Schranke rechts hinauf und biegen gegenüber dem Picknickplatz links ab auf einen steilen, mit gelber 4 gekennzeichneten schmalen Pfad. Am oberen Ende, kurz vor dem Wasserspeicher, geht es nach links. Wir umrunden den Berg zur Hälfte und finden einen rechts abgehenden Pfad, der uns an herrlich gerundeten Granitblöcken über die Kuppe des **Steinbergs (5)** führt. An höchster Stelle deutet die Anordnung der Steinquader darauf hin, dass es sich um einen keltischen Kultplatz gehandelt haben könnte.

Am Waldaustritt, nach der 200 Jahre alten Zigeunereiche, überqueren wir an der Ursenbacher Höhe die Straße und folgen ab hier dem gelben Doppelstrich. Auf dem Leichtweg geht es oberhalb der Schriesheimer Hütte vorbei auf breitem Forstweg zum Picknickplatz **Saatschule (6)**. Jetzt heißt es etwas aufpassen: Fünf Minuten nach den Picknickbänken zweigt die gelbe 6 nach links ab. Weitere 100 m danach führt links vom Weg ein kurzer, steiler und unmarkierter Pfad hinunter zum Birkenbächle. Auf zwei Holzbrücklein geht es zunächst auf die linke Talseite, bevor wir nach 100 m an einer Furt wieder die Seite wechseln. Hangparallel zieht sich der romantische Pfad nun durchs

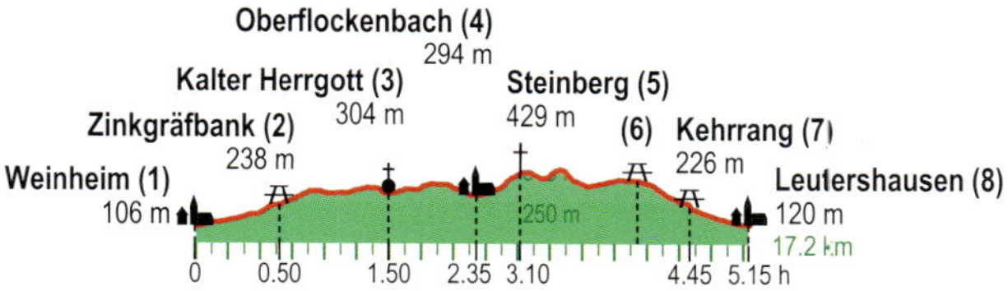

Tal und führt am Ende durch einen Hohlweg zum Picknickplatz **Kehrrang (7)**. Aus dem Wald tritt der Weg in die aussichtsreiche Rebflur, die Gelbstrich-Markierungen weisen am oberen Ortsrand rechts zur neugotischen katholischen Kirche, in der eine Statue der Schwarzen Madonna als Wallfahrtsziel verehrt wird. Gegenüber liegt das Schloss der Grafen von Wiser.

Von Schloss und Kirche führen die Gelbstriche durch die Vordergasse und die Bahnhofstraße zum OEG-Bahnhof von **Leutershausen (8)** an der B 3.

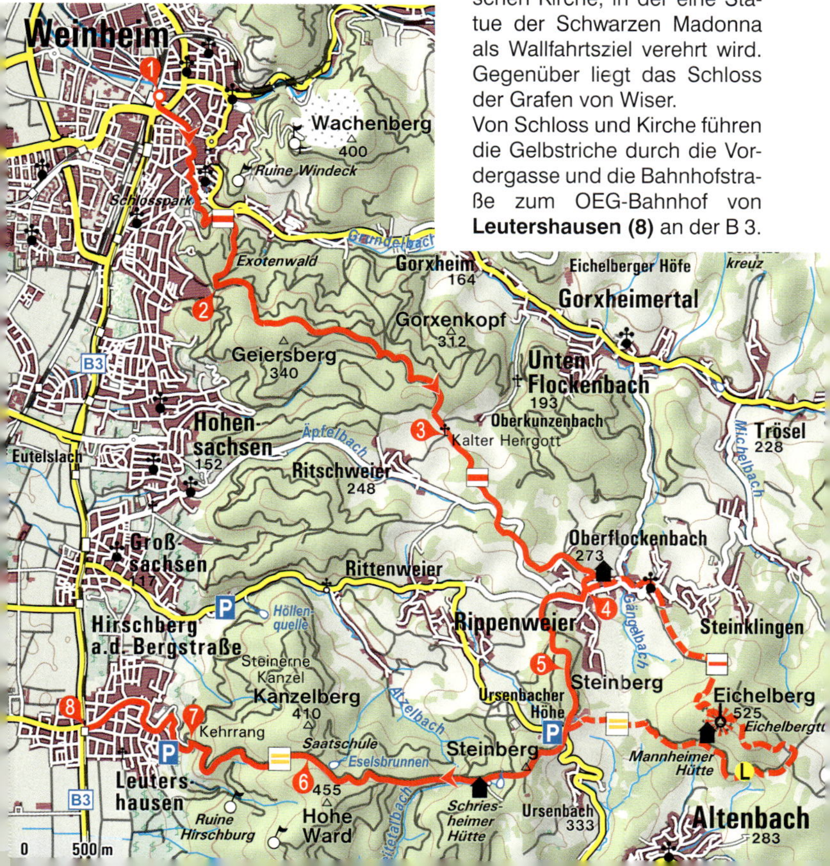

15 Großsachsen – Kehrrang – Hirschburg

4.00 Std.

Steinerne Kanzel und Hirschburg mit Bergstraßenblick

Das Gebiet oberhalb von Hirschberg an der Bergstraße mit der aussichtsreichen Steinernen Kanzel und den Ruinen Hirschburg und Schanzenköpfle ist ein kleines Paradies. Der Wald bietet meist ein artenreiches Bild, teilweise begleiten die Tafeln eines Naturlehrpfads den Weg.

Ausgangspunkt: OEG-Haltestelle Großsachsen-Süd, 105 m, Parkmöglichkeit am Friedhof in der Leutershausener Straße.
Höhenunterschied: Ca. 530 m.
Anforderungen: Schmale Wurzelpfade verlangen etwas Trittsicherheit, die vielen Verzweigungen erfordern ein wenig Orientierungssinn.
Markierung: Gelbes N, Burgensteig, gelbe 6, gelbe 5, gelbe 4.
Einkehr: Keine Möglichkeit.
Karten: GNBO Blatt 12, Heidelberg Neckartal-Odenwald, 1:20.000, MEKI Hessischer Odenwald Süd, 1:30.000.

Von der Haltestelle **Großsachsen-Süd (1)** führt zwischen Reben und Kleingärten ein Schotterweg bergan. Er mündet auf ein Teersträßchen, in das wir nach rechts einschwenken, das wir aber sofort wieder nach links in den Hohlweg Im Kissel verlassen. Nach einem weiteren Hohlweg führt unsere Route am Marbacher Hof vorbei, hinter dem wir links abbiegen. Das gelbe B des Blütenweges führt uns vorübergehend weiter, verzweigt aber unmittelbar danach nach links. Wir wandern geradeaus weiter durch die eindrucksvolle **Zimmermannshohle (2)** mit meterhohen Lößwänden. Am Ende der Hohle, an der T-Kreuzung, folgen wir nach rechts dem blauen Symbol des Burgensteigs, der uns zum Rastplatz Jägers Ruh leitet, wo Sitzbänke zur Rast einladen mit Blick in die Rheinebene und hinüber zum Pfälzerwald.
Nach dem Rastplatz geht es links hinauf (Haferbergweg) und den ersten Hangweg rechts (Naturlehrpfad mit gelbem N). Sobald der Forstweg die erste Bergnase umgangen hat, zweigt links ein unscheinbares und unmarkiertes Weglein ab; wer ihm folgt und nach 50 m halb links auf einen Pfad wechselt, gelangt zur geländergesicherten **Steinernen Kanzel (3)**. Vor Brombeersträuchern laden Sitzbank und Tisch zur Rast ein, der Blick schweift über die Rheinebene hinweg ins Nordpfälzer Bergland.
Nach diesem Abstecher zurück am Weg, biegen wir links ab und lernen auf vielen Tafeln des Naturlehrpfades einiges über den Wald und seine Bewohner. An einer Ruhebank stoßen wir wieder auf den Burgensteig, der

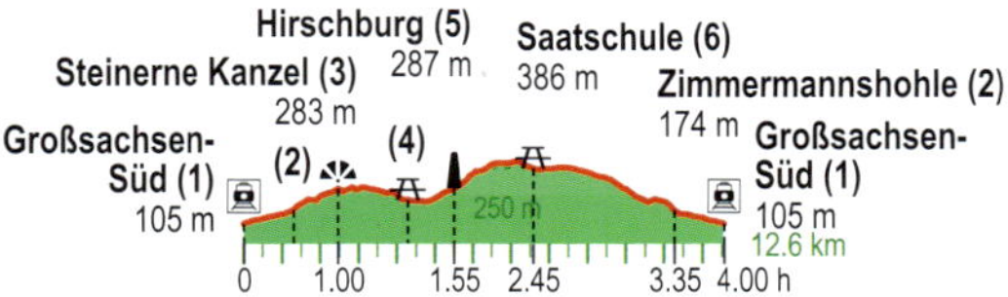

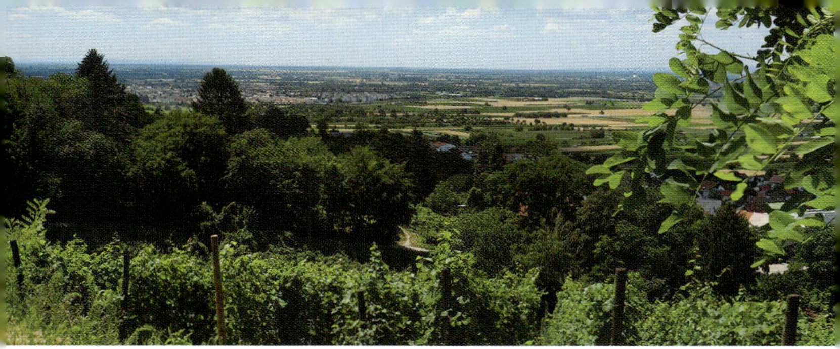

Blick von den Weinbergen ins Rheintal.

sich in aussichtsreichen Rebfluren zum Parkplatz **Kehrrang (4)** hinabsenkt. Achtung: An der Verzweigung bei der nächsten Sitzbank folgen wir dem bergab führenden Weg, gehen nach dem Waldspielplatz kurz bergauf und biegen links ab. 100 m dahinter verzweigt nach rechts ein Pfad hoch zu den Ruinen der **Hirschburg (5)**, die wahrscheinlich 1301 vom Habsburger-König Albrecht während eines Feldzugs gegen die Pfalzgrafen zerstört wurde; eine Informationstafel berichtet vom Schicksal der Burg.

Von der Hirschburg führt die Burgensteig-Markierung weiter aufwärts, bis die gelbe 6 an einer Verzweigung nach dem Schanzenköpfle – ebenfalls eine ehemalige Burg – geradeaus weiterführt. Achtung: An der nächsten Verzweigung, nach einer Linkskurve, verlassen wir den breiten Forstweg und folgen einem unmarkierten Weg bergauf. Er führt uns über die Kuppe, auf der wir uns rechts halten, zum Rast- und Spielplatz an der **Saatschule (6)**. Findlinge, alte Bäume, eine große Wiese, Tische und Bänke und eine Schutzhütte laden zum Verweilen ein. An der Hütte vorbei und rechts führt die 6-Markierung im Hang des Kanzelbergs weiter nordwärts. Nach einer Linkskehre trifft der romantische Pfad wieder auf einen Forstweg, auf dem wir unsere Tour spitzwinklig nach rechts fortsetzen und die gelbe 5 finden. Dieses Symbol verlassen wir in einer Rechtskehre, folgen nun der gelben 4 bis zum Burgensteig, auf den wir nach links einschwenken und nach 300 m den Abzweig zur **Zimmermannshohle (2)** finden.

Auf bekanntem Weg geht es zurück nach **Großsachsen-Süd (1)**.

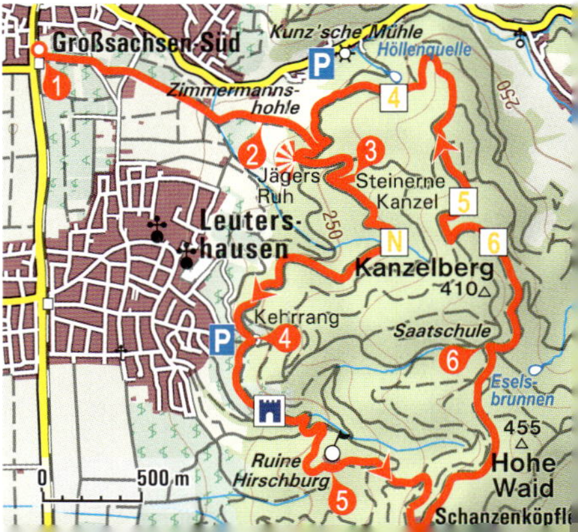

TOP 16

Schriesheim – Weißer Stein – Heidelberg

4.00 Std.

Von der Strahlenburg auf das Dach des Vorderen Odenwalds

Von der Strahlenburg an der Bergstraße, oberhalb der Weinstadt Schriesheim, führt diese Waldwanderung zum Weißen Stein, der höchsten Erhebung des Vorderen Odenwalds. Der Abstieg führt über den Heiligenberg nach Heidelberg im Neckartal.

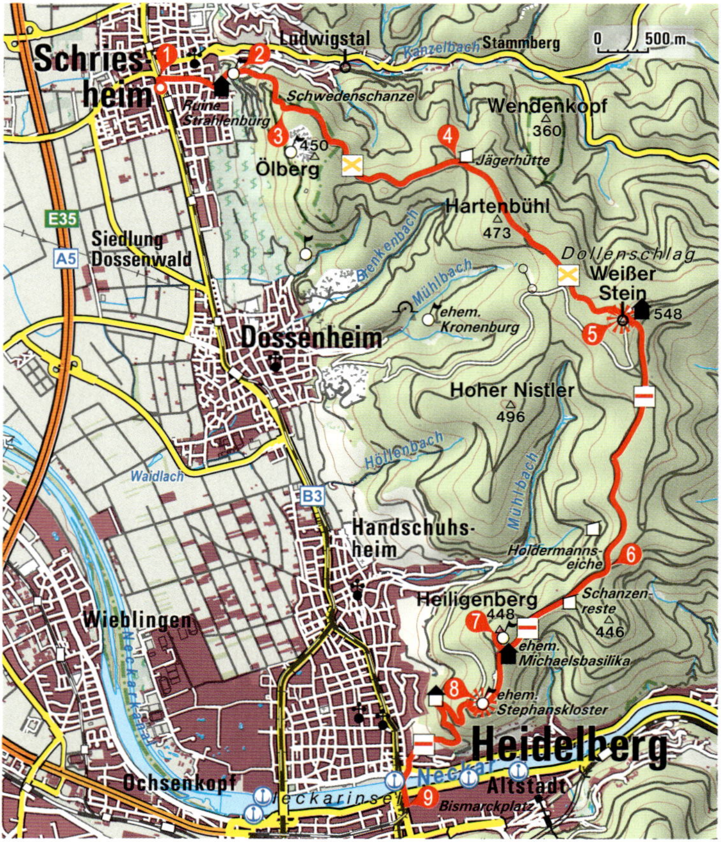

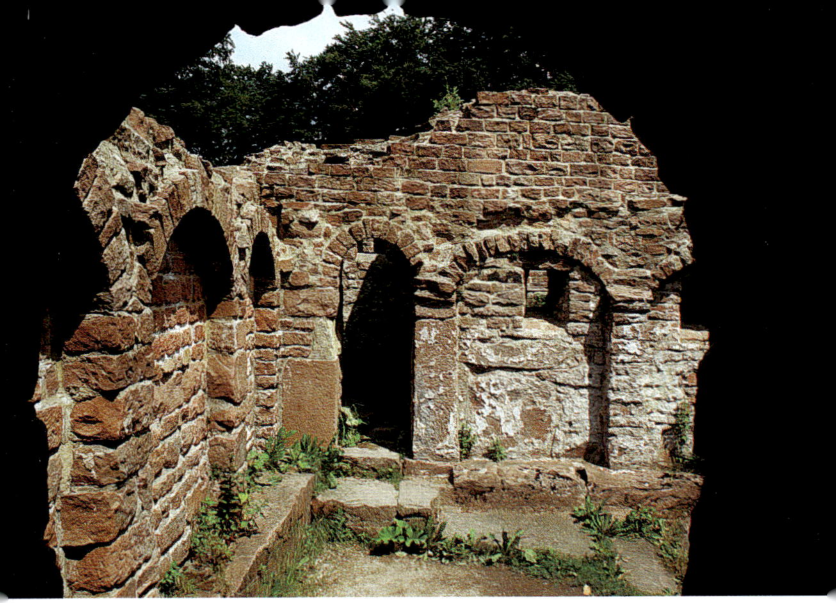

Die Ostkrypta der romanischen Michaelsbasilika auf dem Gipfel des Heiligenbergs.

Ausgangspunkt: Bahnhof Schriesheim, 120 m, Landstraße 66 (B 3) an der Abzweigung der Bahnhofstraße; Oberrheinische Eisenbahn OEG Mannheim – Weinheim – Heidelberg.
Endpunkt: Heidelberg, 110 m, OEG-Haltestellen Brückenstraße nördlich der Theodor-Heuss-Brücke oder Bismarckplatz südlich der Brücke; Direktverbindung zurück zum Ausgangspunkt.
Höhenunterschied: Ca. 450 m.
Anforderungen: Die Wurzelpfade während des Anstiegs erfordern vor allem bei Nässe ein wenig Trittsicherheit.
Markierung: S4, gelbes X, roter Strich.
Einkehr: Schriesheim, Gasthof zur Strahlenburg (Mi–So ab 11 Uhr), Höhengaststätte zum Weißen Stein (Mi–So ab 10 Uhr).
Karten: GNBO Blatt 12, Heidelberg Neckartal – Odenwald, 1:20.000, MEKI Hessischer Odenwald Süd, 1:30.000.

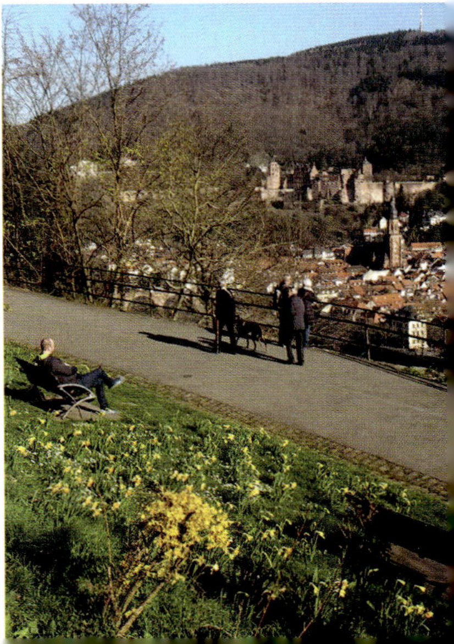

Wo Philosophen träumen ...

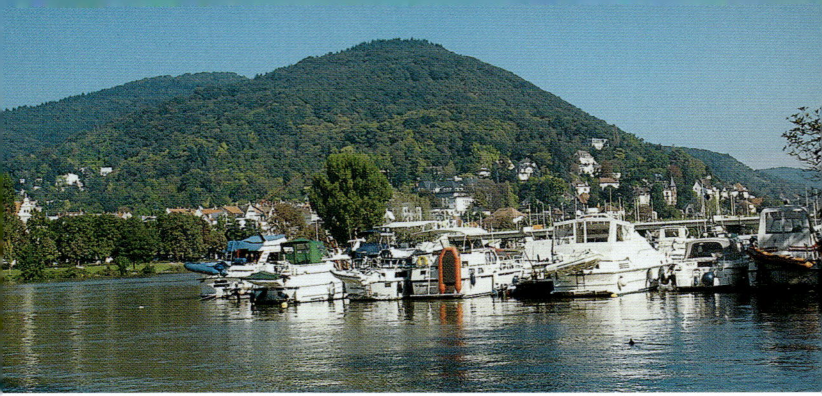

Über dem rechten Neckar-Ufer in Heidelberg rundet sich der Heiligenberg.

Vom Bahnhof **Schriesheim (1)** führt die Markierung S4 durch die Bahnhofstraße an den Rand der Altstadt; an der Oberen Bergstraße geht es rechts weiter und gleich links in den Kehlweg, dann auf Stufen hinauf zur aussichtsreich in den Weinbergen gelegenen **Strahlenburg (2)**.
Von der Burg führt Gelb-X in teilweise urwüchsigen Buchenwäldern aufwärts zur Schutzhütte auf dem aussichtsreichen Felssporn mit dem Wallgrabensystem der **Schwedenschanze (3)** aus dem Dreißigjährigen Krieg, leitet in den Wäldern zur Schutzhütte **Jägerhütte (4)**, gewinnt auf Pfaden stetig an Höhe und erreicht den **Weißen Stein (5)**. Der Weiße Stein ist als höchste Erhebung des Vorderen Odenwalds ein viel besuchtes Wander- und Mountainbike-Ziel. Hierzu trägt auch die Höhengaststätte »Zum Weißen Stein« mit Biergarten neben Aussichts- und Fernmeldeturm wesentlich bei. Der 20 m hohe steinerne Aussichtsturm (1906) ist inzwischen kleiner als die umgebenden Laubbäume, früher bot er Fernblicke zum Katzenbuckel, zur Hohen Tromm, zur Neunkircher Höhe und zum Melibocus im Odenwald sowie bis zum Pfälzerwald und zu den Vogesen.
Vom Weißen Stein führt die Rotstrich-Markierung wie Tour 17 in umgekehrter Richtung zur **Holdermannseiche (6)**, zum **Heiligenberg (7)**, zum **Stephanskloster (8)** bis zur Theodor-Heuss-Brücke in **Heidelberg**. Die OEG-**Haltestelle Bismarckplatz (9)** liegt drei Gehminuten südlich der Brücke am Rand der Altstadt.

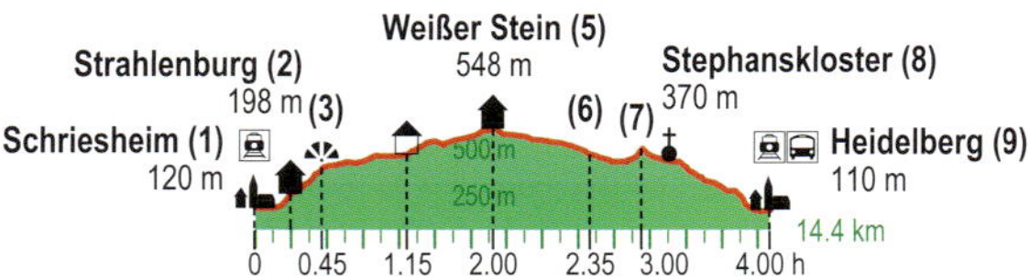

6.45 Std.

Heidelberg – Heiligenberg – Ziegelhausen

17

Hoch über dem Neckartal

Vom Heidelberger Philosophenweg, der berühmten Neckarpromenade mit Blick auf Schloss, Fluss und Altstadt, führt diese abwechslungsreiche Ganztagswanderung über den Heiligenberg mit den sehenswerten Ruinen der Michaelsbasilika und zum Weißen Stein. Vom höchsten Berg des Vorderen Odenwalds geht es hinab nach Ziegelhausen, von wo der Neckarsteig aussichtsreich die Route zurück nach Heidelberg weist.

Ausgangspunkt: Heidelberg, 113 m, Nordende der Theodor-Heuss-Brücke, die die Heidelberger Altstadt auf der linken Seite des Neckartals mit dem Stadtteil Neuenheim auf der rechten Talseite verbindet.
OEG-Haltestellen Brückenstraße nördlich der Brücke und Bismarckplatz südlich der Brücke.
Höhenunterschied: 800 m.
Anforderungen: Nur anfangs steile Wanderung, ansonsten bequeme Wege.
Markierung: S4, gelbes X, roter Strich.
Einkehr: Waldschenke Heiligenberg (Di–So ab 11 Uhr), Höhengaststätte zum Weißen Stein (Mi–So ab 10 Uhr), Klosterhof Neuburg (tgl. ab 11 Uhr).
Karten: GNBO Blatt 12, Heidelberg Neckartal – Odenwald, 1:20.000, MEKI Hessischer Odenwald Süd, 1:30.000.
Variante: Die Tour kann auch in zwei Etappen gewandert werden. Etwa in der Mitte, am Wanderparkplatz Am Langen Kirschbaum, besteht Busverbindung nach Heidelberg, sodass man dort unterbrechen könnte.

Von der Brückenstraße, der nördlichen Verlängerung der **Theodor-Heuss-Brücke (1)**, zeigen die Wanderwegeschilder zum Philosophenweg, der sacht aufwärtsführt, bald autofrei und mit eindrucksvollem Blick auf das Neckartal, die Heidelberger Altstadt und das Schloss im Hang des Königstuhls. Bei der **Eichendorffanlage (2)** zweigt links der mit dem Zeichen Rotstrich markierte Wanderweg ab und führt unter Palmen, Edelkastanien und anderen südländischen Gewächsen hinauf zum Bismarckturm (Aussichtsturm) im Hang des Heiligenbergs und unter alten Buchen weiter zur Mönchberghütte, einer Schutzhütte mit Oberrheinpanorama.
Von hier leitet der Rotstrich zu einem Schutzhüttenpavillon mit exzellentem Heidelberg-Blick, gleich darauf ist der äußere Ringwall des Heiligenbergs erreicht. Links überdacht ein Pavillon das Heidenloch, einen brunnenartigen Schacht, der per Knopfdruck illuminierbar ist: Der Blick fällt hinab in einen 56 m tiefen Schacht. Beim Heidenloch erhebt sich der **Stephansturm (3)** neben den Fundamenten des Stephansklosters (1034). Vorbei am Stephansturm, der einen schönen Blick auf das Heidelberger Schloss gewährt, geht es an der Waldschenke vorbei und zur Thingstätte (1934). Die 1935 eingeweihte Propagandastätte der Nationalsozialisten verlor an Bedeutung, nachdem Film und Funk die Propaganda übernahmen. Weiter geht es zu den

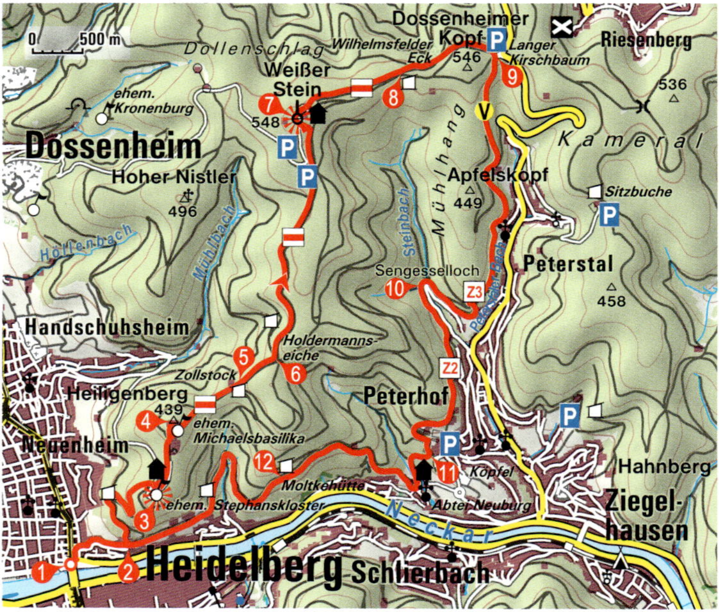

Ruinen der Michaelsbasilika (ab 1000) auf dem Gipfel des **Heiligenbergs (4)**. Der Grundriss der frühen Grabkapelle (Merkurtempel) ist im spätmittelalterlichen Bodenniveau markiert. In der Ostkrypta befindet sich das Grab des heiligen Friedrich von Hirsau (gestorben 1070).

Vom Gipfel zurück zum Rotstrich-Weg: Er führt kurz steil bergab und folgt dann einem bequemen Waldweg zum **Zollstock (5)**, wo Bänke, Tische und Schutzhütte bei einem Brunnen zur Rast einladen. An der Wegespinne hinter der **Holdermannseiche (6)** biegt er halb links ab und erreicht den **Weißen Stein (7)** mit autofreier Höhengaststätte und seit Sommer 2020 wiedereröffnetem Aussichtsturm (vgl. Tour 16). Hinter dem Gasthaus zweigt die Rotstrich-Markierung rechts ab, passiert die Schutzhütte am **Wilhelmsfelder Eck (8)** und führt zum Waldparkplatz und zur Bushaltestelle **Langer Kirschbaum (9)**. Hier müssen wir etwas aufpassen: Direkt hinter den beiden einfassenden Sandsteinblöcken am Anfang des Platzes führt rechts ein Pfad, gekennzeichnet mit gelbem V, durch vermeintliches Dickicht. Er verbreitert sich nach kurzer Zeit zu einem Forstweg und ist gut begehbar. An einer Ruhebank mit fensterartiger Sicht nach Peterstal biegen wir rechts und sofort wieder links ab. Der lokale Wanderweg mit weißer Z3 weist uns weiter die

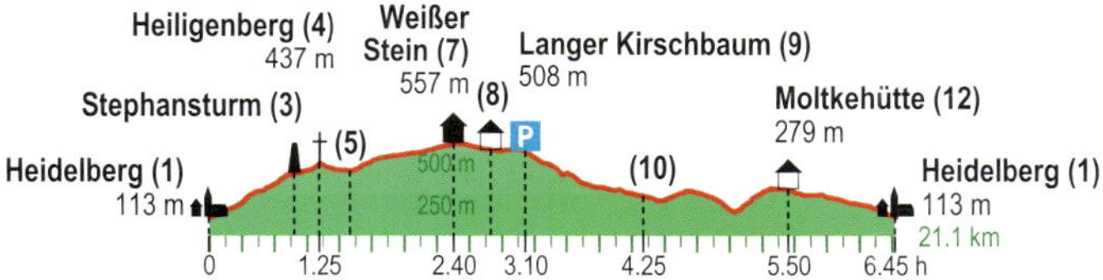

Richtung. An einer Waldkreuzung mit vier abgehenden Wegen halten wir uns in spitzem Winkel links und ändern nach 75 m wieder die Richtung nach rechts. Der Wanderpfad stößt auf den asphaltierten Peterhofweg und führt hinab ins **Sengesselloch (10)** bei einem ehemaligen Steinbruch. Wir biegen links ab, halten uns an der Verzweigung beim Parkplatz erneut links und wandern am Steinbach entlang. An der nächsten Verzweigung – der Z3 führt geradeaus weiter – wandern wir, dem Z2-Weg folgend, rechts bergauf. Am **Köpfel-Kreisel (11)** unterhalb des Schwimmbades führt uns der Z2 rechts ein paar Treppenstufen hinab zu einem Waldpfad, der ins Mausbachtal mündet und uns zum Klosterhof Neuburg bringt. Auf Höhe des Restaurants biegen wir rechts ab (Schild, Fußweg zum Philosophenweg) und nehmen an der folgenden Verzweigung den mittleren der drei Wege. Der alte Klosterweg führt uns zu einer herrlichen Aussichtsbank, ab der wir dem roten R folgend über **Moltkehütte (12)** und Philosophenweg zur **Eichendorffanlage (2)** gelangen.
Mit dem Blick auf die Altstadt von Heidelberg klingt die Wanderung an der Theodor-Heuss-Brücke in **Heidelberg (1)** aus.

Alte Brücke und Heidelberger Schloss.

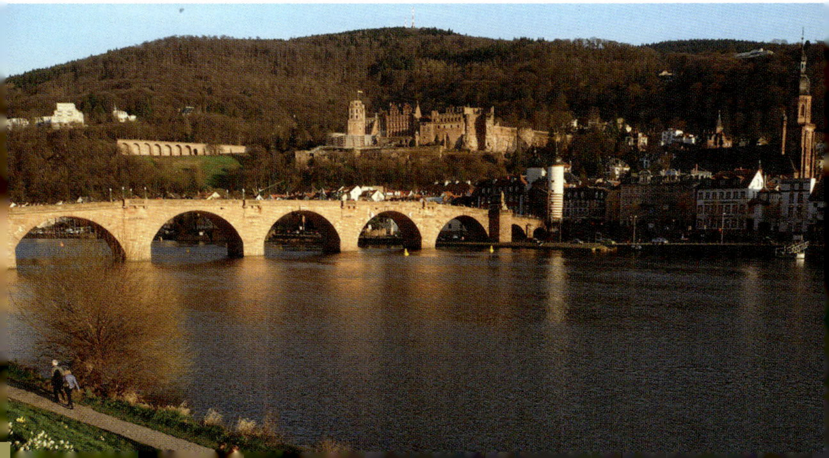

18 Schlierbach – Königstuhl – Felsenmeer

3.15 Std.

Panoramaberg des Kleinen Odenwalds

Der Königstuhl über Heidelbergs kleinstem Stadtteil Schlierbach ist mit 568 m die höchste Erhebung des Kleinen Odenwalds mit prachtvoller Aussicht auf die Heidelberger Altstadt sowie über die Rheinebene hinweg bis zu den Vogesen. Die Heidelberger Bergbahnen überwinden hier auf 1,5 km die längste Bergbahnstrecke Deutschlands, oben befindet sich der Ausgangspunkt des Lehrpfads Via naturae. Recht steil ist der naturschöne Aufstieg durch den Schonwald von Schlierbach aus, zuletzt begleitet von den Bildtafeln des Naturlehrpfads. Der Abstieg folgt naturnahen Wurzel- und Felspfaden durch das eindrucksvolle Schlierbacher Felsenmeer.

Ausgangspunkt: Bahnhof Heidelberg Schlierbach-Ziegelhausen, 120 m, In der Aue 2 südlich der Ziegelhäuser Brücke; Neckartalbahn Heidelberg – Mosbach – Bad Friedrichshall.
Höhenunterschied: Gut 450 m.
Anforderungen: Der steile Anstieg am Beginn erfordert etwas Kondition; der Abstieg führt über Fels- und Wurzelpfade. Gutes Schuhwerk ist empfehlenswert.

Markierung: Grünes X des E1, grünes Dreieck, gelbes R des Linken Neckarrandweges.
Einkehr: Königstuhl, Kiosk am Märchenparadies (Mitte März bis Mitte Nov, 10–18 Uhr), Kiosk Fuchsbau an der Bergstation (ab 11 Uhr).
Karten: GNBO Blatt 12, Heidelberg Neckartal – Odenwald, 1:20.000, MEKI Hessischer Odenwald Süd, 1:30.000.

Vom Bahnhof **Schlierbach-Ziegelhausen (1)** führt die grüne X-Markierung des Europäischen Fernwanderwegs 1 aufwärts und bringt uns nach einer Linkskehre über den Zechnerweg auf einen naturnahen Pfad, der im Wald zur steinernen **Aukopfhütte (2)** hinaufführt. Weiter der Markierung folgend umrunden wir die Hütte und gehen links haltend hoch. Am Ende des langen Anstiegspfades geht es auf dem Forstweg 100 m nach rechts zum Rastplatz am **Hohlen Kästenbaum (3)**. Wir biegen links ab und folgen auf dem Drachenhöhlenweg weiter dem grünen X. Nach ein paar Minuten schwenken wir nach rechts auf den Erlenbrunnenweg, der uns kurz darauf am Brunnen mit Rastmöglichkeit vorbeiführt. Nach längerem leicht abschüssigem Weg verlassen wir an der **Kraussteinhütte (4)** das grüne X und nehmen den ersten rechts abgehenden Weg in Richtung Königstuhl, der mit grünem Dreieck markiert ist. Holztafeln informieren uns auf der Via naturae

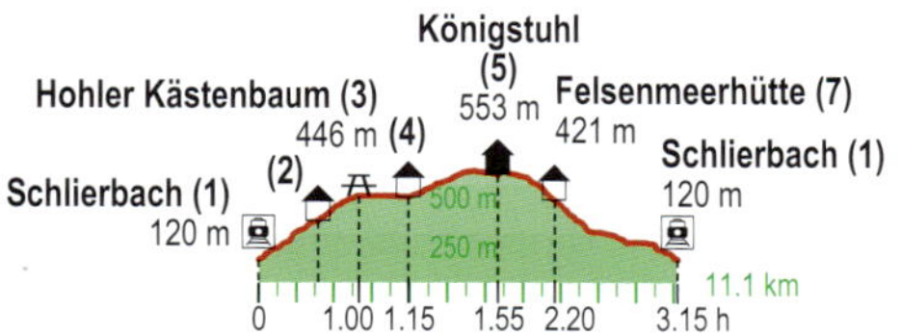

über das Ökosystem Wald. An der Wegekreuzung wenige Meter vor der Kaltteichhütte folgen wir nach rechts dem blauen N des Neckarsteigs bis zum Aussichtspunkt unterhalb des **Königstuhl (5)**. Wir gehen links am Hotel vorbei (grünes Dreieck) und wandern auf dem Hohler Kästenbaumweg ostwärts. In Höhe des letzten Funkturms biegen wir schräg links ab in Richtung Felsenmeer. Zwei Forstwege überquerend erreichen wir die **Auerhahnenhütte (6)** und behalten die Richtung bei, bis wir auf dem ruppigen Pfad die links des Weges stehende **Felsenmeerhütte (7)** passieren. Wir verlängern wenige Meter nach rechts und biegen am Schild Naturschutzgebiet scharf links ab zum Schlierbacher Felsenmeer, eine moos- und flechtenreiche Buntsandsteinblockhalde, urwaldartig überdacht von alten Eichen und Buchen. Von hier haben wir eine wunderbare Aussicht. Am Ende des Feldspfades queren wir einen Forstweg und verlängern in Richtung Wolfsbrunnen. Unten mündet der Felsenmeerpfad in den mit gelbem R markierten **Linken Neckarrandweg (8)**, auf diesem geht es rechts haltend zurück, bis wir nach der Schranke den Linksabzweig des E1 finden und auf bekanntem Weg zum Bahnhof **Schlierbach-Ziegelhausen (1)** zurückwandern.

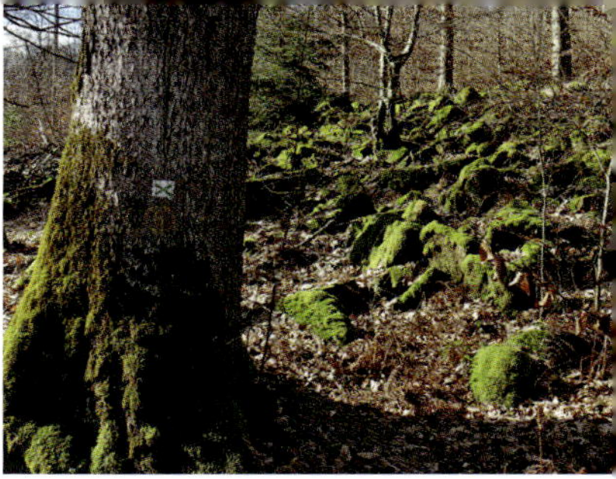

Bemooste Felsblöcke am Königstuhl.

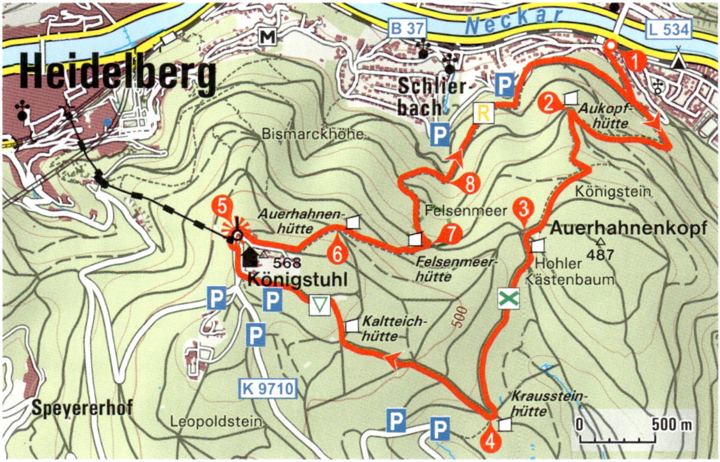

19 Neckarsteinach – Schadeck – Münchel

5.15 Std.

Vier Burgstätten und endlose Wälder

Von den vier Neckarsteinacher Burgen leitet diese bequeme Waldwanderung mit vorzüglichen Aussichtsstellen zur Quelle am Münchel.

Ausgangspunkt: Bahnhof Neckarsteinach, 115 m, an der Bahnhofstraße; Neckartalbahn Heidelberg – Mosbach – Bad Friedrichshall bzw. Parkplätze bei der Steinachbrücke in Neckarsteinach.
Höhenunterschied: 300 m.
Anforderungen: Problemlose Tour.
Markierung: Blaues N des Neckarsteigs, rotes R.

Einkehr: Unterwegs keine.
Karten: GNBO Blatt 12, Heidelberg Neckartal – Odenwald, 1:20.000, MEKI Hessischer Odenwald Süd, 1:30.000.
Variante: Wer die Tour abkürzen möchte, geht 500 m nach der Neckarblickhütte in spitzem Winkel rechts bergab, biegt nach 400 m wieder links ab und wandert auf gleicher Höhe bis zur Lärchengartenhütte.

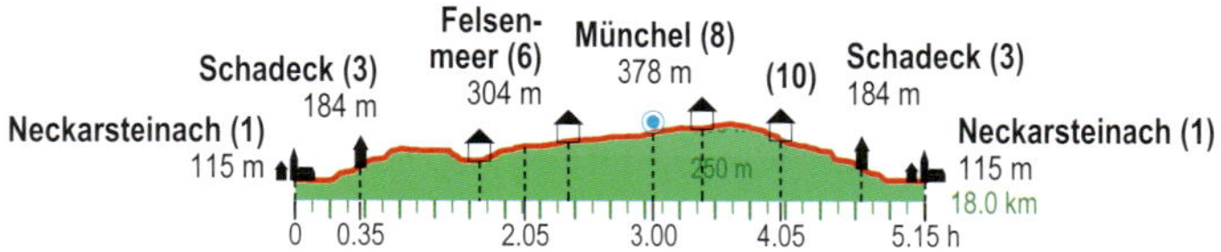

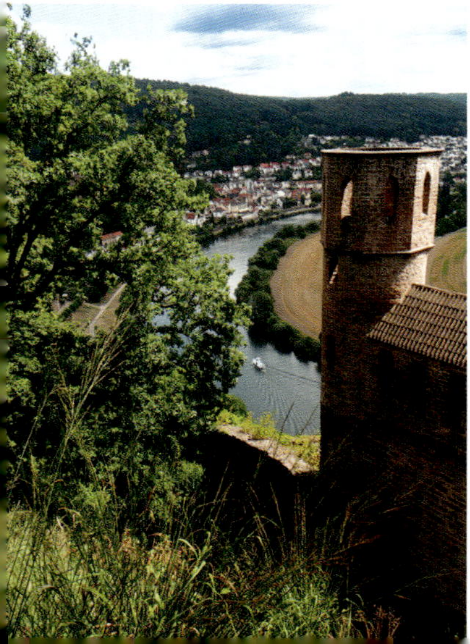

Vom **Bahnhof Neckarsteinach (1)** folgt der mit dem Buchstaben Blau-N markierte Neckarsteig dem Uferweg autofrei flussabwärts, quert am Spiel- und Parkplatz »Unter vier Burgen« die Neckargemünder Straße und schlängelt sich in Serpentinen zur **Hinterburg (2)** hinauf, der ältesten der vier Neckarsteinacher Burgen. Tafeln eines Naturlehrpfads erläutern die heimische Vegetation, Informationstafeln die Geschichte der Burgen. Älteste Anlage ist die um 1100 als Stammburg der Herren von Steinach, der »Landschaden«, auf einer schmalen Felszunge über dem Zusammenfluss von Steinach

Burg Schadeck am Neckar.

und Neckar errichtete Hinterburg. Bligger II. von Steinach, ein berühmter Minnesänger, ließ die Hinterburg in der zweiten Hälfte des 12. Jh. ausbauen; Neckarsteinach trägt die Minneharfe im Stadtwappen.

Nach Passieren der Ruine der Hinterburg schwingt der mit rotem R markierte Rechte Neckarrandweg im Waldhang links zur berühmtesten der vier Burgen, **Schadeck (3)**, wegen der Hanglage auch »Schwalbennest« genannt. Sie gewährt einen vorzüglichen Blick auf das Neckartal und den gegenüberliegenden Dilsberg. Weiter führt der Randweg auf einem naturnahen Wurzelpfad, dann wieder auf Forstwegen durch die Wälder. Ab dem Büdel-Ebert-Heim am Rand von **Kleingemünd (4)** weist die Blaustrich-Markierung die Route, an der **Rothsnasenhütte (5)** fällt der Blick hinab auf Neckargemünd. Dann folgt der Blaustrich einem Pfad durch das **Felsenmeer (6)**, passiert erneut eine **Schutzhütte (7)**, mit Neckarblick, und erreicht die Quelle am **Münchelpass (8)**. Hier stand bis zur Reformation ein Stein mit einer Mönchsfigur (»Münchel«).

Vom Münchel-Brunnen leitet die Markierung umgekehrtes grünes T zurück: vorbei an der **Lärchengartenhütte (9)** und durch die Osthänge von Kammerstein und Lammerskopf zur **Ruhesteinhütte (10)**. Passagenweise ist der Weg grasig, schließlich vereinigt er sich nahe dem Teufelstein wieder mit dem Neckarrandweg, und wie am Anfang der Wanderung geht es zurück zur **Schadeck (3)**, zur **Hinterburg (2)**, zum Park- und Spielplatz und auf dem Uferweg zurück zum Ausgangspunkt, dem **Bahnhof Neckarsteinach (1)**.

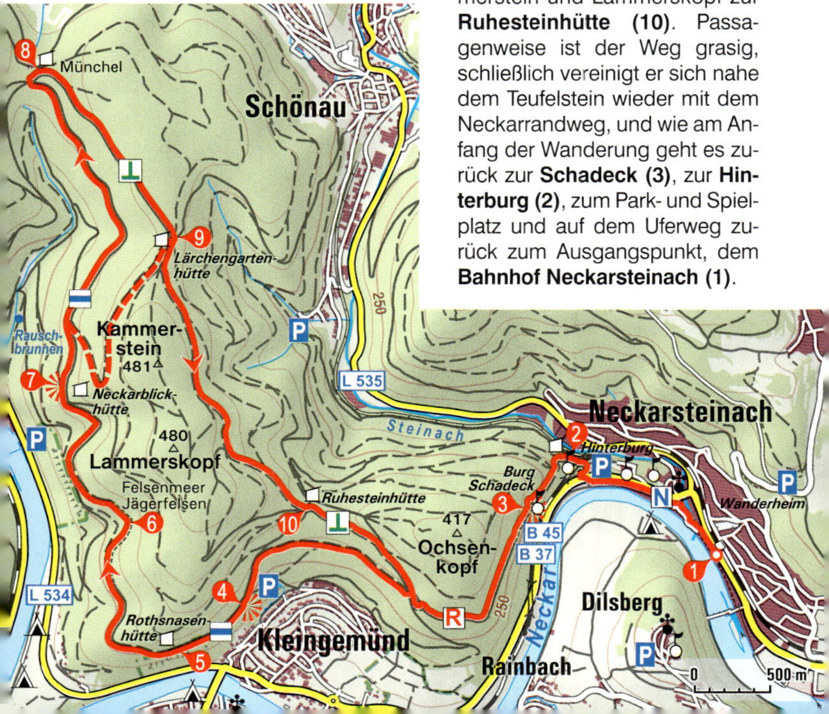

20 Neckargemünd – Dilsberg – Nonnenbrunnen

4.30 Std.

Wald- und Aussichtstour zur Bergfeste Dilsberg

Von der Fachwerkstadt Neckargemünd führt der Neckarsteig durch Wälder und Streuobstwiesen zur Feste Dilsberg auf einem aussichtsreichen Bergkegel hoch über dem Neckartal.

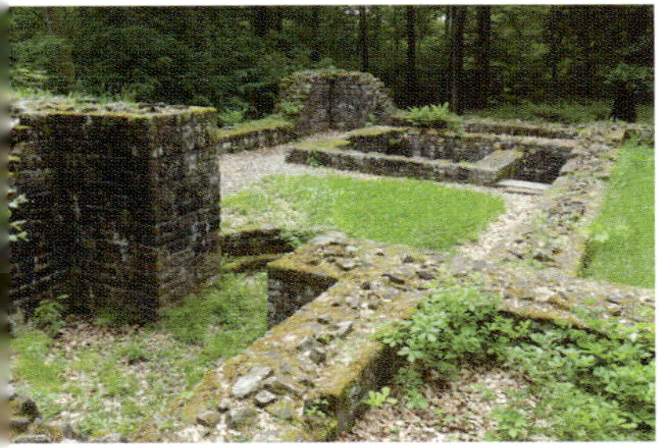

Mauerreste eines römischen Gutshofs.

Ausgangspunkt: Haltepunkt Neckargemünd Altstadt, 120 m, an der Neckartalbahn Heidelberg – Mosbach – Bad Friedrichshall.
Höhenunterschied: Knapp 200 m.
Anforderungen: Wurzelige Waldwege erfordern gutes Schuhwerk.
Markierung: Blaues N des Neckarsteigs, rotes Quadrat und grünes Dreieck.
Einkehr: Dilsberg, Gasthaus Zur Sonne (11.30–14.30 Uhr und ab 18 Uhr, Mi/Do Ruhetag).
Karten: GNBO Blatt 12, Heidelberg Neckartal – Odenwald, 1:20.000.

Schon am **S-Bahnhof Neckargemünd Altstadt (1)** zwischen Eisenbahnbrücke und Reichensteintunnel ist die Bergfeste Dilsberg in Sicht; laut Mark Twain, der den Dilsberg während einer Floßfahrt von Neckarsteinach aus erwanderte, gleicht sie einer Königskrone. Vom S-Bahnhof folgt der Neckarsteig dem Alten Postweg, dann »Am Kastanienberg« aufwärts, wechselt schließlich auf Stufen in den Hang und führt hinauf zur aussichtsreichen **Bockfelsenhütte (2)**: Flussaufwärts zeigt sich die Bergfeste Dilsberg, gegenüber liegt Kleingemünd unter dem Lammerskopf, flussabwärts rundet sich jenseits von Ziegelhausen das Heiligenberg-Weißer-Stein-Massiv. Anfangs in Serpentinen, dann auf einem idyllischen Waldweg geht es weiter zum **Tillystein (3)**; er erinnert daran, dass die Feste Dilsberg 1622 während des Dreißigjährigen Kriegs der Beschießung durch Truppen des kaiserlichen Feldmarschalls Johann Tserclaes von Tilly standhielt.
Schließlich senkt sich der Waldweg hinab zur Lochmühle im **Herrbachtal (4)**, dort beginnt der relativ steile Aufstieg erst durch Obstbaumwiesen, und sobald an der Parkplatzstraße »An der Steige« die Markierung rotes Quadrat kreuzt, geht es links hinauf zur Feste **Dilsberg (5)**, dem roten Quadrat folgend. Vor der Stadtmauer geht es rechts, dann durch das Südtor in die Altstadt hinein. Die mittelalterliche Burg auf dem Dilsberg blieb unerobert und wurde bis ins 18. Jh. zur Festung ausgebaut. Die architektonisch einer Kro-

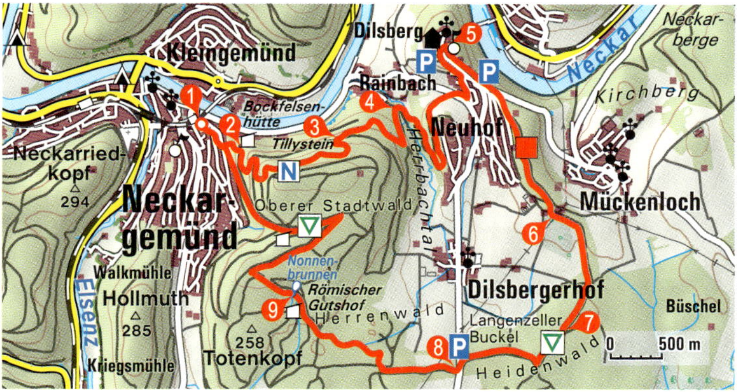

ne nachempfundene Festungsmauer schützte 700 Menschen innerhalb der Bergstadt. Zusammen mit den vier Burgen von Neckarsteinach am gegenüberliegenden Flussufer bildet die Bergfeste eines der schönsten Burgenensembles im Neckartal. Die Freilichtbühnen-Aufführungen »Rose vom Dilsberg« und der Rosenstrauch am Fuß der Stadtmauer erinnern an eine Grafentochter, die sich von der Burgmauer stürzte.

Von der Bergfeste leitet die Markierung rotes Quadrat auf der Parkplatzstraße abwärts und tritt dann in den Bannholz-Wald ein, an der **Stromstraße (6)** am Ende aussichtsreich links weiter auf dem Ratsacker- und später Haberwaldweg. Wenn das rote Quadrat am **Fürstenwerthweg (7)** links abwinkelt, geht es mit der Markierung grünes Dreieck weiter, wir folgen dieser Markierung rechts am Lehmwald-Schutzhüttenpavillon und durch den Heidenwald zum Parkplatz **Langenzeller Buckel (8)**: Hier folgt der Dreieck-Weg kurz der Alten Römerstraße und dann dem Dilsberger Weg rechts zum **Nonnenbrunnen (9)** beim Römischen Gutshof (Villa rustica), um 130–260 in der Nähe der Römerstraße von Heidelberg nach Neckarburken errichtet; ab dem Mittelalter wurden die Gebäude als Steinbruch benutzt.

Vom Nonnenbrunnen führt die Dreieck-Markierung noch ein Stück aufwärts auf dem Nonnenbrunnenweg, wechselt rechts auf den Grenzweg und schwingt später links hinab auf dem Ringweg. Bald nach Passieren einer Schutzhütte ist am Ortsrand von Neckargemünd der Neckarsteig wieder erreicht, links geht es zum Ausgangspunkt am **S-Bahnhof Neckargemünd Altstadt (1)**.

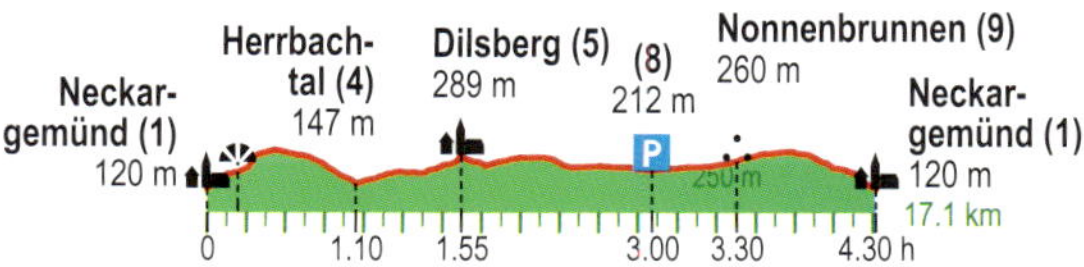

21 Neckarsteinach – Langenthal – Hirschhorn

4.15 Std.

Über die Höhen zwischen Neckar, Steinach und Ulfenbach

Für diese insgesamt geruhsame Waldwanderung im südlichsten, bis zum Neckar reichenden Zipfel Hessens im Tälerdreieck von Neckar, Steinach und Ulfenbach sollte einen ganzen Tag veranschlagen, wer – um unabhängig vom Zugfahrplan zu sein – auf dem Rechten Neckarrandweg zurückgehen will.

Ausgangspunkt: Bahnhof Neckarsteinach an der Bahnhofstraße, 132 m; Neckartalbahn Heidelberg – Mosbach – Bad Friedrichshall.

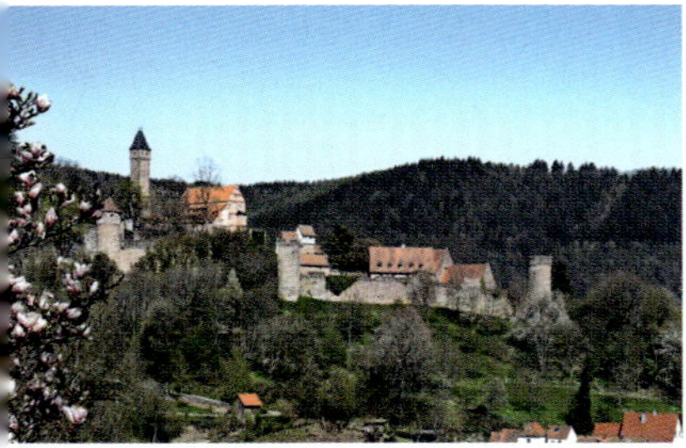

Ausblick auf Burg Hirschhorn

Endpunkt: Bhf. Hirschhorn, 131 m; zurück zum Startpunkt mit der Neckartalbahn.

Höhenunterschied: 380 m.

Anforderungen: Nach steilem Anstieg leichte Waldwanderung meist auf guten Forstwegen.

Markierung: Rotes Quadrat, in Höhe von Grein gelbes X, zurück auf L3 und H6.

Einkehr: Unterwegs keine. Hirschhorn.

Karten: GNBO Blatt 13, Neckartal – Odenwald, 1:20.000, MEKI Hessischer Odenwald Süd, 1:30.000.

Variante: Zu Fuß zurück nach Neckarsteinach: Vor Hirschhorn leitet vom H4 das rote R des Rechten Neckarrandweges nach rechts und führt über Neckarhausen und Lanzenbach zurück nach Neckarsteinach (gut 2 Std.).

Auf der Bergseite des Bahnhofs **Neckarsteinach (1)** steigt die Markierung rotes Quadrat am Friedhof entlang zum Galgenberg hinauf, an der Darsberger Straße links und am Parkplatz bei der aussichtsreichen **Kaisereiche (2)** rechts hinauf, beim Wanderheim Mannheimer Hütte links, bald in Wiesen mit weiter Aussicht oberhalb des Kirchdorfs Darsberg; der für die Wiesenwegekreuzung **(3)** namensgebende Hohe Darsberg weiter westlich ist berühmt für sein als »Goetheblick« bezeichnetes Panorama.

Auf dem Schwarzerweg taucht die Markierung rotes Quadrat wieder in den Wald ein, wechselt am Ende rechts auf den Kreuzbaumweg und am Parkplatz **Kreuzschlag (4)** links auf den Loogweg. Im Rauschen der Wälder führt der Weg oberhalb des Dorfs Grein zur nächsten Waldkreuzung, wo rechts das gelbe X auf dem Pfalzwaldweg weiterführt. Nach kurzem Anstieg stoßen wir an der nächsten Kreuzung auf das blaue Dreieck und folgen ihm hier und an der nächsten Gabelung **Pfalzwald (5)** nach links. Nach längerer Wegstrecke auf fast gleichem Niveau verlassen wir an der Gabelung das blaue Dreieck. Wir folgen dem unmarkierten Forstweg. Nach zwei Kehren gabelt sich der Weg. Wir nehmen den geradeaus bergab führenden geschotterten Weg, folgen an der Kreuzung nach links der Beschilderung in Richtung Langenthal und verlassen den Weg nach 5 Minuten auf einen Pfad nach rechts (L2). Er windet sich hinab zur Felsformation von **Waldbrudershütte (6)**, wo einst der sagenumwobene Eremit namens Leonhard lebte. Auf dem Forstweg gehen wir links, dann rechts um die Kehre am Bachufer das Drachenbrünnlein und wandern neben dem Ulfenbach nach Hirschhorn. Auf Höhe der Tennisplätze biegen wir scharf rechts ab, halten uns nach 100 m links und treffen auf H4, der uns nach **Hirschhorn (7)** führt.

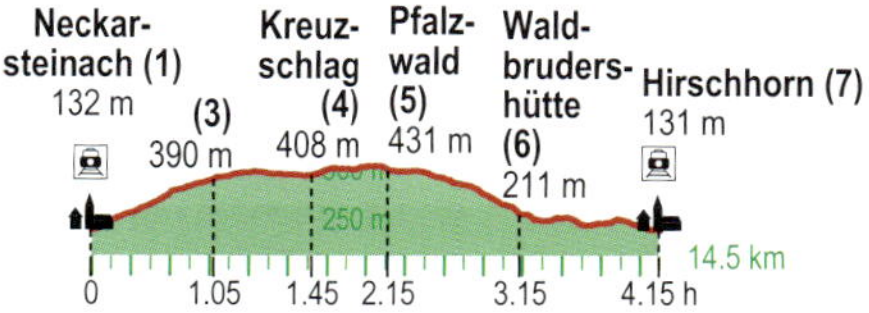

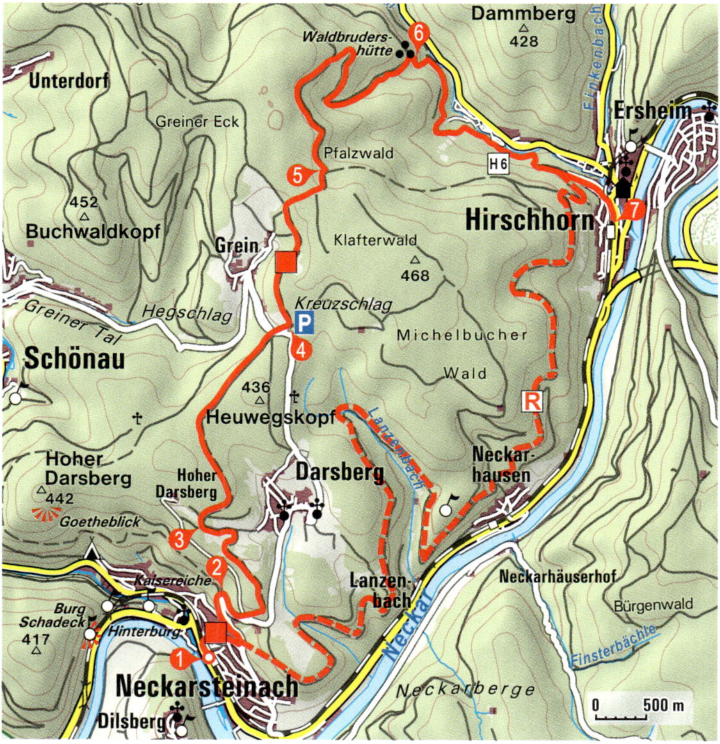

22 Hirschhorn – Steinerner Tisch – Igelsbach

5.15 Std.

Hessisch-badische Grenzwanderung über dem Neckartal

Diese abwechslungsreiche Waldwanderung erfreut mit wunderschönen Panoramen hoch über dem Neckar.

Ausgangspunkt: Bhf. Hirschhorn, 125 m, Bahnhofstraße 1, Neckartalbahn Heidelberg – Mosbach – Bad Friedrichshall.
Höhenunterschied: Knapp 500 m.
Anforderungen: Der Wechsel aus Forstwegen und naturnahen, teils steilen Wurzelpfaden verlangt gutes Schuhwerk.
Markierung: Blaues N des Neckarsteigs, gelbes X, rotes R zurück.
Einkehr: Unterwegs keine Möglichkeit.
Karten: GNBO Blatt 13, Neckartal – Odenwald, 1:20.000, MEKI Hessischer Odenwald Süd, 1:30.000
Variante: Wer die Tour abkürzen möchte, biegt kurz vor dem Aussichtspunkt oberhalb von Igelsbach, wo der Weg nach links abknickt, spitzwinklig nach rechts ab und folgt der gelben 1. Am Ende des Hirschweges nach einem Links-Rechts-Knick erreichen wir wieder den Neckarrandweg mit rotem R.

Vom Bahnhof **Hirschhorn (1)** führt die Bahnhofstraße ortseinwärts, nach Überqueren des Ulfenbachs (Lachsbach) geht es auf der Schlossstraße schräg links aufwärts durch die terrassenförmig über dem Neckar angelegte Stadt auf die in Renaissanceformen wieder aufgebaute **Burg (2)** der Herren von Hirschhorn zu. Das Restaurant des Schlosshotels lädt zur Einkehr ein; gegen eine geringe Gebühr kann der als Aussichtsturm fungierende Berg-

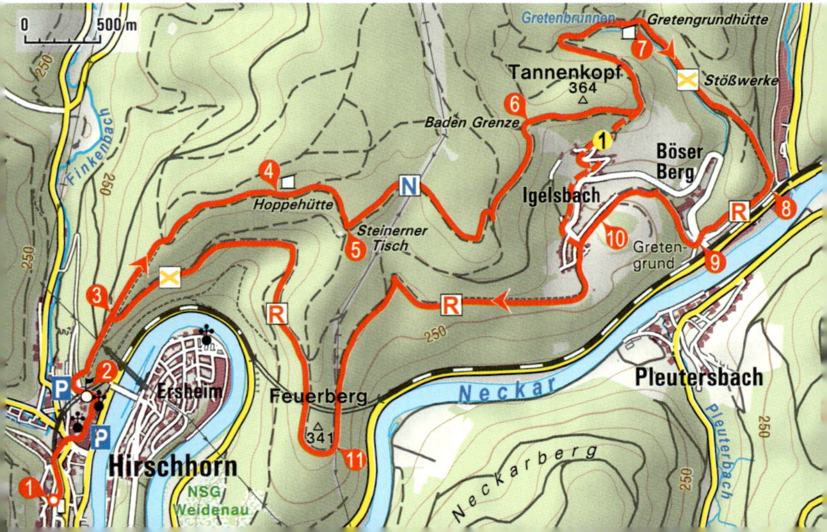

fried erstiegen werden. Oberhalb der Burg tauchen die Markierungen in den Wald ein und erreichen den Abzweig auf dem Rücken des **Stöckbergs (3)**: Während der Randweg (R-Markierung) im Hang weiterführt (unser Rückweg), leitet der Neckarsteig (Blau-N) hinauf zum Neckarschleifenblick an der **Hoppehütte (4)** und zum **Steinernen Tisch (5)** unter uralten Eichen; hier sollen schon die Kelten im Rauschen der Wälder Mahlzeit gehalten haben.

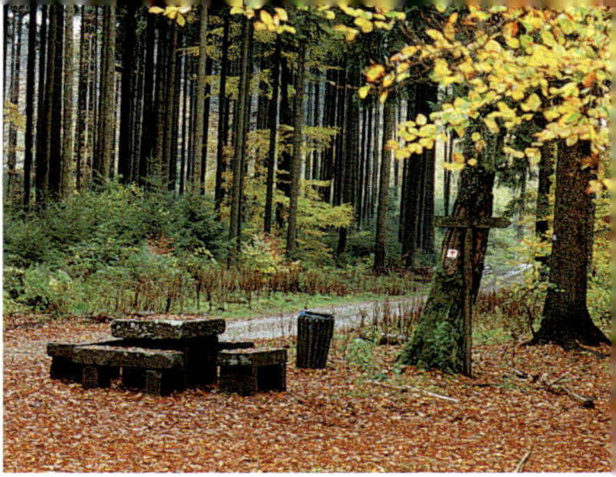

»Steinerne Tische« im Odenwald sollen schon in keltischer Zeit in Gebrauch gewesen sein (hier: Reisenbacher Grund, Tour 32).

Der Neckarsteig führt weiter durch die Wälder, wechselt oberhalb von Igelsbach von Hessen nach Baden **(6)**, passiert den Gretenbrunnen und senkt sich von der **Gretengrundhütte (7)** ins Neckartal, wo die **Markierung Rot-R (8)** des Rechten Neckarrandweges die Routenführung zurück übernimmt: oberhalb der Bahnlinie rechts am Bösen Berg entlang in den Mündungsbereich des **Gretengrunds (9)**, dann hinauf ins aussichtsreich in Streuobstwiesen gelegene **Igelsbach (10)**. Der östliche Teil des Dorfs gehört zu Baden-Württemberg (Ortsteil von Eberbach), der westliche zu Hessen (Ortsteil von Hirschhorn), die Landesgrenze führt mitten durchs Dorf. Der Name »Streitbrunnen« rührt daher, dass Anfang des 19. Jh. herausgefunden wurde, dass sich die Quelle auf hessischer, der Trog aber auf badischer Seite befindet; nach jahrelangem Streit wurde 1832 ein Vergleich geschlossen und die Badener durften wieder in Ruhe hessisches Wasser holen. – Südlich des Dorfs taucht der Wanderweg in Buchen-Eichen-Wälder ein und strebt dem **Feuerberg (11)**, der schon von Weitem an der Starkstromtrasse erkennbar ist, zu. Am Waldsaum fällt der Blick hinab auf ein abwechslungsreiches Streuobstgebiet mit trockenen Wiesen und Weiden, Gehölzen, Äckern und Brachflächen; am Fuß dieses Landschaftsschutzgebiets liegt das Naturschutzgebiet Weidenau. Jenseits der Neckarschleife zeigt sich Ersheim mit der Ersheimer Kapelle. Der Wanderweg führt weiter durch die Wälder im Hang des Feuerbergs und mündet schließlich am **Stöckberg (3)** auf die bekannte Aufstiegsroute: Blau-N führt wieder an der **Burg (2)** vorbei und zurück zum Ausgangspunkt am **Bahnhof Hirschhorn (1)**.

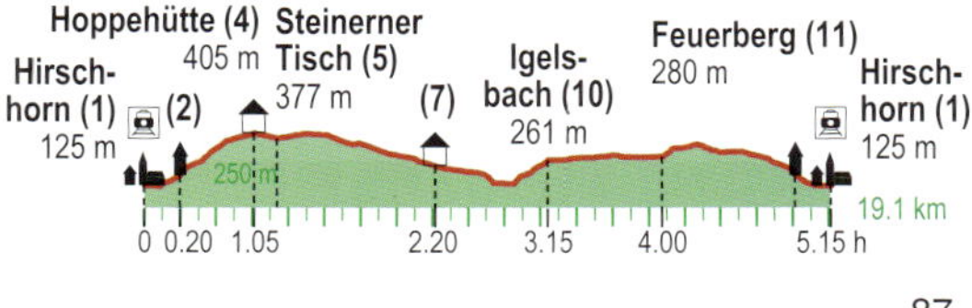

23 Neckarwimmersbach – Kirchel – Stolzeneck

3.45 Std.

Auf dem alten Höhenweg durch den kleinen Odenwald

Die Marienhöhe oberhalb von Neckarwimmersbach, dem Eberbacher Stadtteil auf der linken Seite des Neckars, ist ein erstklassiger Aussichtspunkt über dem Neckartal, der historische Höhenweg Eberbach–Aglasterhausen führt weiter zum legendenumwobenen Kirchel, von dort geht es hinab zu den Ruinen der Burg Stolzeneck und auf dem Neckarrandweg zurück.

Ausgangspunkt: Neckarbrücke zwischen Neckarwimmersbach und Eberbach, 130 m, vom Bahnhof Eberbach in 10 Min. erreichbar (rotes Dreieck).
Höhenunterschied: Gut 500 m.
Anforderungen: Die steilen Wurzelpfade verlangen ein wenig Trittsicherheit, während der Höhenweg ein bequemer Forstweg ist.
Markierung: Rotes Dreieck, gelbes V, gelbes R des Linken Neckarrandweges.
Einkehr: Rockenau, Trattoria Enoteca, (Mi–Fr ab 17, Sa/So und Di ab 11.30 Uhr).
Karten: GNBO Blatt 13, Neckartal – Odenwald, 1:20.000, MEKI Hessischer Odenwald Süd, 1:30.000.

Von der Wanderwege-Übersichtstafel vor der Neckarbrücke in **Neckarwimmersbach (1)** führt die Markierung rotes Dreieck steil hangaufwärts, bald im Wald auf einem Serpentinenpfad. An der Odinsquelle im Hang der Marienhöhe laden Sitzbänke und Tisch zur Rast ein, kurz oberhalb erwarten erneut Bänke, diesmal mit eindrucksvollem Blick auf Eberbach, den Neckar, den Ohrsberg mit dem Aussichtsturm und die sich dahinter rundende Hohe Warte. Von der Aussichtsstelle führt das rote Dreieck weiter aufwärts zur Schutzhütte auf der **Marienhöhe (2)** und folgt dann lange Zeit dem alten Höhenweg durch die Wälder, zwischendurch lädt eine Schutzhütte zur Rast ein, hin

Das gotische »Kirchel« – eine Ruine im Wald.

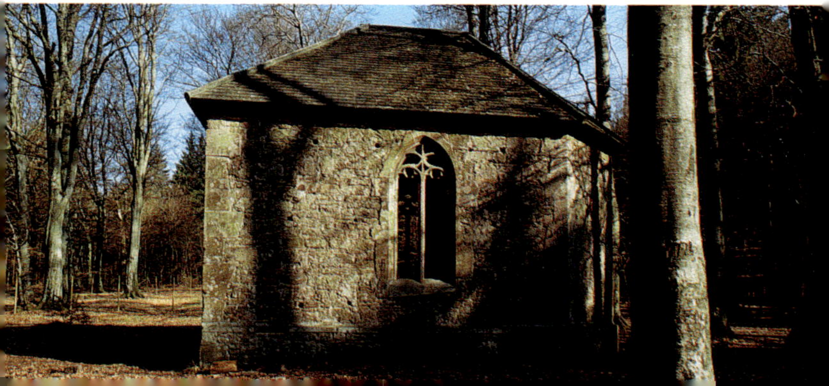

und wieder zeigt sich jenseits des Neckartals der Katzenbuckel. Schließlich wechselt das rote Dreieck rechts auf den Kirchelweg und erreicht das **Heiligkreuz-Kirchel (3)**, das bis zur Reformation ein Wallfahrtsziel war. Die Heilig-Kreuz-Festtage 3. Mai (Auffindung) und 14. Sept. (Erhöhung) markierten die Zeitspanne, in der das Vieh draußen auf den Weiden war. Der spätgotische Kapellenchor wurde 1516 auf den Fundamenten einer älteren Kapelle errichtet.

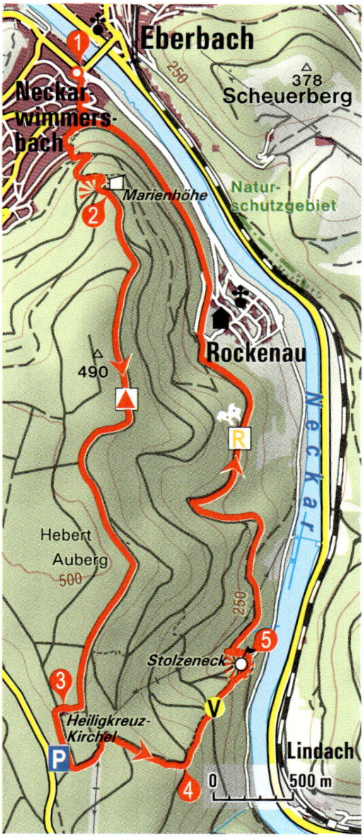

Vom Kirchel leitet das rote Dreieck zu einem Waldparkplatz, dort links zur Wiese und abwärts auf einem Forstweg. An einer kleinen Lichtung **(4)** mit Holzhäusern verlassen wir das rote Dreieck und folgen der gelben 2 kurz links, dann rechts bergab auf einem steilen Wurzelpfad (Verbindungsweg-Markierung V) hinab zur **Ruine Stolzeneck (5)**. Die Burg mit mächtiger Schildmauer wurde auf einem nach drei Seiten steil abfallenden Bergsporn 80 Meter über dem Neckartal errichtet, vermutlich kurz nach 1200 als staufische Reichsburg; das Aushöhlen des breiten Halsgrabens lieferte zugleich die Steine zum Bau der Burg. Vor der Burg sprudelt ein erfrischender Brunnen. Von Burg Stolzeneck leitet die Markierung Gelb-R wenige Meter auf einem Weg aufwärts und zweigt sofort halb rechts auf einen Pfad ab, der steil in ein Bachtal absteigt. Jenseits des Tals führt der Weg auf bequemen Waldwegen durch die Hänge über dem Neckartal, immer wieder malerische Ausblicke gewährend. Gegenüber von Rockenau zeigen sich die Felswände der Teufelskanzel, wenig später ist **Neckarwimmersbach (1)** wieder erreicht.

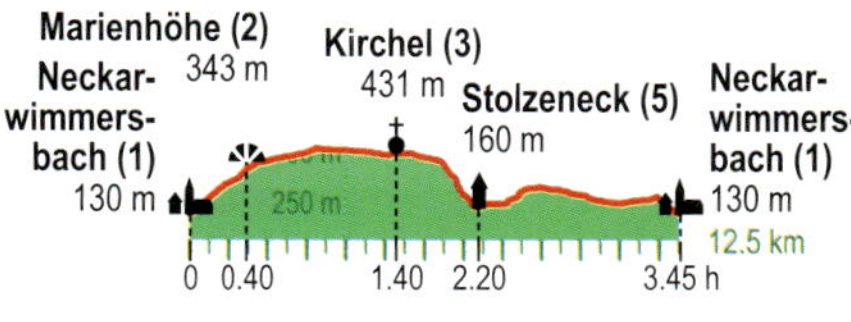

TOP **24**

Eberbach – Katzenbuckel

4.45 Std.

Auf den höchsten Berg des Odenwalds

Der Katzenbuckel ist der höchste Berg des Odenwalds und verdankt seine Form einem Vulkanausbruch vor 65 Millionen Jahren. Die von naturnahen Laubwäldern bedeckte Kuppe trägt einen Aussichtsturm, der ein Panorama vom Steinsberg im Kraichgau bis hin zum Spessart und zum Taunus bietet.

Ausgangspunkt: Bahnhof Eberbach, 132 m, Bahnhofsplatz 2; Neckartalbahn Heidelberg – Mosbach – Bad Friedrichshall und Odenwaldbahn Eberbach – Darmstadt.
Höhenunterschied: 600 m.
Anforderungen: Sehr steiler Anstieg, passagenweise auf Stufen, zu den Eberbach-Burgruinen, danach bequeme Wald- und Wiesenwanderung.
Markierung: Gelbes X bis Waldkatzenbach, zurück gelbe 51 und gelbe 3.
Einkehr: Villa Katzenbuckel, ehem. Turmschenke (Fr ab 15 Uhr, Sa/So ab 11 Uhr).
Karten: GNBO Blatt 13, Neckartal -- Odenwald, 1:20.000, MEKI Hessischer Odenwald Süd, 1:30.000.

Der Güterbahnhofstraße auf der Nordseite des **Bahnhofs Eberbach (1)** folgt die Markierung Gelb-X kurz ostwärts, zweigt links in den Schafwiesenweg ein, folgt am Ende der Landstraße kurz rechts und wechselt links in die Hohenstaufenstraße, von der wenig später der steile, mit Stufen versehene Fußweg (Burgweg) zur **Ruine Burg Eberbach (2)** abzweigt. Während des Aufstiegs fällt der Blick auf das Neckartal und den von einem Aussichtsturm überhöhten Ohrsberg, einen der markantesten Umlaufberge des Neckartals. Von den Sitzbänken vor der 1196 vollendeten Vorderburg bietet sich ein eindrucksvoller Blick hinab auf die Stadt und das Tal.
Nach diesem steilen Auftakt leitet Gelb-X in sachtem Anstieg auf Forstwegen weiter. An der Wegekreuzung **Abzweig Emichsburg (3)** – links geht es zu

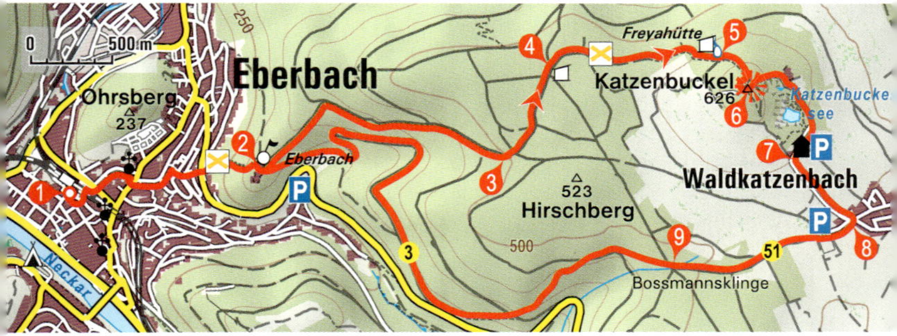

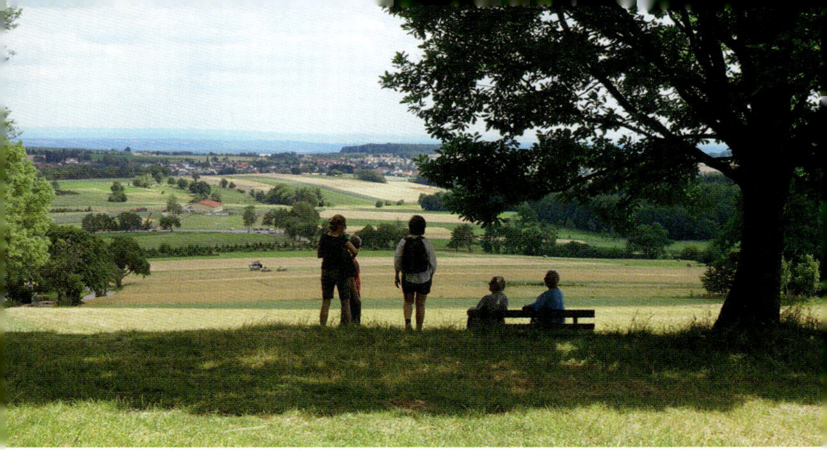

Weit reicht der Blick vom Katzenbuckel.

den spärlichen Burgresten – folgen wir dem halblinks abgehenden Weg, auf dem eine **Schutzhütte (4)** zur Rast einlädt. Schließlich wechselt die X-Markierung rechts auf einen schmalen Weg, der zur **Freyaquelle (5)** hinaufführt, der höchstgelegenen Quelle des Odenwalds; hier befinden sich ein Grillplatz und eine Schutzhütte. Wenig später erreicht der Pfad den **Katzenbuckel (6)**. Wir gehen vom Turm aus, rechts haltend, den Pfad hinunter und folgen dem gelben L (oder dem Katzensteig mit der geschwungenen Linie), der auf dem »Weg der Kristalle« im Halbkreis um den Katzenbuckelsee herum zur **Villa Katzenbuckel (7)** führt.

Die Zufahrt Katzenbuckelstraße führt mit weiter Aussicht hinab in das Dorf **Waldkatzenbach (8)**. Am Ortsrand geht es an der ersten Straße rechts hinauf zum Wanderparkplatz am Sportplatz. Geradeaus weiter leitet uns die gelbe 51 auf ebenem Schotterweg zum Steckbauernwald. An der Kreuzung **Bossmannsklinge (9)** bei der Curt-Brand-Hütte gehen wir rechts und biegen nach 20 m links vor dem Stein auf den Waldpfad ab. Mehrere Forstwege überquerend, führt uns der romantische Pfad über Steine und Wurzeln talwärts. An der letzten Verzweigung vor der deutlich hörbaren Waldbrunner Straße folgen wir rechts bergan der gelben 3. Der Schanzenweg bringt uns wieder zur **Ruine Burg Eberbach (2)**, wo uns das gelbe X aufnimmt und auf bekanntem Weg zum Ausgangspunkt am **Bahnhof Eberbach (1)** zurückführt.

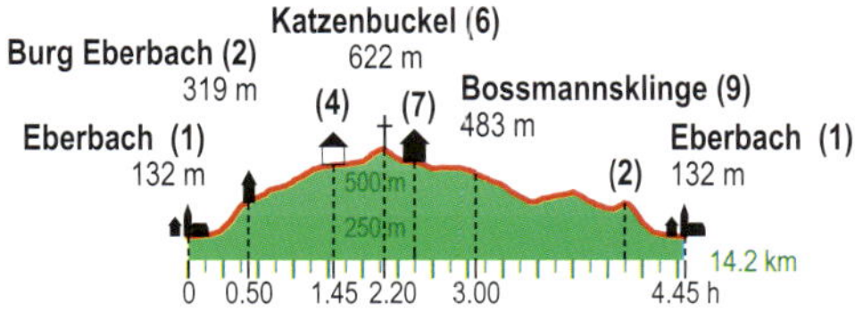

25

Zwingenberg – Wolfsschlucht – Neckargerach

5.30 Std.

Durch die wildromantische Wolfsschlucht

Die Wolfsschlucht ist neben der Margaretenschlucht die berühmteste Schlucht im Neckartal. Oberhalb von Schloss Zwingenberg durchschneidet die von Wasserfällen eines Wildbachs durchrauschte Felsenklamm den Buntsandstein.

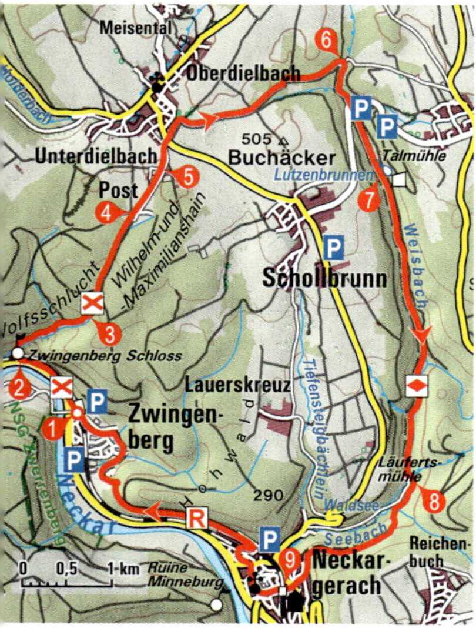

Ausgangspunkt: Bahnhof Zwingenberg Baden, 140 m, an der Bahnhofstraße; Neckartalbahn Heidelberg – Mosbach – Bad Friedrichshall.
Höhenunterschied: Knapp 400 m.
Anforderungen: Der steile, passagenweise drahtseilgesicherte Steig in der Wolfsschlucht ist laut Warnschild »auf eigene Gefahr« begehbar; ansonsten bequeme Forstwege.
Markierung: Gelbe 53 durch Wolfsschlucht, rotes X, rote Raute, umgekehrtes grünes T, rotes R.
Einkehr: Neckargerach, Grüner Baum (Mi–Sa ab 17, So 11.30–14 und ab 17 Uhr). Zwingenberg , Restaurant Café Haaf (Do–Mo ab 10 Uhr).
Karten: GNBO Blatt 13, Neckartal – Odenwald, 1:20.000, MEKI Hessischer Odenwald Süd, 1:30.000.

Vom **Bahnhof Zwingenberg (1)** leitet die Markierung Rot-R auf einem aussichtsreichen Hangweg auf der Schlossstraße zum **Schloss Zwingenberg (2)** hinauf. Die zum Schloss ausgebaute spätgotische Burg ist eine der am besten erhaltenen des Neckartals. Sie wurde 1808 von Baden erworben und zum Jagdschloss umgebaut. 1918 war sie Schauplatz der Abdankung des letzten badischen Großherzogs, Friedrichs II., dessen Nachfahren sie bis heute besitzen. Vor dem Schloss zeigen Schilder auf den laut Warnhinweisen »auf eigene Gefahr« begehbaren Steig (gelbe 53) durch die wildromantische **Wolfsschlucht**.

Am Ende der Klamm geht es steil hinauf zum Wanderweg **Rot-X (3)**, der im Wald zum Weiler **Post (4)** und in aussichtsreichem Grünland weiter in Richtung des Waldbrunner Kirchdorfs Oberdielbach führt. Nach Passieren des **Dielbacher Wander- und Sportparkplatzes (5)** rechts hinab und kurz auf der Alten Lindacher Straße durch das Grünland, dann rechts, bis die Markie-

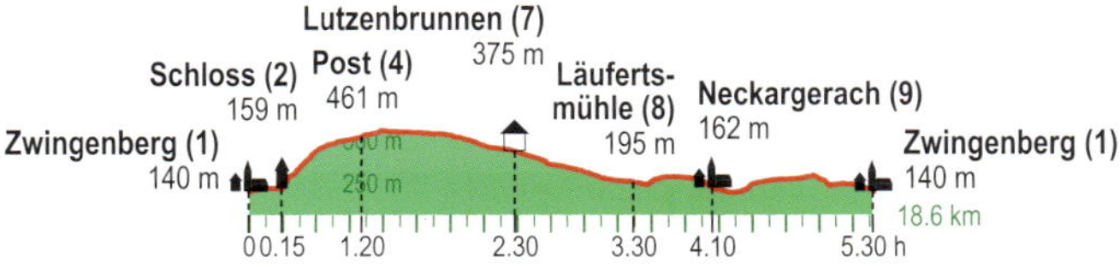

rung **rote Raute (6)** auftaucht und rechts an der Weisbacher Mühle und der Schutzhütte beim **Lutzenbrunnen (7)** vorbei zur **Läufertsmühle (8)** führt. Das »umgekehrte« grüne T führt weiter zum Bahnhof **Neckargerach (9)**. Von dort leitet die Markierung Rot-R zurück zum **Bahnhof Zwingenberg (1)**.

Die Wolfsschlucht ist eines der urtümlichsten Wandergebiete im Odenwald.

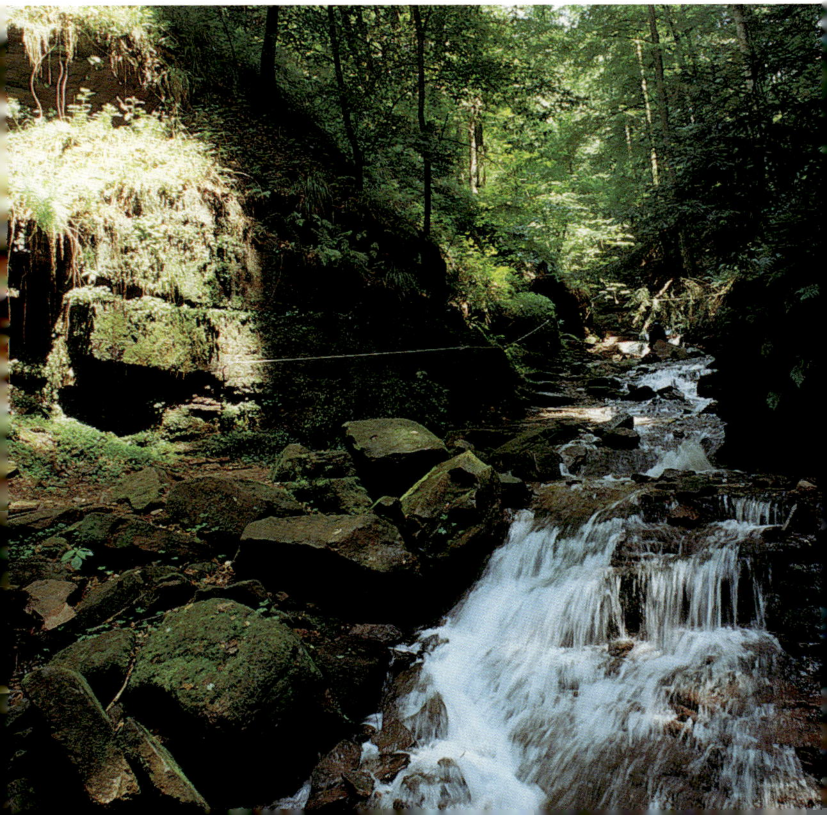

TOP **26**

Neckargerach – Minneburg – Zwingenberg

3.30 Std.

Burgenromantik beidseits des Neckartals

Vom Fachwerkdorf Neckargerach führt diese idyllische Obstbaumwiesen-, Wald- und Talwanderung zur Minneburg, einer der eindrucksvollsten und aussichtsreichsten Burgruinen über dem Neckartal.

Ausgangspunkt: Bahnhof Neckargerach, 160 m, Bahnhofstraße 29; Neckartalbahn Heidelberg – Mosbach – Bad Friedrichshall.
Höhenunterschied: 300 m.
Anforderungen: Durchgängig bequeme Wald- und Forstwege.
Markierung: Umgekehrtes grünes T, gelbes R, rotes X, rotes R.
Einkehr: Neckargerach, Grüner Baum (Mi–Sa ab 17, So 11.30–14 und ab 17 Uhr), Restaurant Café Haaf (Do–Mo ab 10 Uhr), Zwingenberg.
Karten: GNBO Blatt 13, Neckartal – Odenwald, 1:20.000, MEKI Hessischer Odenwald Süd, 1: 3.000.

Vom **Bahnhof Neckargerach (1)** geht es in den Fachwerkortskern hinab und an der Kirche links auf der Minneburgbrücke – die Ruine der Minneburg ist rechts oben in Sicht – über den Neckar an den Rand des Ortsteils Guttenbach. Am Ende der Brücke kreuzt der mit dem Buchstaben Blau-N markierte Neckarsteig, führt rechts hinab und dann links zu den Häusern der einstigen

Die Ruine der Minneburg.

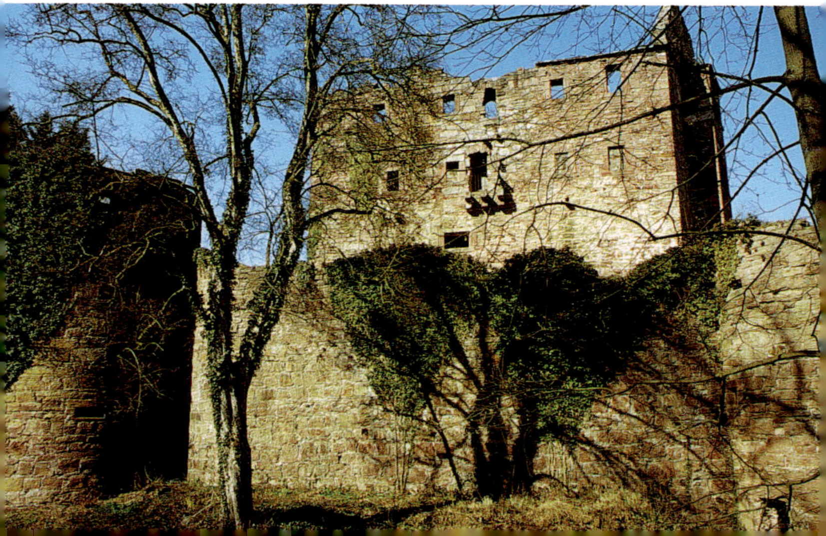

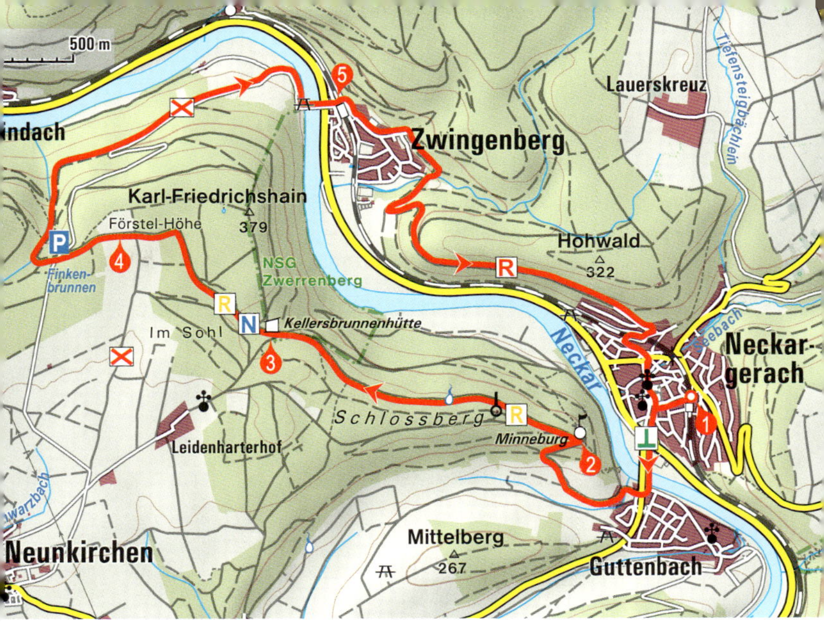

Ziegelhütte, die 1738 als Teil des Minneburger Hofguts errichtet wurde. Auf einem für den Verkehr gesperrten Asphaltweg leitet der Neckarsteig zwischen Blumenwiesen, Äckern und Obstbäumen aufwärts und tritt in die gras- und blumenreichen Wälder des Minnebergs ein, auf dem die sagenumwobene **Minneburg (2)** thront. Tische und Bänke mit Sicht auf Neckargerach und das Neckartal laden zur Rast ein.

Von der Minneburg folgt der Neckarsteig (zugleich Neckarrandweg Gelb-R) dem Brunnenweg durch die Wälder des Schlossbergs, zwischen den Bäumen zeigen sich das Neckartal und Schloss Zwingenberg. Zwischendurch lädt die Schutzhütte am **Kellersbrunnen (3)** zur Rast ein, nach Überschreiten der aussichtsreichen **Förstel-Höhe (4)** senkt sich der Weg zur Zwingenburger Straße hinab. Hier übernimmt die Markierung Rot-X die Routenführung und leitet durch den Steilhang der schluchtartig eingetieften Finkendelle abwärts, schließlich rechts hinab zur Fußgänger- und Fahrradbrücke über den Neckar. Gegenüber liegt am rechten Neckarufer der **Bahnhof Zwingenberg (5)**. Nach Unterqueren der Bahnlinie leitet der Rechte Neckarrandweg (Rot-R) in den Wiesen- und Waldhängen über dem Tal zurück zum **Bahnhof Neckargerach (1)**.

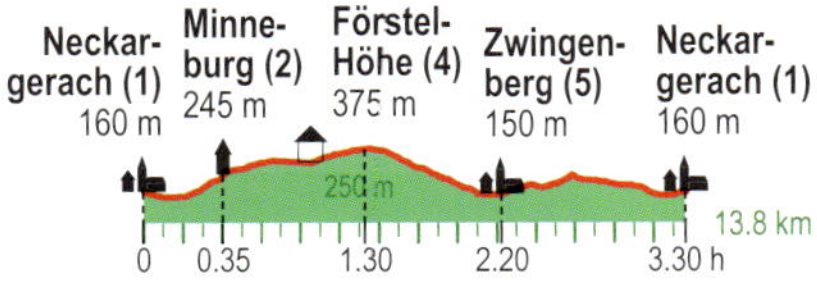

27 Neckargerach – Margaretenschlucht

1.45 Std.

Durch die wasserfalldurchbrauste Margaretenschlucht

Die Margaretenschlucht im Buntsandstein des Gickelbergs bei Neckargerach ist steiler und wilder als die Wolfsschlucht bei Zwingenberg. Der gesicherte Margaretenschlucht-Pfad erschließt diese wildromantische Klamm auf vier Kilometer Länge, wobei Lehrtafeln Besonderheiten zu Geologie, Flora und Fauna erläutern.

Ausgangspunkt: Bahnhof Neckargerach, 160 m, Bahnhofstraße 29; Neckartalbahn Heidelberg – Mosbach – Bad Friedrichshall.
Höhenunterschied: Gut 100 m.
Anforderungen: Der gesicherte Steig durch die Margaretenschlucht ist »auf eigene Gefahr« (Warnschild) und nur mit Trittsicherheit und festem Stiefelwerk begehbar. Der Steig ist zwar kurz, aber sehr steil und mühsam.
Markierung: Blaues N des Neckarsteigs, zurück gelbes N.
Einkehr: Neckargerach, unterwegs keine Möglichkeit.
Karten: GNBO Blatt 13, Neckartal – Odenwald, 1:20.000, MEKI Hessischer Odenwald Süd, 1:30.000.

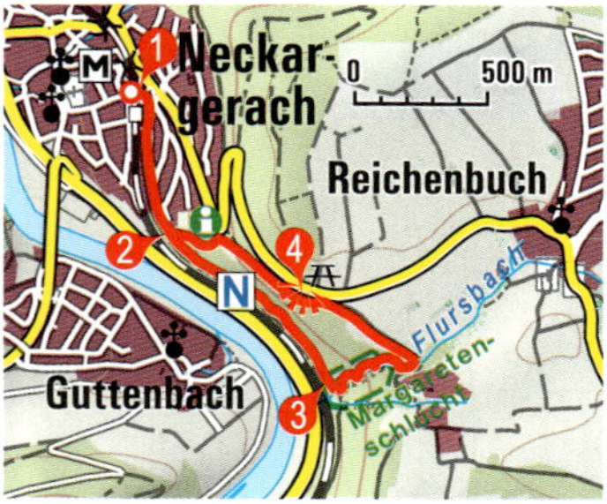

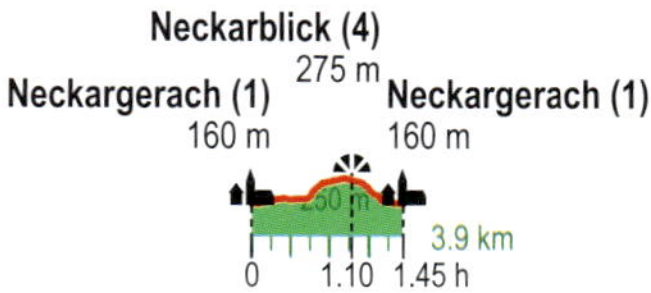

Nach Überqueren der Gleise auf der Fußgängerbrücke am **Bahnhof Neckargerach (1)** folgt die N-Markierung des Neckarsteigs der Bahnlinie rechts Richtung Mosbach. Am Waldrand im Steilhang über dem Neckar bietet der grasige Weg Tiefblicke ins Tal. Bei der **Lehrtafel 1 (2)** zum Margaretenschlucht-Pfad passiert der Weg die Rückweg-Einmündung, und nach einer Passage längs einer Steinmauer mit weiteren Schlucht-Lehrtafeln beginnt an einem Rastplatz die wasserfalldurchbrauste **Margaretenschlucht (3)**, eine Informationstafel weist auf geologische Besonderheiten hin und warnt vor Steinschlag. Auf einem drahtseilgesicherten Steig führt der Wanderweg durch den Wasserfallbach am Fuß einer Felswand und wechselt dann in die Mathildenschlucht. Kurz vor dem Eintritt in die Mathildenschlucht zweigt links der Margaretenschlucht-Pfad ab und leitet in steilen Serpentinen, zuweilen unwegsam, an einigen Stellen sehr schmal, fast durchgehend drahtseilgesichert, aufwärts, wobei er mehrmals den Wasserfallbach durchquert. Der

Reiz der Schlucht liegt in einer von der Formenvielfalt her ungeheuer reichen Kaskadentreppe, die umso schöner und »romantischer« wird, je höher man steigt. Für die Mühe des Aufstiegs entschädigen die malerischen Kaskaden, in denen der Flursbach 130 m überwindet: Er springt über Felswände und Stufen und durchrauscht zauberhafte Kleinstschluchten und winzige Täler.
Bei der Putenfarm am oberen Eingang der Schlucht führt eine schmale Straße nach links zum aussichtsreichen Rastplatz **Neckarblick (4)**, an dem auch Gleitschirmflieger starten. Der ehemalige Mäander des Ur-Neckars um den gegenüberliegenden Mittelberg ist von hier deutlich zu erkennen. Vom Rastplatz senkt sich ein Weg durch den Steilhang zum Gickelfelsen, wo eine Schutzhütte zum Rasten und Schauen einlädt, und mündet gleich darauf an der **Lehrtafel 1 (2)** auf den Neckarsteig, der rechts zurück zum Ausgangspunkt am **Bahnhof Neckargerach (1)** führt.

In der Margaretenschlucht rauschen malerische Kaskaden.

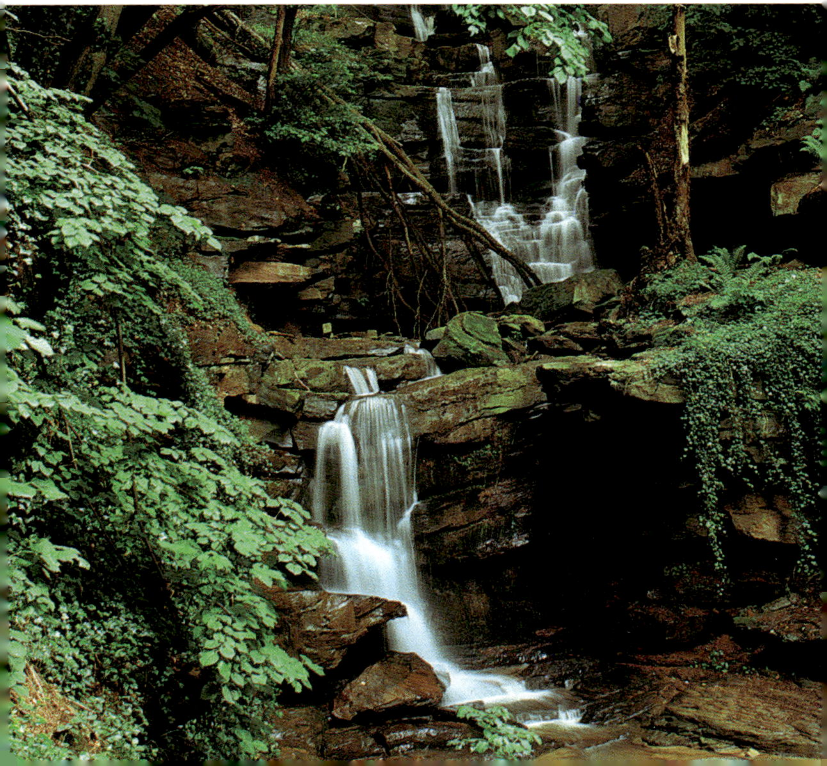

28 Neckargerach – Binauer Höhe – Neckarelz

5.20 Std.

Aussichtsreich über die längste Neckarschlinge

Mit erstklassiger Aussicht führt der Rechte Neckarrandweg an der Margaretenschlucht vorbei über die Binauer Höhe an der längsten Neckarschleife nach Neckarelz. Von dort kann man entweder mit der Neckartalbahn durch den Binauer Tunnel zurückfahren oder auf der linken Neckarseite dem Linken Neckarrandweg nach Neckargerach zurück folgen.

Ausgangspunkt: Bahnhof Neckargerach, 160 m, Bahnhofstraße 29; an der Neckartalbahn Heidelberg – Mosbach – Bad Friedrichshall.
Höhenunterschied: Knapp 200 m.
Anforderungen: Bequeme, zuweilen grasige Wege, im Bereich um Diedesheim und Obrigheim etwas »asphaltlastig«.
Markierung: Rotes R des Rechten Neckarrandweges, in Obrigheim grünes Plus, zurück auf gelbem R des Linken Neckarrandweges.
Einkehr: Neckarelz, Obrigheim, Neckargerach.
Karte: GNBO Blatt 18, Südlicher Odenwald, 1:20.000.
Variante: Wir wandern auf dem Neckarsteig die Margaretenschlucht hoch, biegen am Ende rechts ab und folgen dem Premium-Wanderweg bis zur Querung der Asphaltstraße auf der Binauer Höhe, wo sich die Wege wieder vereinigen.

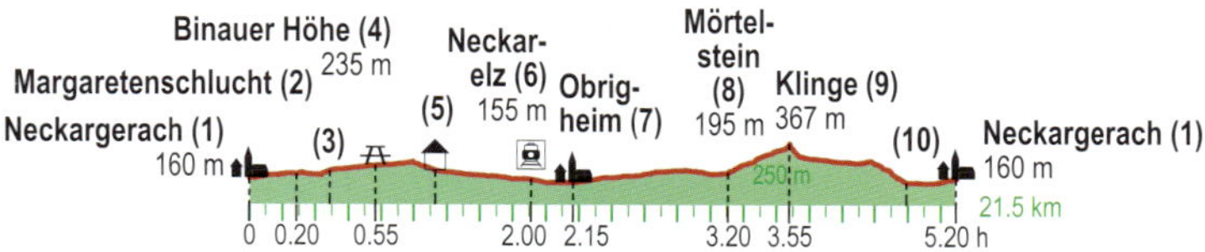

Vom **Bahnhof Neckargerach (1)** führt der Neckarsteig wie in Tour 27 zur **Margaretenschlucht (2)**. Im unteren Drittel der Schlucht verlassen wir den Aufstieg nach rechts und orientieren uns am roten R des Rechten Neckarrandweges, der am **Binauer Tunnel (3)** vorbeiführt. Achtung: 300 m nach dem Linksbogen des Weges, der nun in nordöstlicher Richtung verläuft, weist das rote R rechts aus dem Wald hinaus und führt in spitzem Winkel zur Anhöhe. Auf dem Asphaltsträßchen biegen wir links ab zur **Binauer Höhe (4)**, wo Sitzbänke mit erstklassiger Aussicht zur Rast einladen. Der Blick fällt auf Neckarelz und Obrig-

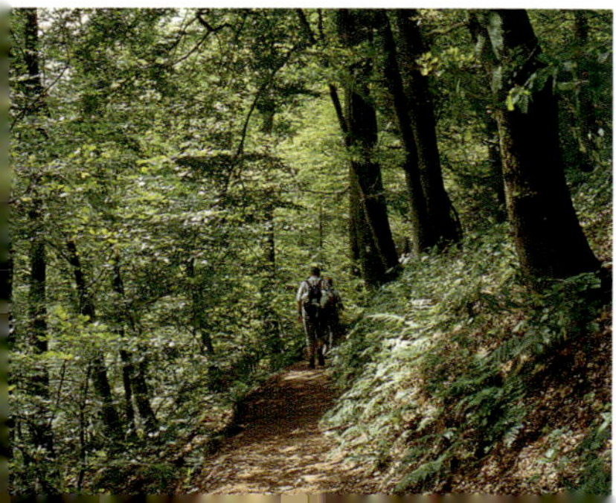

Auf dem Neckarsteig.

heim mit Schloss Neuburg und dem stillgelegten Kernkraftwerk. Im Wald führt das rote R weiter zum aussichtsreichen Rastplatz **Waldhütte Diedesheim (5)**, leitet durch die Steilhänge von Diedesheim, schwingt auf den Unteren Weinbergweg neben der Bahnlinie ein und erreicht den Bahnhof **Neckarelz (6)**. Kurz vor dem Bahnhof geht es auf der Bergstraße über die Gleise und hinab zum Neckar, wo wir nach der Brücke nach **Obrigheim (7)** das grüne Kreuz des HW40 finden. An der zweiten Unterquerung der B 292 nimmt uns schließlich das gelbe R des Linken Neckarrandweges auf, dem wir uns bis zum Ausgangspunkt anvertrauen. Oberhalb des stillgelegten Kraftwerks führt unser Weg straßennah zur Kirche von **Mörtelstein (8)**. Hier wechselt der Wanderweg in die Steilhänge links des Neckars und folgt ihnen vorbei an der Schlucht **Klinge (9)** nach **Guttenbach (10)**. Auf der aussichtsreichen Minneburgbrücke geht es zurück nach **Neckargerach (1)**.

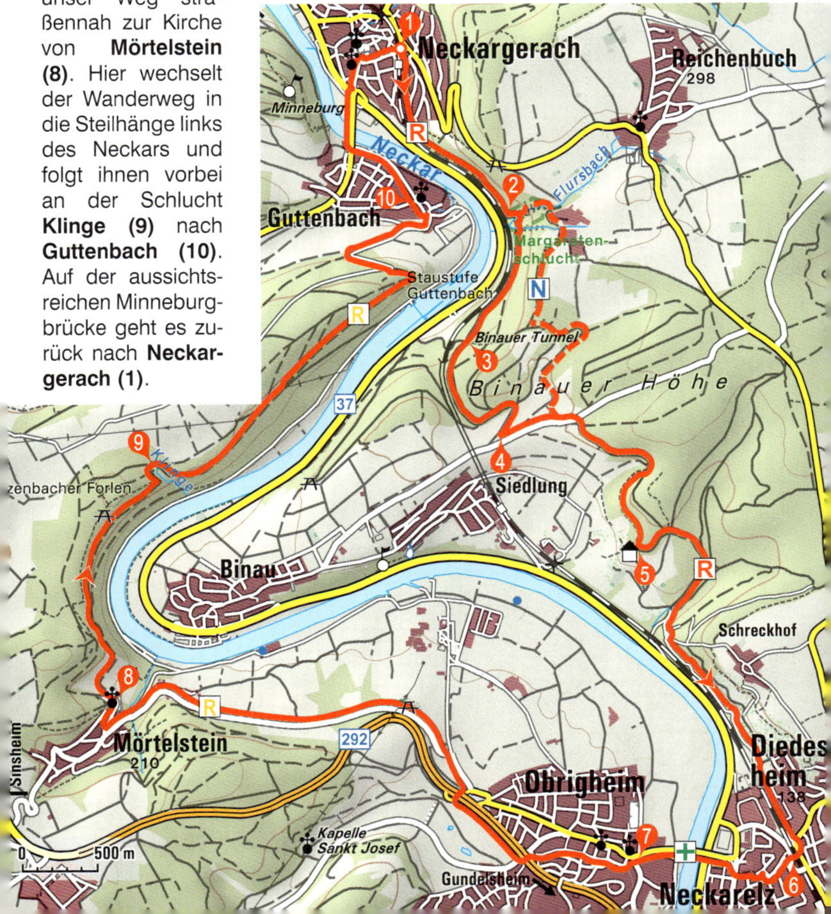

29 Gundelsheim – Michaelsberg – Burg Hornberg

4.15 Std.

Höhenwanderung zur Burg des Götz von Berlichingen

Vom größten erhaltenen Neckarschloss, dem Deutschordensschloss Horneck, führt der Neckarsteig aussichtsreich auf den von einer Wallfahrtskapelle gekrönten Michaelsberg und zur Götz-von-Berlichingen-Burg Hornberg.

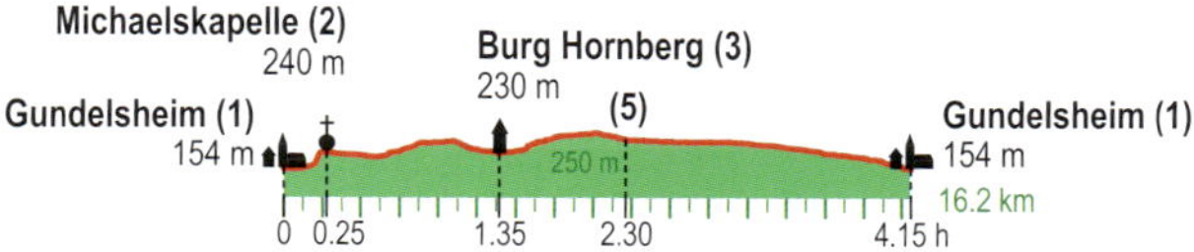

Ausgangspunkt: Bahnhof Gundelsheim, 154 m, an der Eisenbahnstraße; Neckartalbahn Heidelberg – Mosbach – Bad Friedrichshall.

Höhenunterschied: 250 m.

Anforderungen: Überwiegend bequeme Wald- und Wiesenwege.

Markierung: Rotes R des Rechten Neckarrandweges, grünes L, rote Raute.

Einkehr: Michaelsberg, Schäfers Landrestaurant (Fr ab 17, Sa/So ab 11.30 Uhr), Restaurant Burg Hornberg (Mi–Fr ab 15, Sa/So ab 12 Uhr).

Karte: GNBO Blatt 21, Neckartal – Stauferland, 1:20.000.

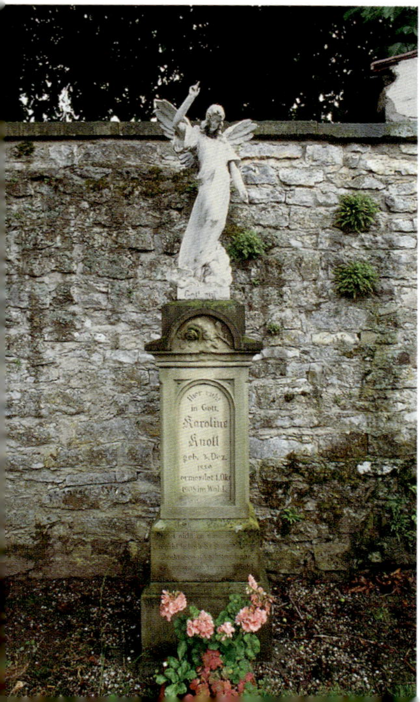

Vom Bahnhof der Deutschordensstadt **Gundelsheim (1)** führt die Neckarsteig-Markierung Blau-N (zugleich Rot-R) parallel zur Bahnlinie durch die Eisenbahnstraße und den Allmendweg, am Ende geradeaus und steil durch die Burghalde an Schloss Horneck vorbei auf die aussichtsreiche Kuppe des **Michaelsbergs (2)**. Die im Kern romanische Chorturmkirche auf dem Gipfel soll die älteste Kirche im Umkreis sein. Vom Michaelsberg führt der Neckarsteig sacht abwärts, tritt – asphaltiert,

Grabstein im Kirchhof auf dem Michaelsberg.

aber autofrei – in ein Landschaftsschutzgebiet mit Wiesen, Feldern, Gehölzen und Wäldern ein, biegt bei einer alten Eiche links auf den Brücklesweg ab und leitet im Wald hinab zu **Burg Hornberg (3)**. Im Burgmuseum wird u. a. die angebliche Rüstung des Reichsritters Götz von Berlichingen gezeigt, im ehemaligen Marstall kann getafelt werden.
Von der Burg geht es kurz auf demselben Weg zurück, weiter dann aber auf dem Limeswanderweg (Grün-L): Er führt auf dem Mordweg aufwärts, schwingt vor dem **Böttinger Hof (4)** links und bald wieder rechts. Sobald die Markierung **rote Raute (5)** auftaucht, weist sie den Weg zum Gundelsheimer Waldhaus, wo Tische und Bänke zur Rast einladen, und auf einem etwas verwachsenen Waldpfad weiter zur Schutzhütte am Parkplatz Sauwiese und zurück nach **Gundelsheim (1)**.

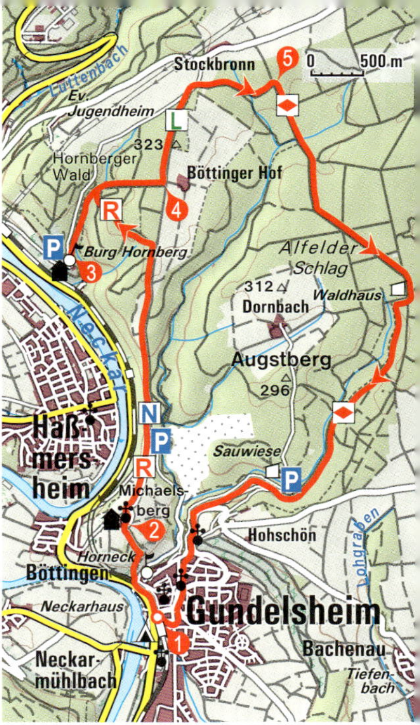

Glockenblume am Wegesrand.

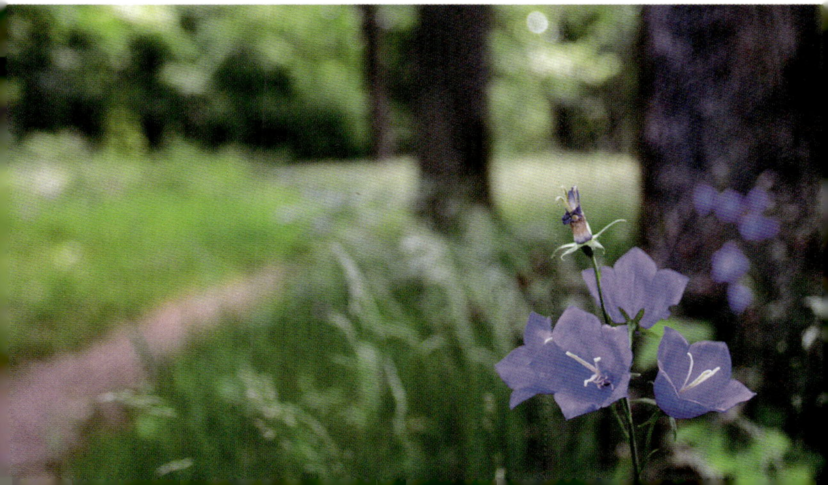

30 Heidelberg – Eberbach – Gundelsheim

5 Tage

Auf dem Neckarsteig durchs Neckartal

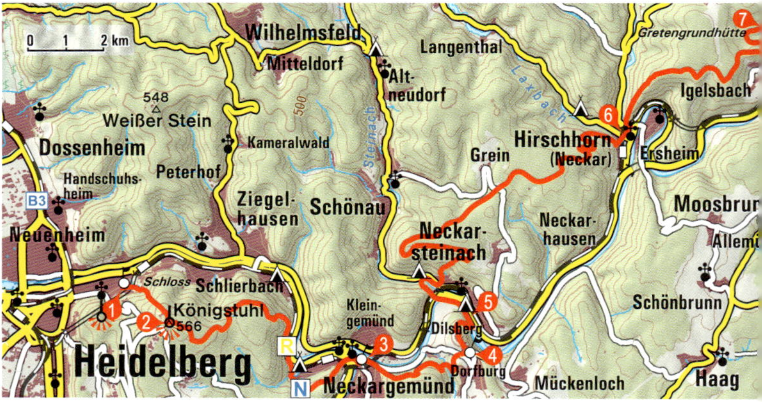

Der Fernwanderweg Neckarweg folgt dem 367 km langen Fluss vom Ursprung im Schwenninger Moos bis zur Mündung in den Oberrhein in Mannheim, der Abschnitt durch das Neckardurchbruchstal im Odenwald heißt Neckarsteig: Zwischen Heidelberg und Gundelsheim wechselt der mit dem Buchstaben Blau-N markierte Wanderweg mehrfach die Talseite, um attraktive Wanderziele rechts und links des Flusses zu erschließen. Dank der guten Verkehrsinfrastruktur besteht in fast allen Talorten die Möglichkeit, mit der Neckartalbahn (S-Bahn) zum Ausgangspunkt einer Etappe zurückzukehren.

Ausgangspunkt: Heidelberg Schloss, 203 m, Haltestelle der Heidelberger Bergbahnen (Kornmarkt – Molkenkur – Königstuhl) oder Bus 39 vom Bismarckplatz.
Endpunkt: Bahnhof Gundelsheim an der Neckartalbahn Heidelberg – Mosbach – Bad Friedrichshall, 154 m.
Höhenunterschied: Ca. 1500 m.
Anforderungen: Kondition, Trittsicherheit.
Markierung: Blaues N.
Einkehr/Unterkunft: In allen Orten am Weg.

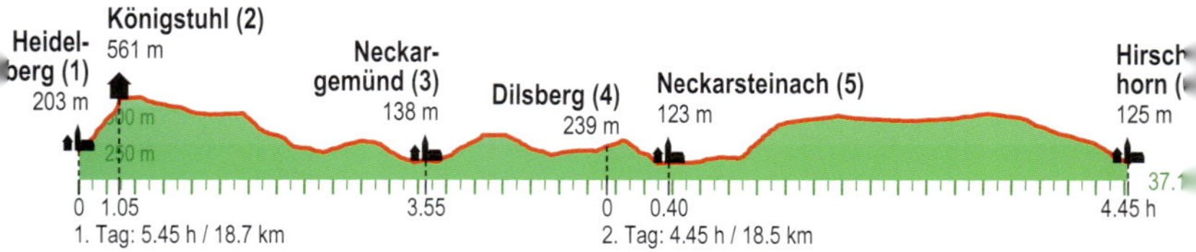

Vom **Heidelberger Schloss (1)** folgt der Neckarsteig der steilen Himmelsleiter auf den **Königstuhl (2)**, vgl. Tour 18, und senkt sich in den Wäldern in die Fachwerkstadt **Neckargemünd (3)**, wo wie Tour 20 der Aufstieg zur **Feste Dilsberg (4)** beginnt. Über die Schleusenbrücke des Wasserkraftwerks Neckarsteinach wechselt er in die Vierburgenstadt **Neckarsteinach (5)**, führt zum Goetheblick am Hohen Darsberg und durch die Wälder am Roten Bild nach **Hirschhorn (6)**, schwingt sich erneut auf die bewaldeten Höhen, leitet an Igelsbach vorbei zur **Gretengrundhütte (7)** und erreicht die Stauferstadt **Eberbach (8)**, wo der Anstieg zur Hohnhütte am **Schollerbuckel (9)** beginnt. Vorbei an der Teufelskanzel hoch über dem Steilufer senkt sich der Wanderweg zur Schleuse **Rockenau (10)**, leitet am Westufer weiter zur Burgruine **Stolzeneck (11)** und strebt dem Höhenort **Neunkirchen (12)** zu. Im Wald geht es weiter zur Ruine der aussichtsreichen **Minneburg (13)** und über **Neckarkatzenbach (14)** nach **Guttenbach (15)**, wo die Minneburgbrücke ins Fachwerkdorf **Neckargerach (16)** am linken Ufer führt. Der Aufstieg durch die **Margaretenschlucht (17)** ist ein weiterer Höhepunkt (vgl.

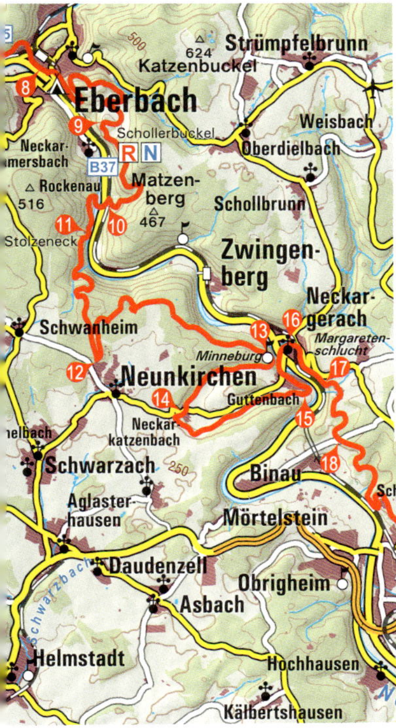

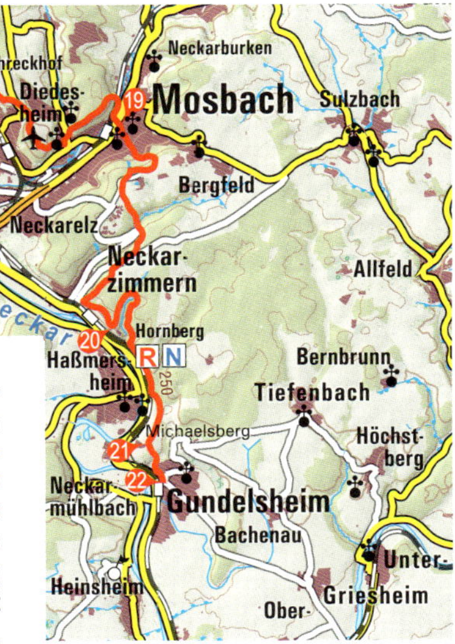

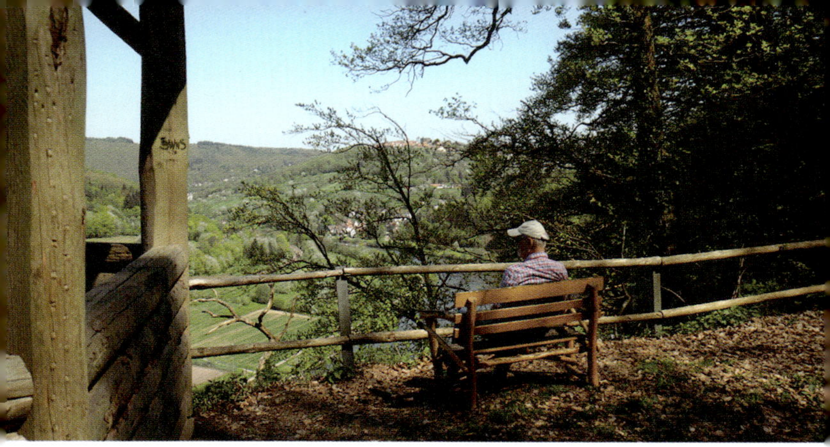

Rast an der Bockfelsenhütte mit Blick auf die Bergfeste Dilsberg.

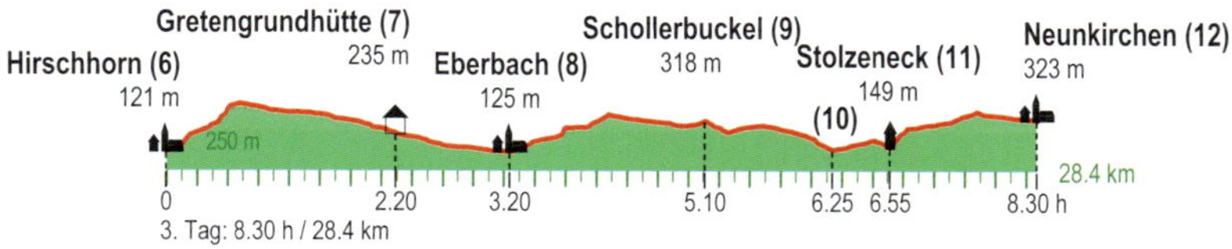

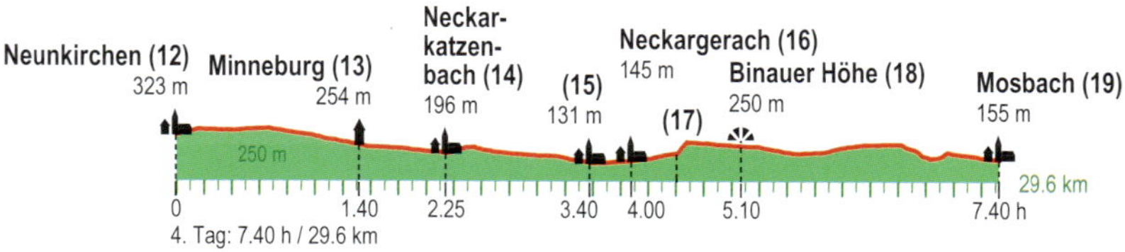

Tour 27), gefolgt von weiten Ausblicken an der **Binauer Höhe (18)**, vgl. Tour 28, ehe die Altstadt von **Mosbach (19)** einen Fachwerkglanzpunkt setzt. Nach dem Zwischenanstieg im Gegenhang senkt sich der Weg zur Götz-von-Berlichingen-Burg **Hornberg (20)**, gewinnt nach einer Neckartalpassage den aussichtsreichen **Michaelsberg (21)**, vgl. Tour 29, und leitet am Schloss Horneck vorbei nach **Gundelsheim (22)**.

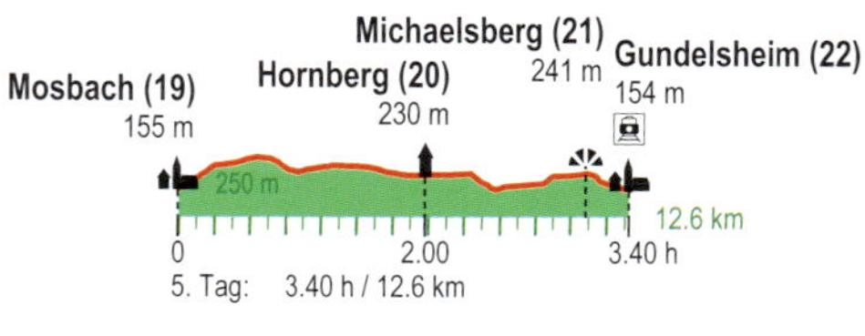

3 Tage

Auerbach – Michelstadt – Miltenberg 31

Auf dem Vier-Länder-Weg quer durch den Odenwald

Der Vier-Länder-Weg (ehemals Nibelungenweg) ist der Fernwanderweg durch das »Jagdrevier« der Nibelungen. Vom Donnersberg führt er in die Nibelungenstadt Worms, erreicht in Auerbach an der Bergstraße den Odenwald, wechselt in Miltenberg ins Maintal und endet nach 143 km in Wertheim an der Mündung der Tauber. Die Odenwaldetappen von Auerbach bis Miltenberg eignen sich hervorragend für eine Wochenendtour mit einer oder zwei Übernachtungen.

Ausgangspunkt: Bahnhof Bensheim-Auerbach, 100 m, Otto-Beck-Straße 32; Main-Neckar-Bahn Frankfurt – Heidelberg.
Endpunkt: Bahnhof Miltenberg, 127 m, an der Maintalbahn Aschaffenburg – Wertheim, von der hier die Madonnenlandbahn nach Buchen abzweigt.
Höhenunterschied: Insgesamt ungefähr 1650 m.
Anforderungen: Kondition.
Markierung: Gelbes Quadrat.
Einkehr/Unterkunft: In allen Orten am Weg.

1. Tag: Auerbach – Reichelsheim: Ca. 23 km/6.15 Std.; Höhenunterschied: Aufstieg ca. 750 m, Abstieg 650 m.
Vom Bahnhof **Bensheim-Auerbach (1)** führt der Vier-Länder-Weg (mit einem gelben Quadrat markiert) durch den Luftkurort oberhalb des Staats-

Altstadtgasse in Miltenberg.

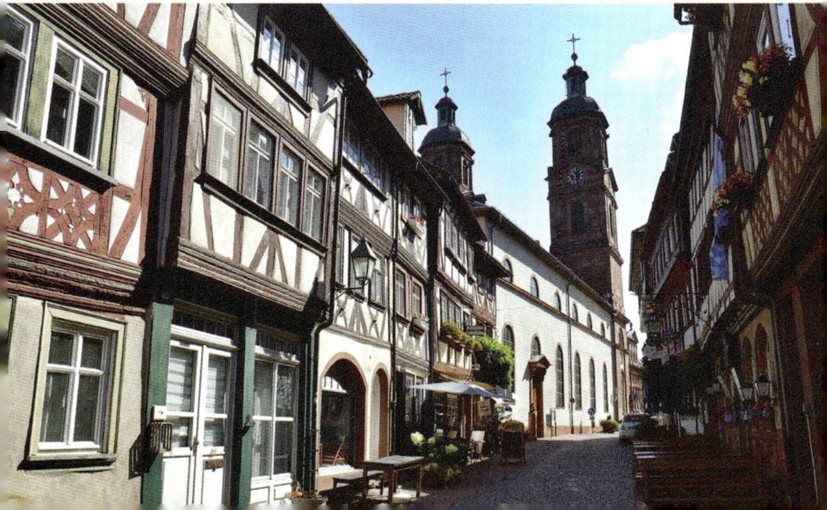

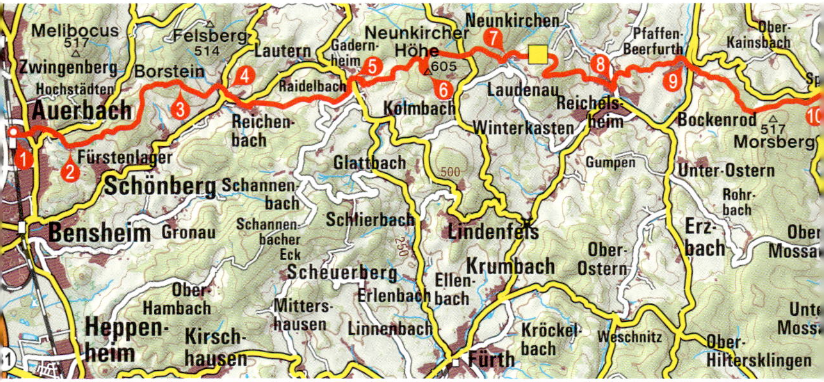

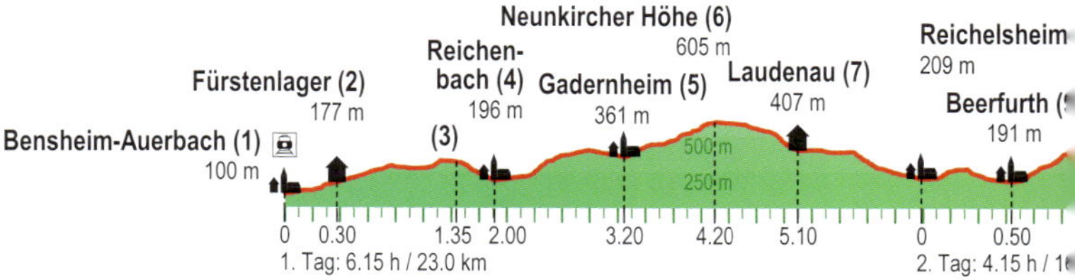

parks **Fürstenlager (2)**, vgl. Tour 5, und im Wechsel von aussichtsreichem Grünland und Wäldern über die Ludwigshöhe zum **Borstein (3)**, wo der Abstieg nach **Reichenbach (4)** im Lautertal beginnt. Via **Gadernheim (5)** geht es weiter auf die **Neunkircher Höhe (6)**, die höchste Erhebung des hessischen Odenwalds, dann erfolgt der Abstieg zum Gasthof in **Freiheit Laudenau (7)** und in den Luftkurort **Reichelsheim (8)** im oberen Gersprenztal.

2. Tag: Reichelsheim – Michelstadt: Ca. 16 km/4.15 Std.; Höhenunterschied: Auf- und Abstieg ca. 400 m.
Von Reichelsheim führt der Vier-Länder-Weg zum Schlossberg, auf dem das imposante Schloss Reichenberg thront, dann durch Wälder und Wiesen ins Lebkuchendorf **Beerfurth (9)**, wo der Aufstieg zum bewaldeten Morsberg beginnt. Von den Wäldern des Morsbergs senkt er sich zum Abzweig **Spreng (10)** an der Nibelungenstraße, hier beginnt in aussichtsreichen Streuobstwiesen der Abstieg zur Einhardquelle (siehe Tour 40), zur karolingischen Einhardbasilika und in die Fachwerk-Altstadt von **Michelstadt (11)** an der Mümling. Michelstadt an der Odenwaldbahn Eberbach–Darmstadt ist zwischen Bergstraße und Maintal der einzige Ort mit Bahnhof am Vier-Länder-Weg.

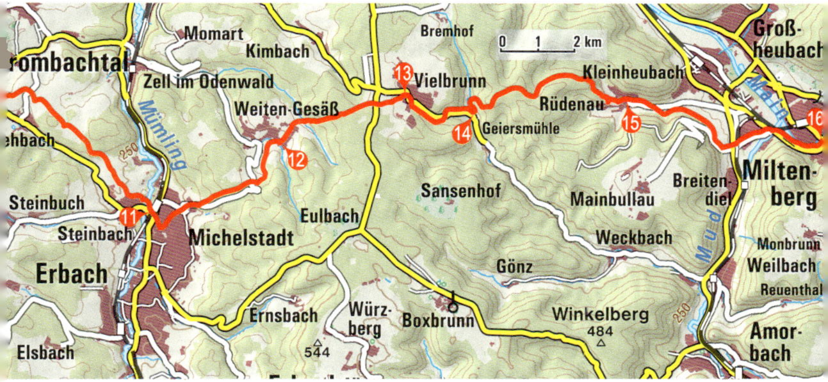

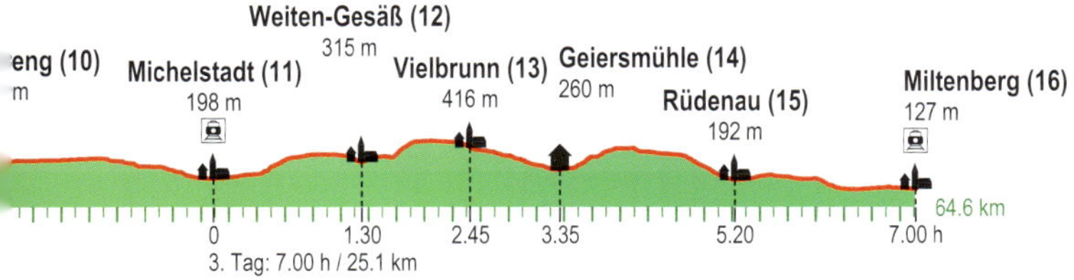

3. Tag: Michelstadt – Miltenberg: Ca. 25 km/7 Std.; Höhenunterschied: Auf- und Abstieg ca. 500 m. Von der historischen Altstadt von Michelstadt leitet der Vier-Länder-Weg durch Wald und aussichtsreiches Grünland hinauf in den Luftkurort **Weiten-Gesäß (12)** und kreuzt in **Vielbrunn (13)** – ebenfalls ein Luftkurort – den westlichen Limeswanderweg.

Von Vielbrunn führt er zur **Geiersmühle (14)** an der Grenze zu Bayern und erreicht nach einem letzten Anstieg das mainfränkische Brunnendorf **Rüdenau (15)**, von dort erfolgt der Schlussspurt in die Fachwerkstadt **Miltenberg (16)** im Maintal.

Ehrenmal für den Schöpfer des Odenwälder Markierungssystems.

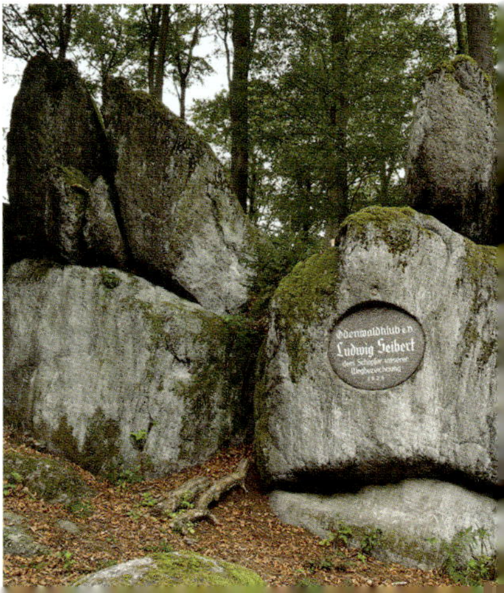

32 Reisenbacher Grund – Felsenhaus

2.45 Std.

Zum Räuber-Felsenhaus im Winterhauch

Vom Reisenbacher Grund, einem tief in den Buntsandstein eingeschnittenen Tal, leitet diese Waldwanderung hinauf zum Steinernen Tisch, an dem schon die Kelten im »Winterhauch« Mahlzeit gehalten haben sollen und zur Zeit der napoleonischen Kriege Räuber Unterschlupf im »Felsenhaus« fanden. Der Rückweg bietet faszinierende Tiefblicke in den Reisenbacher Grund.

Ausgangspunkt: Gasthof Zum Grund, 360 m, im Grund 3, im Reisenbacher Grund an der Straße Mudau – Reisenbach – Eberbach. Buslinie 821 von Eberbach: Von der Bushaltestelle in Reisenbach (Ortsteil von Mudau) führt die rote Raute zum Reisenbacher Grund.
Höhenunterschied: Knapp 200 m.
Anforderungen: Der Anstieg ist steil und erfordert ein wenig Kondition, ansonsten bequeme Wald- und Forstwege.
Markierung: Rote Raute und RG2 (Felsenhaus-Weg).
Einkehr: Landgasthof Zum Grund (Mo und Di Ruhetag).
Karten: GNBO Blatt 10, Oberzent, 1:20.000, MEKI Hessischer Odenwald Süd, 1:30.000.

Vom Gasthaus im **Reisenbacher Grund (1)** geht es auf der Zufahrt geradeaus, bis am idyllisch gelegenen Mühlenhof die Markierung rote Raute auftaucht, den Reisenbach überquert, im Gegenhang aussichtsreich eine Weile talabwärts führt und am ehemaligen **Unterferdinandsdorf (2)** die Rückwegeinmündung passiert. Nach vorübergehendem Wechsel auf einen Hangweg (links) geht es rechts hinauf zum **Steinernen Tisch (3)** beim Felsenhaus. Wie am Steinernen Tisch von Hirschhorn (siehe Tour 22) sollen auch hier schon die Kelten geschmaust haben. Die Flurbezeichnung Winter-

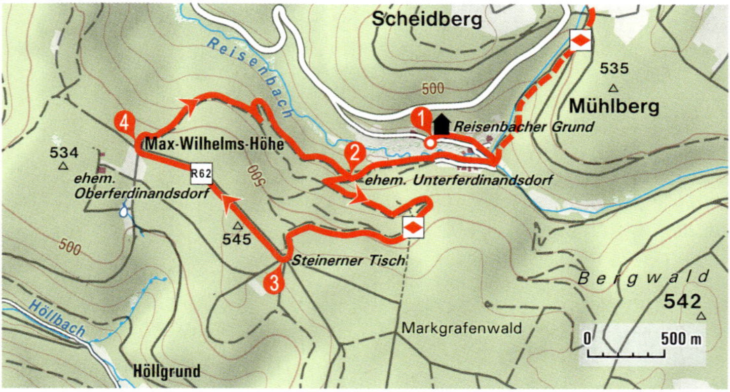

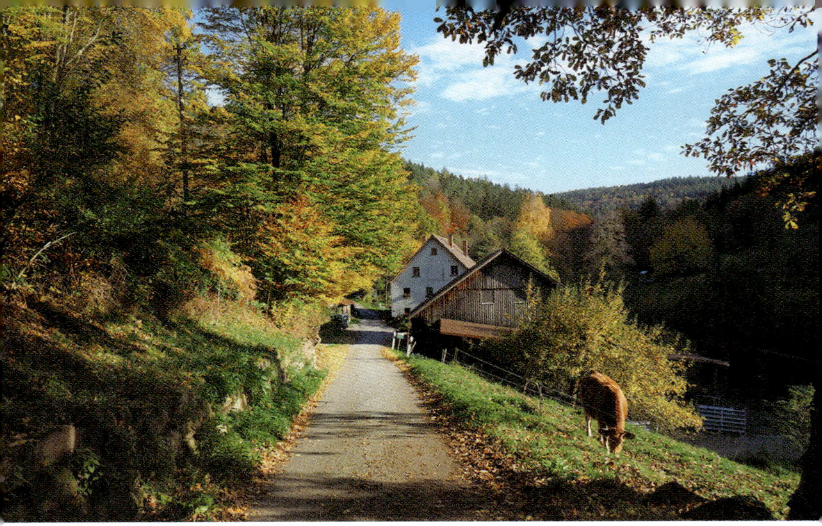

Herbstliche Stimmung im Reisenbacher Grund.

hauch erinnert daran, dass rund um den Katzenbuckel stets ein leichter, kühlender Wind weht, der auch im Sommer so manchen frösteln lässt. Einige Buntsandsteinblöcke in der Nähe des Steinernen Tischs liegen derart übereinander, dass Höhlen und hausartige Formen entstanden sind: Im sogenannten Felsenhaus (50 m vor der Kreuzung links des Weges) soll der Räuber Hölzerlips in der Zeit der napoleonischen Kriege Unterschlupf gefunden und mit anderen Angehörigen des fahrendes Volkes seine Überfälle auf Reisende im Odenwald geplant haben. 1804 setzte die Regierung eine Kopfprämie aus, 1812 wurde er in Heidelberg mit dem Schwert hingerichtet.
Von der Wegespinne am Steinernen Tisch folgt der RG2-Rundweg einem Forstweg im Wald hinüber zum in Privatbesitz befindlichen ehemaligen Jagdschloss **Max-Wilhelms-Höhe (4)**. Hier zweigt rechts der Heuweg ab, ein Forstweg, der mehrmals beeindruckende Tiefblicke in den Reisenbacher Grund gewährt. Nach einer Linksserpentine geht es an der nächsten Verzweigung rechts weiter (Ortsweg), bis wieder die bekannte Markierung **rote Raute (2)** auftaucht und zurück zum Ausgangspunkt am Gasthof **Zum Grund (1)** führt.

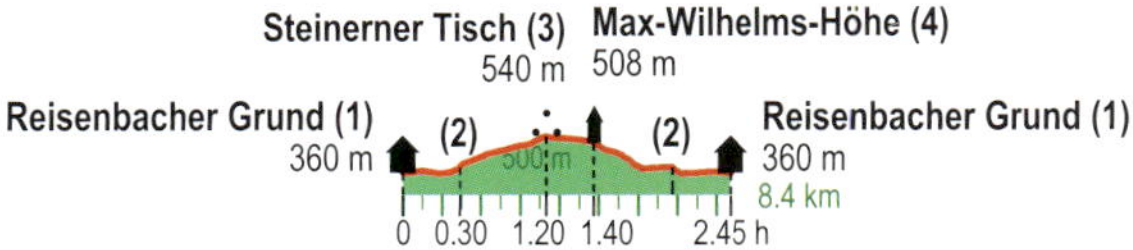

TOP **33**

Kailbach – Hesselbach – Schöllenbach

4.45 Std.

Vom Ittertal über den Limes zum Höhenort Hesselbach

Die ruhige Waldwanderung über den Kamm des Hohwaldes verläuft teilweise direkt auf dem einstigen Grenzwall der Römer. Informative Tafeln an den Grundmauern der Wachtürme erläutern das Leben am Limes vor 2000 Jahren.

Ausgangspunkt: Bahnhof in Kailbach, 262 m, erreichbar mit der Odenwaldbahn sowohl von Eberbach als auch von Frankfurt aus. Parkmöglichkeit am Bahnhof.
Höhenunterschied: 430 m.
Anforderungen: Anspruchsvolle Streckenwanderung mit langgezogenem Anstieg.
Markierung: Gelber Kreis, grünes L, rotes N, gelbe 3.
Einkehr: Hesselbach, Landgasthof Zum Grünen Baum (Mi–So ab 10.30 Uhr, Fr ab 16 Uhr).
Karten: GNBO Blatt 10, Oberzent, 1:20.000, MEKI Hessischer Odenwald Süd, 1:30.000.

Vom Bahnhof in **Kailbach (1)** wandern wir in nördliche Richtung, verlängern auf der Durchgangsstraße und verlassen sie nach dem letzten Haus auf dem Friedrichspfad in den Talgrund der Itter. Dabei orientieren wir uns zu Beginn am gelben Kreis. Am Holzbrücklein überqueren wir das Flüsschen und verlassen gegenüber die Talaue. Nach einem Links-Rechts-Schwenk geht es nun sanft, aber stetig an der Flanke des Sachsenberges aufwärts. Bei einer majestätischen Eiche haben wir den größten Teil des Anstiegs geschafft und biegen links ab. An einer Verzweigung bleiben wir auf dem geradeaus verlaufenden Forstweg, halten uns an der nächsten Abzweigung links und kommen zu einem Mobilfunkmast. Zehn Meter dahinter geht ein alter Hohlweg rechts ab. Wer dem Weg nicht traut, folgt weiter dem breiten Forstweg. Die ersten Meter legen wir besser auf der Hangschulter zurück, da der Weg recht verwachsen ist. Er wird mit zunehmender Höhe gut begehbar und endet an einer kleinen Lichtung bei der **Platte (2)**, wo uns der gelbe Kreis wieder aufnimmt. Etwa 100 m dahinter finden wir links des Weges einen Bildstock aus Sandstein, »der ex voto« (aufgrund eines Gelübdes) hier aufgestellt wurde. Er trägt das Walldürner Blutwunder als Motiv. Wir wandern auf dem Forstweg bis zur Kreisstraße, folgen ihr 50 m nach links und biegen wieder links ab auf den Limesweg (grünes L), der uns auf herrlichem Kammweg des Hohwald (553 m) an den Wachtürmen 10/35

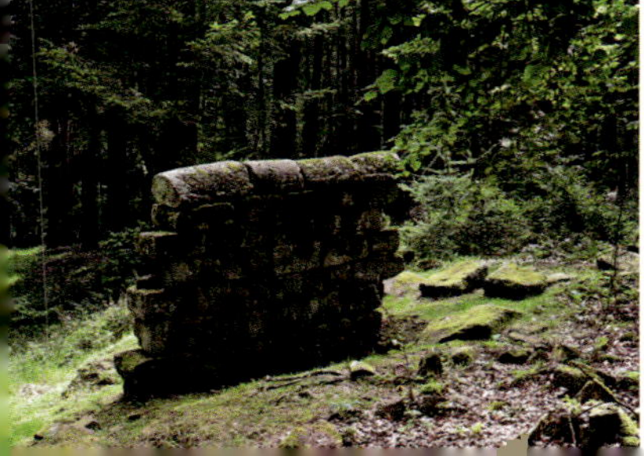

Streckenweise gab es eine Limesmauer.

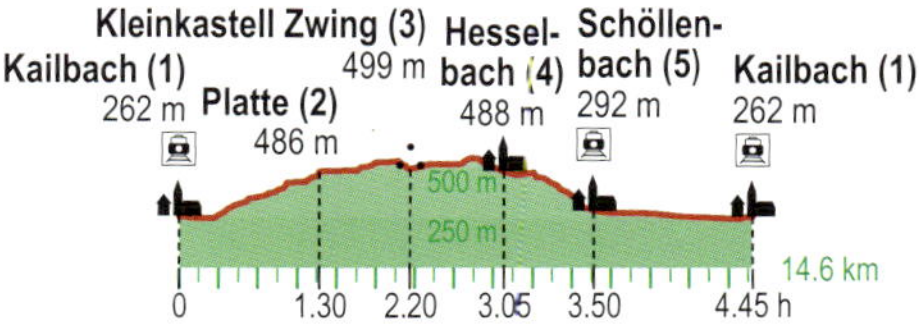

und 10/34 vorbeiführt zu den spärlichen Resten des **Kleinkastell Zwing (3)**. Der Limesweg leitet uns kurz nach links an der Straße entlang, die wir überqueren. Nach 150 m bringt uns rechts ein kurzer Anstiegsweg zum nächsten Wachtposten 10/33 »Kahler Buckel«. Diesen erreichen wir über einen Abzweig vom Hauptweg scharf nach rechts und einen Zaunüberstieg, dann 100 m an der mittelalterlichen Landwehr entlang. Hier hatten die Römer weite Aussicht ins Land. Zurück auf dem Limesweg (grünes L) gehen wir zum Wachturm 10/32 »Höhenbuckel«, der nur noch am unruhigen Relief auszumachen ist. Links gelangen wir hinab zum Höhendorf **Hesselbach (4)**. Wer einen Abstecher zu den Überresten des Numeruscastells Hesselbach machen möchte, geht am Gasthof Zum Grünen Baum rechts hoch und folgt der Beschilderung. Ansonsten folgen wir der Dorfstraße nach links, vorbei an der ehemaligen Quellkirche, die mit der »Schwarzen Madonna des Odenwaldes« eine besondere Kostbarkeit beherbergt. Beim Picknickplatz am Ortsende schlagen wir den Nibelungensteig nach links ein. In Serpentinen zieht sich der Pfad durch den Wald hinab in den Eutergrund, wo in **Schöllenbach (5)** ebenfalls eine Kirche über einer Quelle erbaut wurde, deren angebliche Heilkraft im Mittelalter Pilger aus der Umgebung anlockte. An der Kirche biegen wir links ab, wo uns die gelbe 3 durch das Itterbachtal auf der »Mainzer Steige« zurück nach **Kailbach (1)** bringt. Ob sich beim Sühnekreuz auf halbem Weg wirklich zwei Hammerschmiede totgekitzelt haben, wie die Legende besagt, lassen wir dahingestellt.

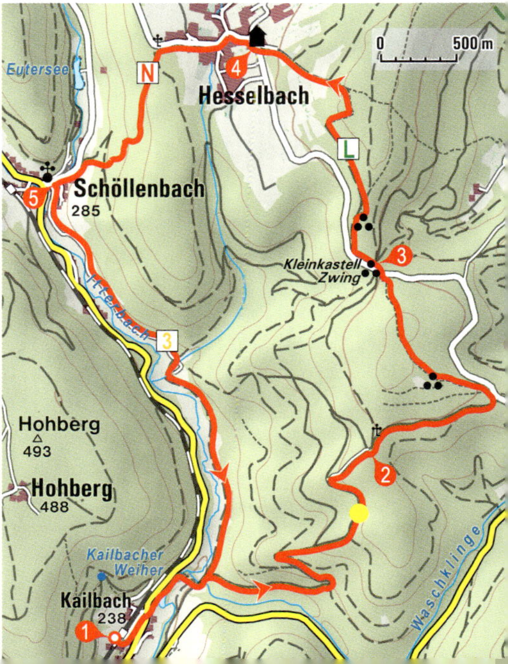

34 Schöllenbach – Bullau – Limesweg

5.50 Std.

Von der Schöllenbacher Quellkirche zum Höhenort Bullau

Auf der ausgedehnten Waldwanderung geht es von Schöllenbach hinauf zum Hochplateau von Bullau. Längs des ehemaligen Limes führt die Tour über einen weiteren Höhenort wieder hinunter ins Euterbachtal.

Ausgangspunkt: Haltepunkt Schöllenbach, 308 m, der Odenwaldbahn bzw. Wanderparkplatz an der Schöllenbacher Kirche.
Höhenunterschied: 610 m.
Anforderungen: Leichte Wanderung, vorwiegend auf Waldwegen; wegen der Länge ist aber gute Kondition erforderlich.
Markierung: Grüne Raute, gelbe 4, rotes N des Nibelungensteigs, gelbes T, grünes L, rotes N.
Einkehr: Bullau, Gasthaus Schumbert (Mi–Fr ab 18 Uhr, Sa/So 11.30–14 Uhr und ab 18 Uhr), Café Best (Fr ab 15 Uhr, Sa/So ab 11 Uhr), Hesselbach Grüner Baum (Mi–So ab 10.30 Uhr, Mo ab 16 Uhr).
Karten: GNBO Blatt 10, Oberzent, 1:20.000, MEKI Hessischer Odenwald Süd, 1:30.000.
Variante: Wer den Anstieg über den Limesweg scheut, geht im Bullauer Eutergrund direkt nach dem ehemaligen Bauernhof rechts, wandert im idyllischen Talgrund und verkürzt damit die Strecke um 1,5 km.

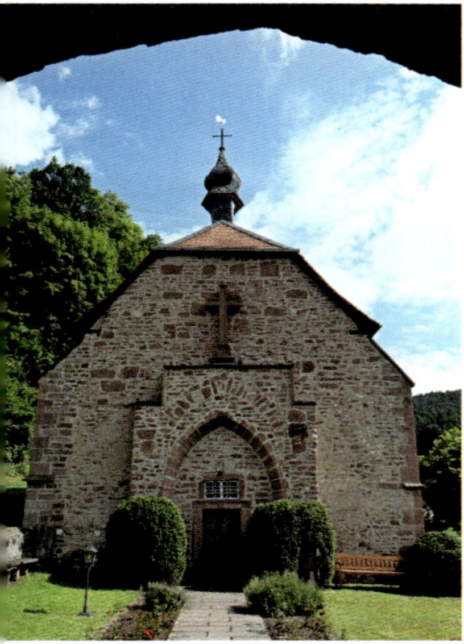

Vom Haltepunkt **Schöllenbach (1)** führt die Markierung grünes Dreieck aufwärts im Waldhang des Ittertals, zweigt bald im spitzen Winkel rechts ab und leitet auf gleichem Niveau nach einer Rechtskurve zu einer Gabelung. Während das grüne Dreieck links weiterführt, gehen wir nach rechts, der gelben 4 folgend, ins Tal. Kurz vor der Straße biegen wir links vom Itterbach links ab, wandern hoch bis zum Fußballplatz und überqueren Bach und Straße. Auf gegenüberliegender Seite geht es den Hang hinauf, bei erster Möglichkeit folgen wir in spitzem Winkel nach links dem Nibelungensteig mit rotem N. Am Wegedreieck im **Schachtal (2)** halten wir uns rechts und wandern weiter, unterbrochen

Quellkirche in Schöllenbach.

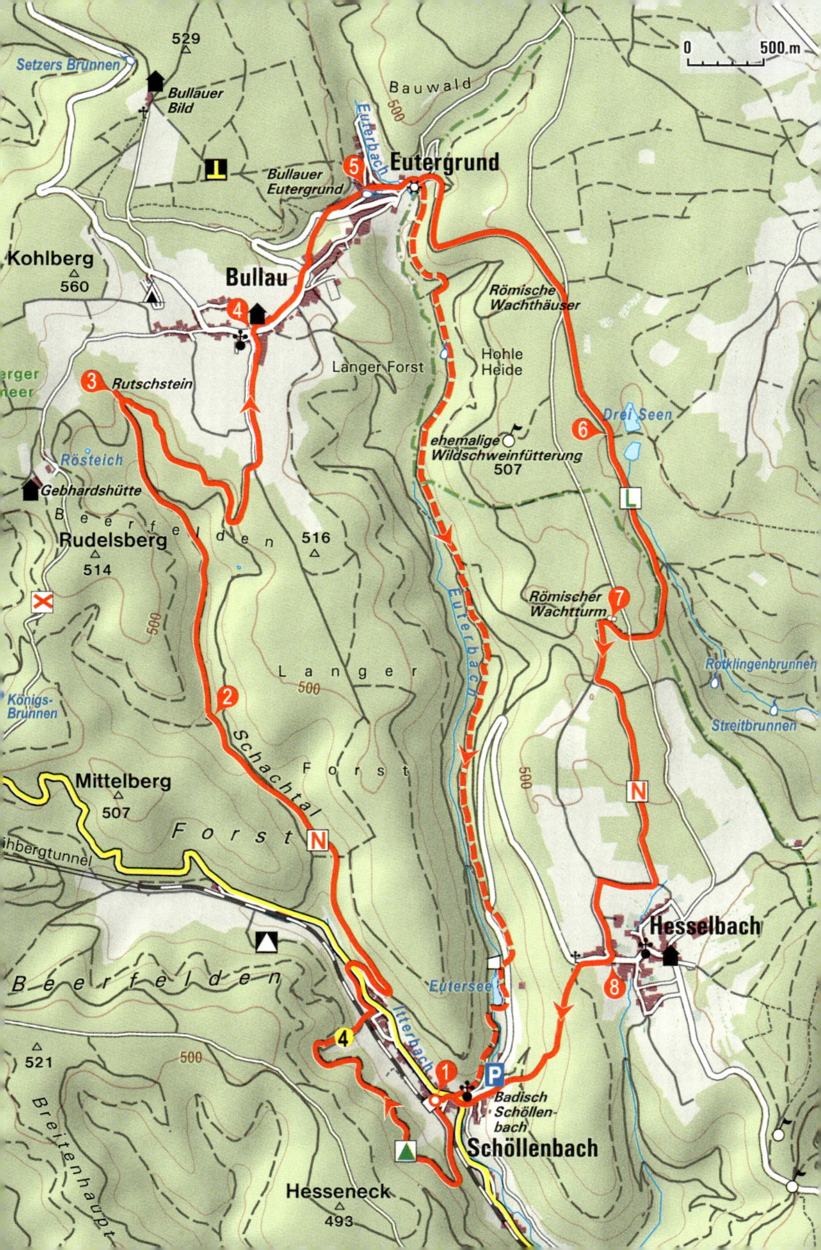

0 500 m
Setzers Brunnen
529
Bullauer Bild
Bauwald
Euterbach
Eutergrund
Bullauer Eutergrund
Kohlberg
560
Bullau
Römische Wachthäuser
Langer Forst
Hohle Heide
Rutschstein
Drei Seen
ehemalige Wildschweinfütterung
507
Rösteich
Gebhardshütte
Beerfelden
Rudelsberg
514
516
Römischer Wachtturm
Rotklingenbrunnen
Langer Forst
Königs-Brunnen
Streitbrunnen
Schachtal
Mittelberg
507
Forst
Hesselbach
Beerfelden
Eutersee
Itterbach
521
Badisch Schöllenbach
Schöllenbach
Hesseneck
493
Breitenhaupt

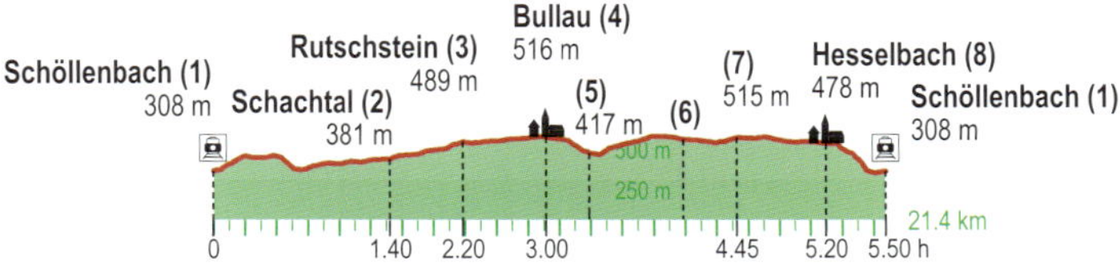

durch Lichtungen, stetig bergauf. Am Wegweiser **Rutschstein (3)** biegen wir auf einem Zubringer des Nibelungensteigs nach rechts ab. Zuvor machen wir den kurzen Abstecher zum eigenartigen Stein mit zwei parallelen Rillen, deren Bedeutung nicht bekannt ist.

Nach 20 Minuten dürfen wir den in spitzem Winkel nach links führenden Abzweig nicht versäumen. Am Waldaustritt wenden wir uns an der T-Kreuzung nach links (der Nibelungensteig nach rechts führt auch nach Bullau, ist aber um einiges länger) und wandern über die asphaltierte Wirtschaftsstraße nach **Bullau (4)**. Im Ort biegen wir rechts ab, finden wieder unser rotes N und halten uns an der Verzweigung beim Eutergrundweg rechts in die Mühlwiese. Nach 100 m, kurz hinter einem gewaltigen Birnbaum, führt links ein unscheinbarer Wiesenpfad hinunter in den **Bullauer Eutergrund (5)**. Im Talgrund, nach dem Löwenbrunnen, finden wir an der Kreuzung das gelbe umgekehrte T und halten uns links in Richtung Römerbad. An einem verlassenen Bauernhof wandern wir geradeaus weiter und biegen nach 50 m rechts ab auf einen Wiesenweg in Richtung Wald (die beschriebene Variante durch

An den Drei Seen.

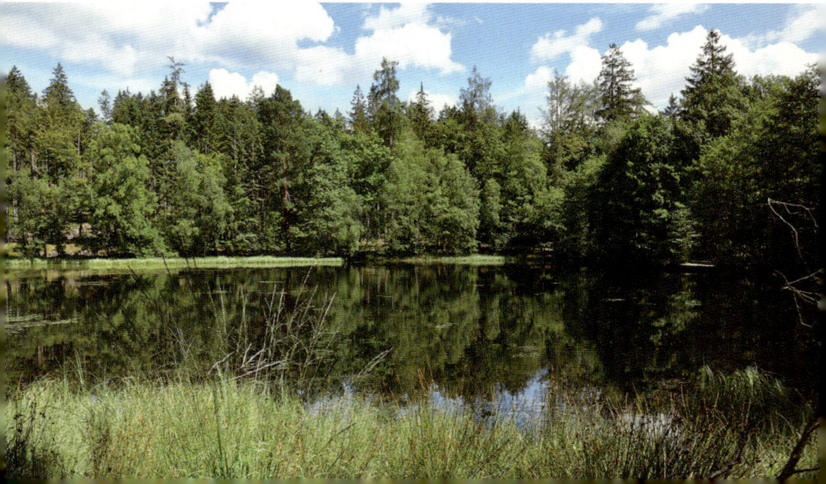

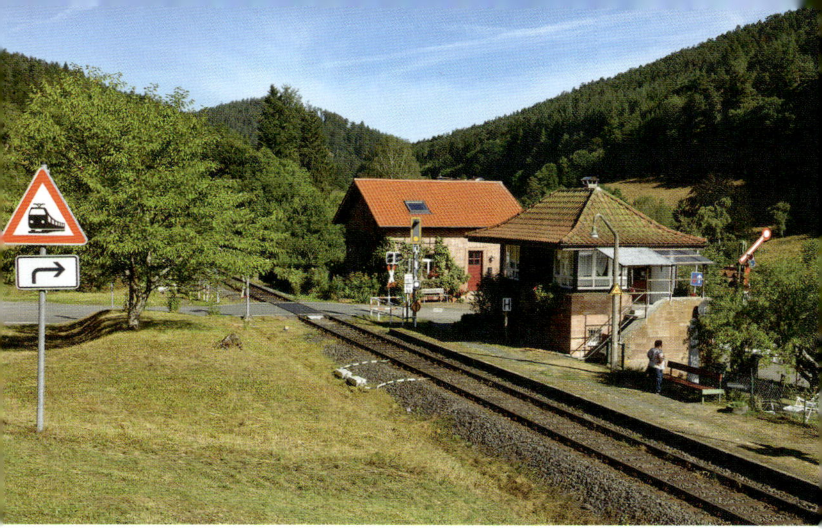

Haltestelle Schöllenbach – fast wie aus der Modellbahn.

den Eutergrund geht unmittelbar nach dem Bauernhof nach rechts). Entlang eines Wildzauns führt uns das gelbe T hangaufwärts und kreuzt die Hohe Straße. Im Gegensatz zu den Wanderzeichen gehen wir hier gegenüber, die Richtung beibehaltend, weiter (nicht auf der Asphaltstraße) bis zur Wegekreuzung **Drei Seen (6)**. Hier lohnt ein Abstecher nach links zu einem idyllisch im Wald eingebetteten See. Zurück an der Kreuzung folgen wir nun nach links (gleiche Richtung wie zuvor) dem grünen L des Westlichen Limesweges. Am **Römerturm 10/30 (7)** des Limes mit seinen Mauerresten vorbei, halten wir uns an der Kreuzung danach links (nette Picknickgruppe). Das rote N des Nibelungensteigs gesellt sich hier wieder hinzu und geleitet uns über **Hesselbach (8)** und dahinter auf steilem Waldpfad zurück nach **Schöllenbach (1)**.

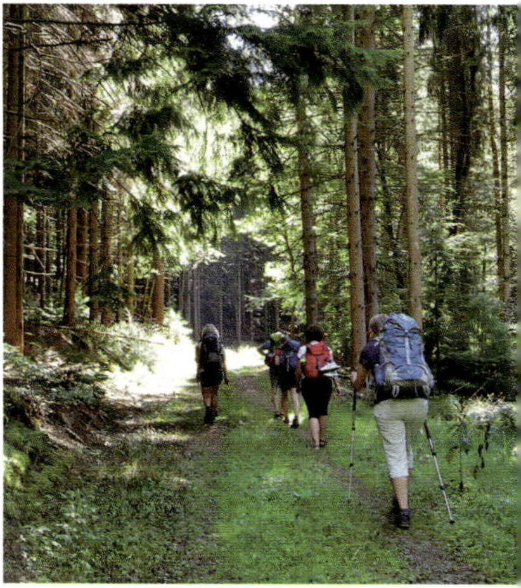

Wanderer auf dem Nibelungensteig bei Schöllenbach.

35 Heiligkreuzsteinach – Lichtenklinger Kapelle

5.15 Std.

Hoch über dem Eiterbachtal

Vom Fachwerkdorf Heiligkreuzsteinach im Steinachtal führt diese Waldwanderung zur sagenumwobenen Kapellenruine »im lichten Klingen« und durch das unter Naturschutz stehende Eiterbachtal.

Ausgangspunkt: Marktplatz in Heiligkreuzsteinach, 246 m; Busverbindung nach Heidelberg.
Höhenunterschied: Knapp 400 m.
Anforderungen: Bequem begehbare Waldwege mit gelegentlich steilen Zwischenanstiegen.
Markierung: Blauer Strich, grünes Quadrat, rotes Quadrat, gelber Doppelstrich.
Einkehr: Stiefelhütte (Mi, Sa und So 10–18 Uhr).
Karten: GNBO Blatt 9, Der Überwald, 1:20.000, MEKI Hessischer Odenwald Süd, 1:30.000.

Vom Marktplatz in **Heiligkreuzsteinach (1)** führt die Blaustrich-Markierung kurz die Eiterbacher Straße hinauf, zweigt am Alten Friedhof links ab (Sauhohl), leitet zwischen den Häusern an den Ortsrand, dann aufwärts in die Wälder und folgt dem Bergrücken zwischen Eiterbach- und Steinachtal

Ruine im Wald: die spätgotische Kapelle bei der Quelle im lichten Klingen.

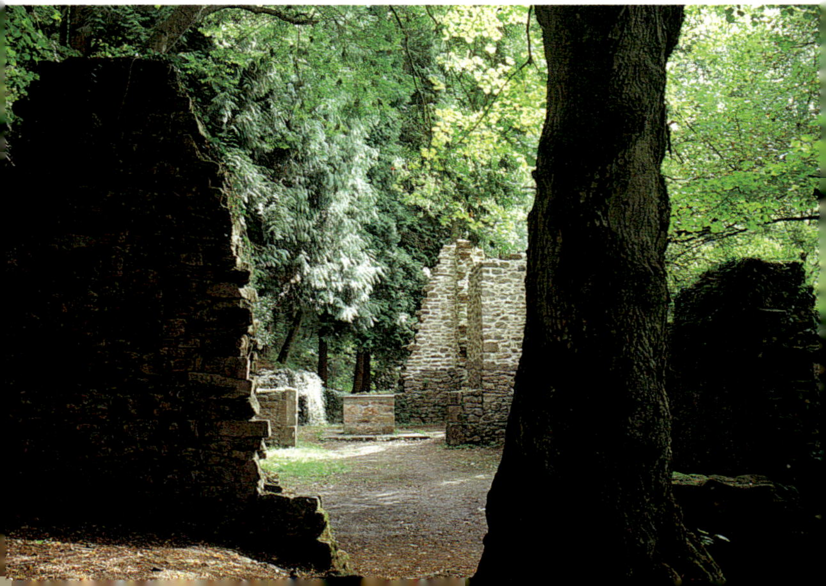

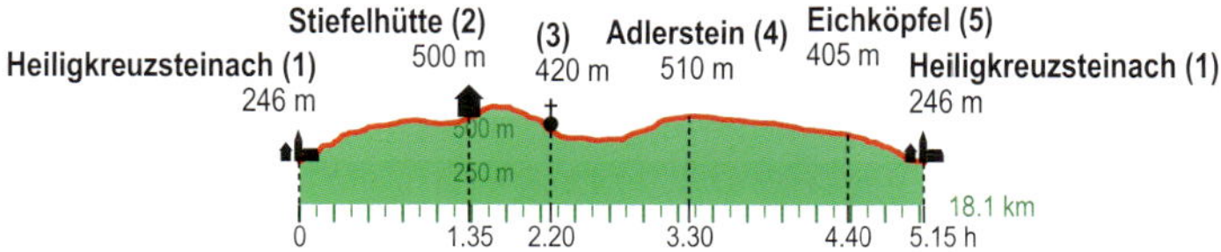

nordwärts, wobei sich zwischendurch schöne Ausblicke ergeben, bis schließlich die Waldgaststätte **Stiefelhütte (2)** zur Einkehr einlädt; die Stiefelhütte ist Ausgangspunkt für Klettereien im nahen Steinbruch. Im Waldhang der Stiefelhöhe leitet die Blaustrich-Markierung weiter, bis die Markierung grünes Quadrat kreuzt: Sie führt rechts hinab zu den Ruinen der gotischen **Lichtenklinger Kapelle (3)** bei einer Doppelquelle (»Zwillingsbrunnen«), deren Wasser als heilkräftig galt.

Von dort leitet das grüne Quadrat in das Naturschutzgebiet Eiterbachtal hinab und führt in diesem schönen Tal sacht aufwärts. Zahlreiche Quellbäche fließen dem Eiterbach zu, im Frühjahr leuchten in den feuchten Wiesen die Sumpfdotterblumen. Weiter oben wechselt das grüne Quadrat in den gegenüberliegenden Hang und führt zum **Adlerstein (4)**, einem Geleitstein von 1792 mit Einritzungen von 1806. Die Inschriften und Zeichen spiegeln die politische Flurveränderung zwischen 1792 und 1806 wider.

Vom Adlerstein führt das Zeichen rotes Quadrat auf dem bequemen Adlerweg südwärts durch die als Landschaftsschutzgebiet ausgewiesenen Wälder. Wenn am **Eichköpfel (5)** eine Kreisstraße kreuzt, führt das Zeichen gelber Doppelstrich kurz rechts in den Hang und zweigt dann links zurück Richtung **Heiligkreuzsteinach (1)** ab.

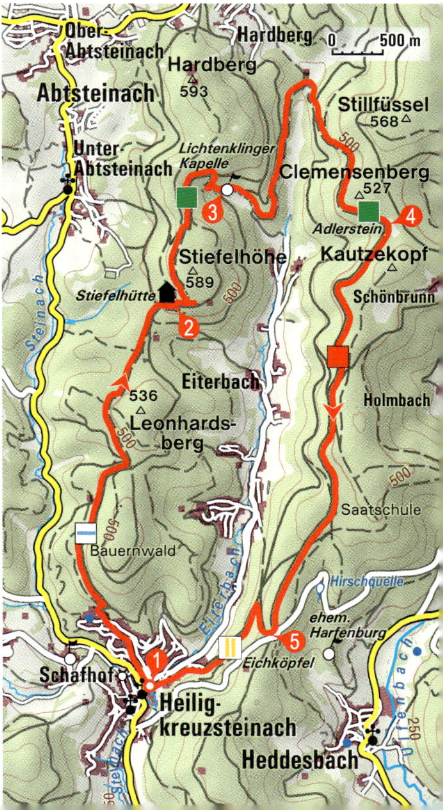

36 Ober-Schönmattenwag – Dürr-Ellenbacher Tal

4.00 Std.

Naturlehrpfad durch eines der schönsten Odenwaldtäler

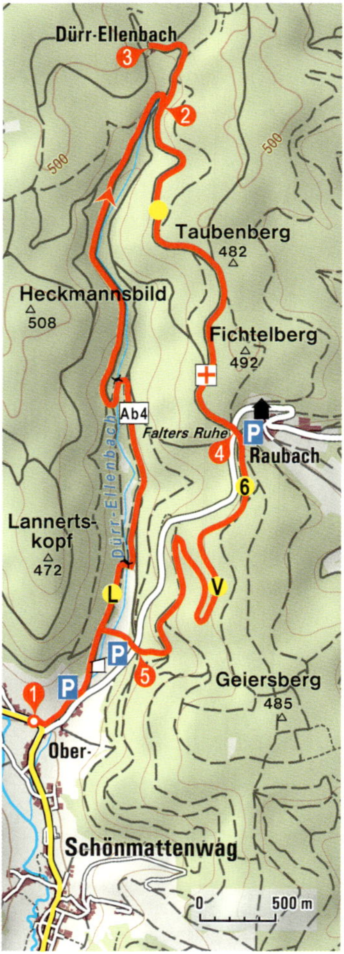

Das Dürr-Ellenbacher Tal im Überwald zählt in seiner Abgeschiedenheit und Ursprünglichkeit zu den schönsten Odenwaldtälern. Zwischen Ober-Schönmattenwag und der Wüstung Dürr-Ellenbach steht ein schmaler Gürtel im Grund dieses Ulfenbach-Seitentals unter Naturschutz. Das Fachwerkdorf Ober-Schönmattenwag ist ein Ortsteil der Gemeinde Wald-Michelbach.

Ausgangspunkt: Bushaltestelle Ober-Schönmattenwag, 250 m, Raubacher Weg, Wanderparkplatz am Raubacher Weg, am nördlichen Ortsrand von Ober-Schönmattenwag, Ortsteil der Gemeinde Wald-Michelbach.
Höhenunterschied: 320 m.
Anforderungen: Leichte Forstwege.
Markierung: Ab4 (anfangs auch gelbes L) bis Talquerung, zurück gelber Punkt bis Falters Ruhe, gelbe 6 und gelbes V.
Einkehr: Landgasthof Raubacher Höhe (300 m vom Parkplatz Falters Ruhe, Sa, So und Feiertag 11.30–14 und 16.30–19 Uhr).
Karten: GNBO Blatt 10, Oberzent, 1:20.000, MEKI Hessischer Odenwald Süd, 1:30.000.

Wir starten am Bushalt in **Ober-Schönmattenwag (1)** und biegen in die Straße nach Raubach ein. Vorbei am Wanderparkplatz folgen wir der Beschilderung zum Waldlehrpfad. Am Ausgang des Dürr-Ellenbacher Tals richtete der Lehrer Rupprecht Bayer aus Ober-Schönmattenwag 1957 den ersten Waldlehrpfad in Deutschland ein – die Tafeln des Lehrpfads begleiten uns ein Stück weit auf dem Weg durch dieses schöne Tal. Der Lehrpfad beginnt kurz hinter der Grillhütte am nördlichen Ortsrand, überquert nach 750 m den Dürr-Ellenbach (der Name soll »dorniges Ulmental« bedeuten) nach rechts, dann geht es am östlichen Ufer aufwärts. Am Schild mit den geschnitzten Wanderern verlässt uns der Lehrpfad nach rechts und führt durch den Wald wieder zurück. Wir gehen auf breitem Forstweg weiter und wechseln nach zehn Minuten über ein Brücklein die Talseite. Dann wandern wir nach rechts talaufwärts bis zum Ende des Waldes. Vor einer Lichtung gehen wir rechts hoch zum Kreuzungspunkt **Zigeunerdelle (2).** An der Schautafel folgen wir dem gelben Punkt und erreichen nach einem Linksbogen die Reste der einstigen Siedlung **Dürr-Ellenbach (3)**. Das Fachwerkhaus mit Backhaus und Wirtschaftsgebäuden gehörte laut Inschrift »Johan Gorg Göltz 1793 Elisabeta Gölzin«, später wurde es als Försterei der Grafen von Erbach genutzt.

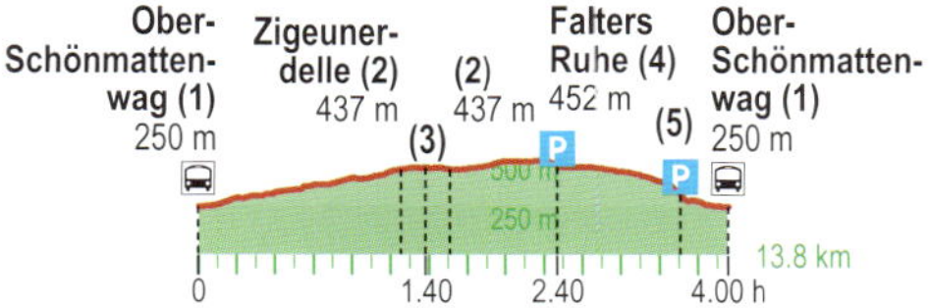

Wir wandern zurück zur Kreuzung an der Zigeunerdelle und folgen nun dem links sanft bergauf führenden Weg mit dem gelben Punkt, der am Taubenberg in das rote Kreuz mündet. Wo am Parkplatz **Falters Ruhe (4)** die Kreisstraße kreuzt, ist der nahe Landgasthof Raubacher Höhe ausgeschildert (Abstecher 3 Min.). Wir überqueren die Straße, halten uns für ein paar Schritte an die Hauptwanderwege und verlassen sie nach halbrechts, der gelben 6 folgend. Nach rund 1,5 Kilometern treffen wir auf das gelbe V und biegen in spitzem Winkel rechts ab. Kurz vor der Straße dann scharf links, der Markierung weiter folgend. Vor einem Bacheinschnitt biegen wir rechts ab auf einen unscheinbaren Pfad (gelbes L) hinab zum Wanderparkplatz **(5).** Wir überqueren die Straße und die Talaue und stoßen am Kneippbecken wieder auf den Waldlehrpfad. Auf dem Hinweg geht es links zurück nach **Ober-Schönmattenwag (1)**.

Altes Forsthaus in Dürr-Ellenbach.

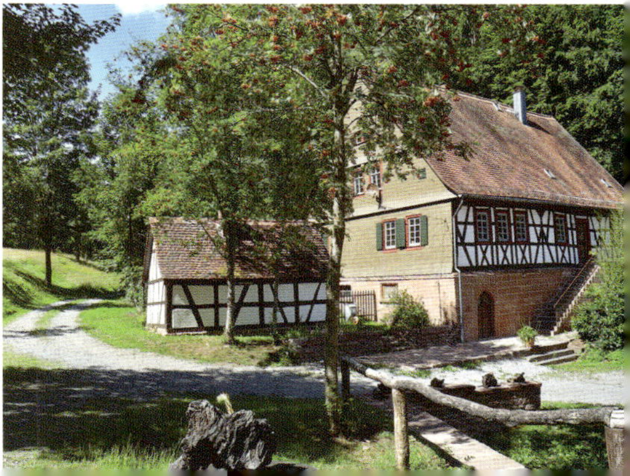

37 Gras-Ellenbach – Siegfriedquelle

3.15 Std.

Wo der Recke Siegfried sein Ende fand

Der Siegfriedbrunnen beim »Nibelungendorf« und Kneippheilbad Gras-Ellenbach ist die bekannteste der Quellen, an denen der burgundische Vasall Hagen von Tronje König Siegfried von Xanten ermordet haben soll. Die Quelle entspringt im Hang des Spessartskopfs, auch der Name »Spessart« (Spechtwald) taucht im Nibelungenlied auf. Eine geruhsame Wanderung über dem Ulfenbachtal führt zu dieser sagenumwobenen Quelle.

Ausgangspunkt: Nibelungenhalle, 370 m, Parkplatz, Bushaltestelle und Touristinformation an der Siegfriedstraße/Am Kurpark in Gras-Ellenbach.
Höhenunterschied: Knapp 200 m.
Anforderungen: Leichte Wald- und Wiesenwanderung.

Markierung: Rotes Kreuz, grünes Dreieck, blaues Dreieck.
Einkehr: Affolterbach und Gras-Ellenbach.
Karten: GNBO Blatt 9, Oberzent, 1:20.000, MEKI Hessischer Odenwald Süd, 1:30.000.

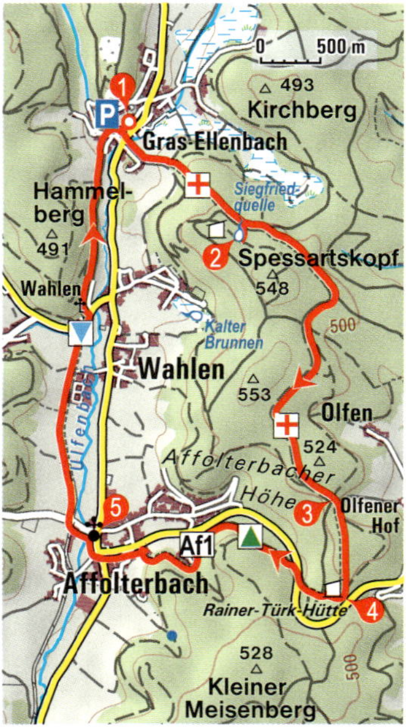

Vom Veranstaltungszentrum Nibelungenhalle mit der Touristeninformation Am Kurpark 1 in **Gras-Ellenbach (1)** geht es längs der Durchgangsstraße kurz abwärts, bis die Rotkreuz-Markierung und die N-Markierung des Nibelungensteigs links in die Siegfriedstraße wechselt, hinter der Pension Kriemhildenruh in aussichtsreiche Wiesen eintaucht und in sachtem Anstieg dem Wald zuführt. Im Wald wechselt der Nibelungensteig auf einen relativ steilen Pfad, weiter oben auf einen Forstweg (Alter Postweg) und zuletzt erneut auf einen schmalen Weg, der rechts zum Rastplatz an der **Siegfriedquelle (2)** im Hang des Spessartskopfs führt.
Der Drachentöter Siegfried heiratete in Worms die burgundische Königstochter Kriemhild und kehrte mit ihr nach Xanten zurück, wo er als König herrschte. Nach einem Streit

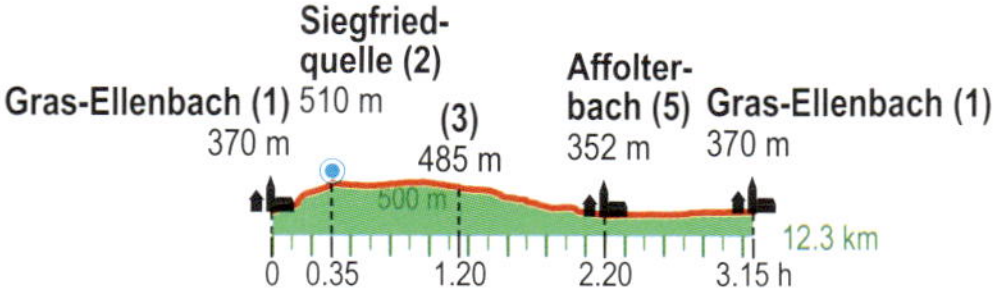

zwischen Kriemhild und Brünhild, der Frau von Kriemhilds Bruder Gunther, ermordete Hagen Siegfried an einer Quelle »bei Worms« und versenkte den Nibelungenhort, der Kriemhild zustand, im Rhein. Damit begann »der Nibelungen Not«; Kriemhilds Rache fiel als Letzter Hagen zum Opfer, dem sie eigenhändig mit Siegfrieds Schwert Balmung den Kopf abschlug.

Vom Siegfriedbrunnen leitet die Rotkreuz-Markierung zurück zum breiten Forstweg und folgt ihm kurz rechts, an der nächsten Wegegabelung wiederum rechts, nun auf einem schmaleren Waldweg (Richtung »Olfen«), der durch die Hänge des Spessartskopfs und dann der Affolterbacher Höhe führt. Hier steht an einer Wegespinne der als Kulturdenkmal unter Schutz gestellte **Verbotsstein (3)**, ein Verkehrsschild von 1831: »wer neben die Wandstein fährt und ohne Rathschuh ... köst 1 Gulden 30 K(reuzer) Straf«.

An der Wegekreuzung kurz vor der Landstraße bei der Rainer-Türk-Hütte verlassen wir die Rotkreuz-Markierung und folgen dem Zeichen **grünes Dreieck (4)** auf einem Pfad steil talwärts und nach Kreuzen der Straße auf einem Forstweg hinab in das Laufbrunnendorf **Affolterbach (5)** im Ulfenbachtal. Dort geht es nach Überqueren des Ulfenbachs bei der Kirche kurz geradeaus, bis die Markierung Blaues Dreieck rechts abzweigt und durch aussichtsreiches Wiesenland nach **Gras-Ellenbach (1)** zurückführt.

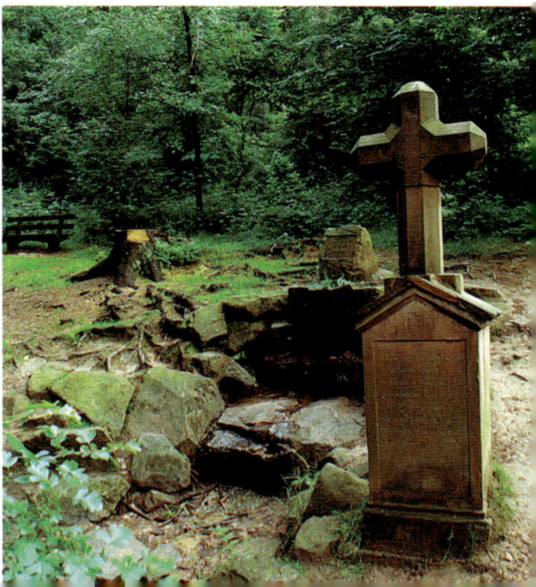

Neben dem Siegfriedbrunnen steht ein Kreuz (1851) im Stil der Gotik mit dem eingravierten Text der Mordszene aus dem Nibelungenlied.

38 Weschnitz – Walburgiskapelle – Hammelbach

3.50 Std.

Höchstgelegene Odenwaldkirche, Weschnitzquelle, Panoramawiesen

Die Walburgiskapelle im Steilhang über der jungen Weschnitz ist die höchstgelegene Kirche im Odenwald und bietet einen traumhaften Blick hinüber nach Lindenfels. Im Norden ragt deutlich sichtbar die Burgfeste Hering hervor. Weiter geht es auf stillen Waldwegen durch das romantische Gassbachtal zur Quelle der Weschnitz beim Luftkurort Hammelbach, von wo ein Panoramaweg über die Höhen zurückführt.

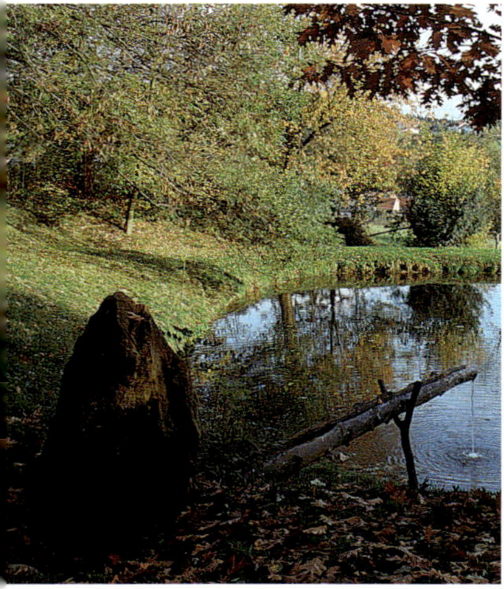

Der Quellteich der Weschnitz.

Ausgangspunkt: Bushaltestelle »Wendeplatz«, 330 m, am Dorfgemeinschaftshaus an der »Schollwiese« in Weschnitz, Ortsteil von Fürth; alternativ Parkplatz Kapellenberg oberhalb von Weschnitz an der Siegfriedstraße (B 460).
Höhenunterschied: Ca. 500 m.
Anforderungen: Wanderung auf Wald-, Wiesen- und Feldwegen. Durch viele Abzweige auf unterschiedlich markierte Wege ist etwas Orientierung erforderlich.
Markierung: Nibelungensteig bis Gras-Ellenbach (unterbrochen durch F3), H7 und H10, zurück F4.
Einkehr: Gras-Ellenbach, Café Bauer (tgl. außer Mo 12–18 Uhr), Hammelbach, Waldgaststätte Alt-Lechtern (Mi und Fr–So ab 11.30 Uhr).
Karten: GNBO Blatt 4 Rodensteiner Land, 1:20.000, MEKI Hessischer Odenwald Süd, 1:30.000.
Variante: Nach Hammelbach beim Abzweig vom Klangweg zur gut 1 km entfernten Waldgaststätte Alt-Lechtern.

Von der Schollwiese in **Weschnitz (1)** leitet die N-Markierung des Nibelungensteigs auf dem Kiesweg bergwärts, quert am Wanderparkplatz Kapellenberg die Siegfriedstraße (B 460) und führt im Hang zum Weschnitzer Friedhof, dann über einen Serpentinenpfad steil hinauf zur aussichtsreichen **Walburgiskapelle (2)**, der höchstgelegenen Kirche im Odenwald. Eine Informationstafel neben der nach den napoleonischen Kriegen errichteten Kapelle erläutert, dass hier in keltischer Zeit dem Flussgott Visucius geopfert worden sei, von ihm sei der Name des Flusses Weschnitz abgeleitet. Vom Freilichtaltar und dem von alten Laubbäumen geschirmten Rastplatz hinter der Kapelle führt das rote N an der Lehrer-Metzendorf-Hütte vorbei zur Wegespinne

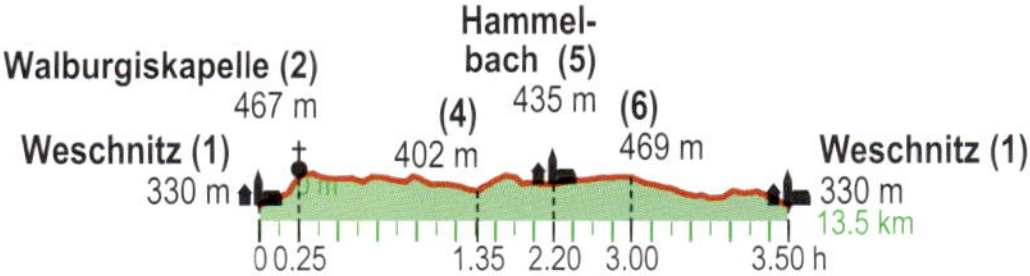

Am Kahlberg (3), wo laut Inschrift Karl der Große im Jahr 795 die Gemarkungsgrenzen festgelegt haben soll.

Wir verlassen den Nibelungensteig wegen seiner Nähe zu den Windkraftanlagen und folgen hier der weißen F3 (und H6) nach rechts abwärts. Nach längerer Wegstrecke und einem Richtungswechsel gehen wir an der Wegkreuzung (Schild Wasserschutzgebiet) links mit dem Verbindungsweg V bergauf. Hier stoßen wir wieder auf den Nibelungensteig, folgen ihm nach rechts, und sofort wieder nach links geht es durch das Gassbachtal zum beliebten Café Bauer. Waldpfade führen im Halbbogen um das Café, und wir treffen auf den Kunstweg im Gassbachtal, auf dem seit 2012 regionale Künstler ihre Werke errichtet haben.

Vor den ersten Häusern in **Gras-Ellenbach (4)**, an der Heimatbühne, biegen wir rechts ab und folgen dem H7-Weg über den Höhenzug bis zum Kalten Brunnen an der Hammelbacher Straße. Wir überqueren die Straße, wandern durch die Wiese zum Wald und biegen nach rechts, nun dem H10 folgend.

Gotische Kapellenruine in Hammelbach.

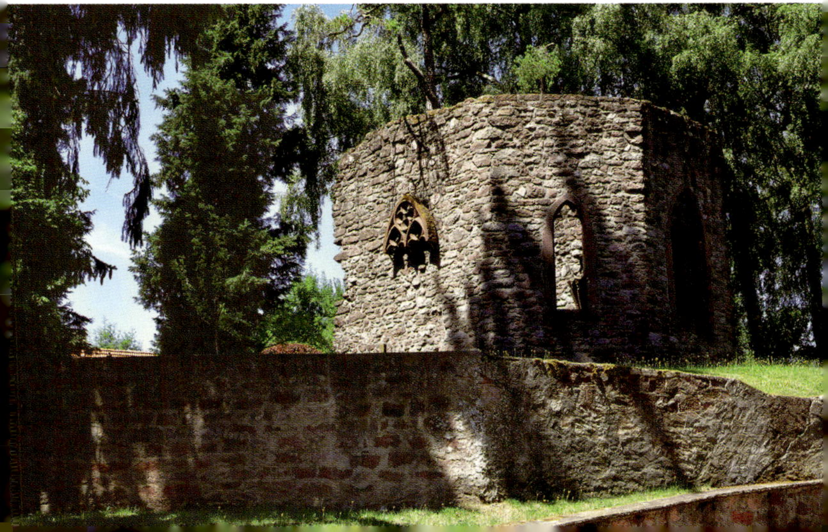

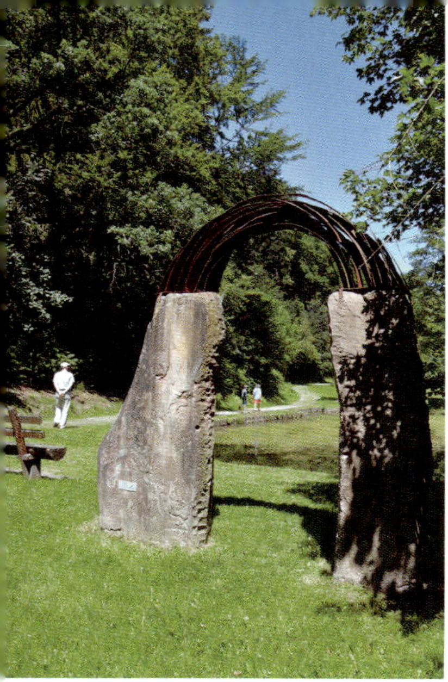

Kunst im Gassbachtal.

Am Busbahnhof geht es hoch zur Straße in die Ortsmitte von **Hammelbach (5)**. Über die Schulstraße führt uns der Weg zur Kirche, wo wir hinter dem Gasthof rechts abbiegen. An der gotischen Kapellenruine aus dem 15. Jh. vorbei, leitet uns die H10-Markierung zur Weschnitzquelle. Der Klangweg mit einigen akustischen Installationen führt über Wiesen und einen aussichtsreichen Kammweg zum einem Abzweig **(6).** Von hier kann man zur gut 1 km entfernten Waldgaststätte Alt-Lechtern wandern. Kurz nachdem wir wieder den Wald betreten haben, beschreiten wir bei den Röhrenglocken den mittleren der drei Wege und verlassen den H10. Kurz am Waldrand

Blick von der Kapelle hinüber nach Lindenfels.

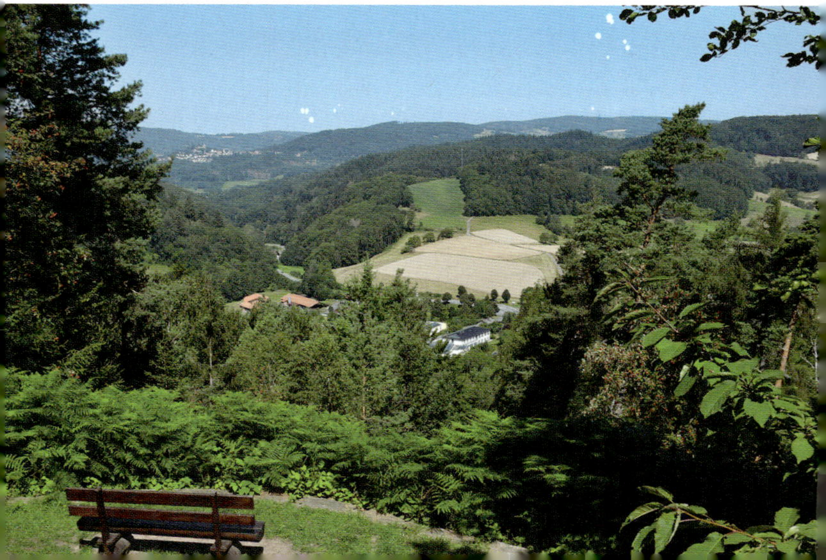

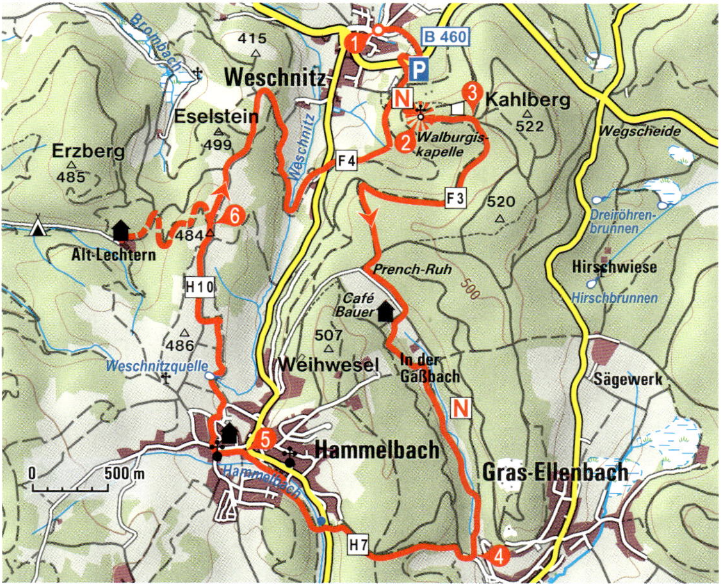

entlang, trifft der Weg auf eine Asphaltstraße, auf der wir rechts abbiegen. In der Linkskehre verlassen wir die Straße nach rechts und wandern, der F4 folgend, auf verwachsenem Pfad hinunter ins Weschnitztal. Im Tal nach rechts hoch zur Straße, auf der wir wenige Meter Richtung Gras-Ellenbach zurücklegen, bevor uns die Markierung links in spitzem Winkel hoch in den Wald geleitet. An der nächsten Waldkreuzung biegen wir links ab, passieren ein Kneippbecken und erreichen den Friedhof, den wir vom Beginn der Tour kennen.

Auf bekanntem Weg geht es zurück nach **Weschnitz (1)**.

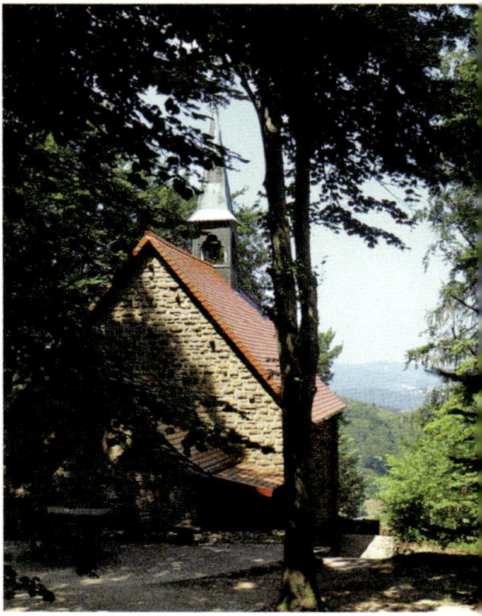

Einsam im Wald: die Walburgiskapelle.

39 Mossautal – Lärmfeuer

4.30 Std.

Im Jagdrevier der Nibelungen

Die stillen Wälder über dem Mossautal, in denen schon die Nibelungen gejagt haben sollen, laden ein zu einer ausgiebigen Höhen- und Talwanderung.

Ausgangspunkt: Ober-Mossau, Kirche, 340 m, Bushaltestelle an der Kirchstraße vor der Kreuzung mit der Hauptstraße; Buslinie Michelstadt – Erbach.
Höhenunterschied: 300 m.
Anforderungen: Ausgedehnte, jedoch leichte Waldwanderung.
Markierung: MD4 Drachenweg Saphira.
Einkehr: Unterwegs keine.
Karten: GNBO Blatt 6 Mittlerer Odenwald, 1:20.000, MEKI Hessischer Odenwald Nord, 1:30.000.
Tipp: Der Marbachstausee südlich von Mossautal an der Siegfriedstraße ist der größte Freizeitsee im Odenwald und gilt als der malerischste Odenwaldsee.

Von der Kirchstraße im Johanniter-Kirchdorf **Ober-Mossau (1)** führt die Markierung MD4 nach Queren der Hauptstraße durch die Stichstraße »Schmuckers Hohl«, die hinter der Brauerei links schwingt und an den Sportplätzen vorbei zum Wald hinaufführt; der Rundwanderweg ist auch als »Drachenweg« ausgeschildert. Nach strammem Anstieg laden auf der von Eichen, Birken und Kiefern umstandenen Lichtung auf dem **Lärmfeuer (2)** Schutzhütte, Tische und Bänke zur Rast ein. Der Name erinnert an die Zeiten, als der Berg eine Signalstation war. – Vom Lärmfeuer führt uns der **Drachenweg** auf dem alten Kammweg nordwärts zum **Mossauer Bild (3)** (Sitzbänke, Tisch), einem Bildstock aus dem 16. Jh. am einstigen Wallfahrtsweg von der Bergstraße nach Walldürn, dann wird an der **Dehnbuche (4)** die Passstraße Mossautal–Rohrbach gequert, der nächste Rastplatz am Kammweg ist der **Steinerne Tisch (5)**. Am **Schlagbaum (6)** beginnt der Zwischenanstieg zum Morsberg, nach der **Fuchshütte (7)** quert der Drachenweg die Nibelungenstraße, folgt dem historischen Handelsweg Hohe Straße südwärts durch die Wälder und tritt an der aussichtsreichen **Mossauer Höhe (8)** in die Wiesen. Hier zeigt das Drachenweg-Schild ins Tal zurück nach **Ober-Mossau (1)**.

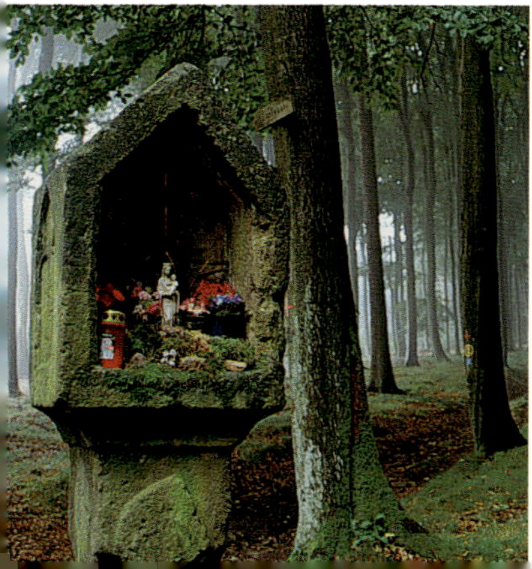

Das Mossauer Bild steht an einem alten Kammweg über dem Mossautal.

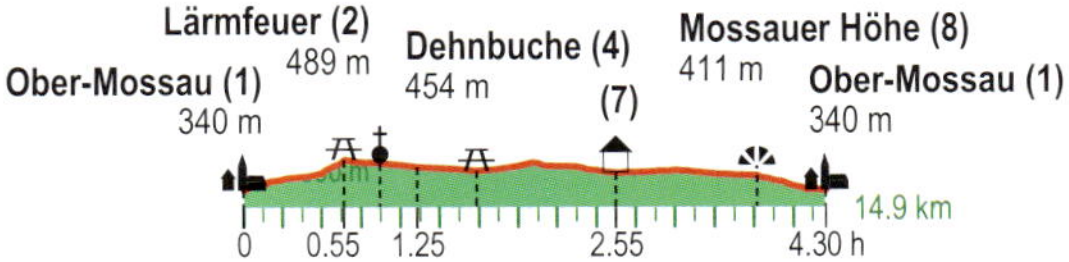
Lärmfeuer (2)
489 m
Dehnbuche (4)
454 m
Mossauer Höhe (8)
411 m
Ober-Mossau (1)
340 m
(7)
Ober-Mossau (1)
340 m
14.9 km
0
0.55
1.25
2.55
4.30 h

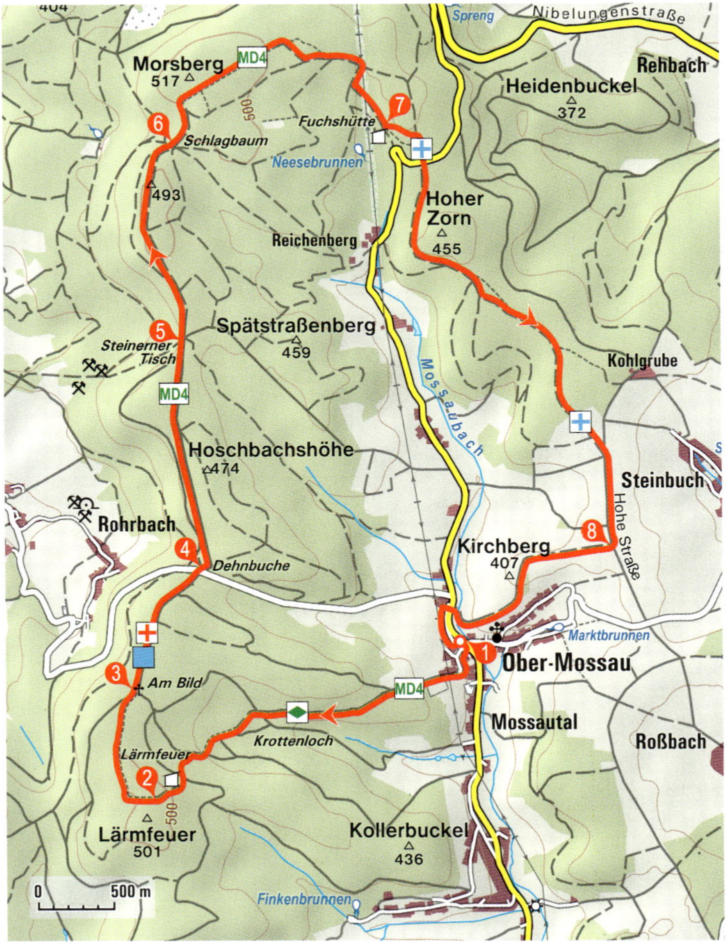
Spreng
Nibelungenstraße
Rehbach
Heidenbuckel
372
Morsberg
517
MD4
500
7
Fuchshütte
6
Schlagbaum
Neesebrunnen
493
Hoher
Zorn
455
Reichenberg
5
Spätstraßenberg
459
Steinerner
Tisch
Mossaubach
Kohlgrube
MD4
Hoschbachshöhe
474
Steinbuch
Rohrbach
4
Dehnbuche
8
Hohe Straße
Kirchberg
407
Marktbrunnen
1
Ober-Mossau
3
Am Bild
MD4
Krottenloch
Mossautal
Roßbach
Lärmfeuer
2
500
Lärmfeuer
501
Kollerbuckel
436
0
500 m
Finkenbrunnen

40 Michelstadt – Einhardsquelle – Mossauer Höhe

4.45 Std.

Auf den Spuren von Einhard

Im Wechsel von Streuobstwiesen mit herrlicher Aussicht und angenehmen Waldpassagen geht es an der Ruine der karolingischen Einhardsbasilika vorbei, zur Einhardsquelle und zur Russeneiche sowie über die Mossauer Höhe zurück in die Fachwerkstadt Michelstadt. Bis zur Einhardsquelle informieren die Lehrtafeln des Steinbacher UNESCO-Geopark-Pfads über kultur-, wirtschafts- und erdgeschichtliche Hintergründe.

Ausgangspunkt: Bahnhof Michelstadt, 201 m, Hulsterstraße 2; Odenwaldbahn Darmstadt/Hanau – Eberbach.
Höhenunterschied: Ca. 300 m.
Anforderungen: Die Tour verläuft meist auf bequemen Forstwegen, nur vereinzelt auf Pfadpassagen.
Markierung: Gelbes Quadrat, blaues Plus, gelbes Dreieck, rotes Dreieck.
Einkehr: Unterwegs keine.
Karten: GNBO Blatt 6 Mittlerer Odenwald, 1:20.000, MEKI Hessischer Odenwald Nord, 1:30.000.
Tipp: In der 1517 errichteten Zehntscheune der Michelstädter Burg befindet sich das Odenwaldmuseum.

Vom Bahnhof **Michelstadt (1)** führt der mit dem Zeichen gelbes Quadrat markierte Vier-Länder-Weg wenige Dutzend Meter talaufwärts, folgt nach Queren der Bahngleise kurz der Nibelungenstraße (Kutschenweg), zweigt vor der Mümlingbrücke rechts (Einhardsweg) und gleich darauf links ab (Holzbrücke) und erreicht die karolingische **Einhardsbasilika (2)** in Steinbach.

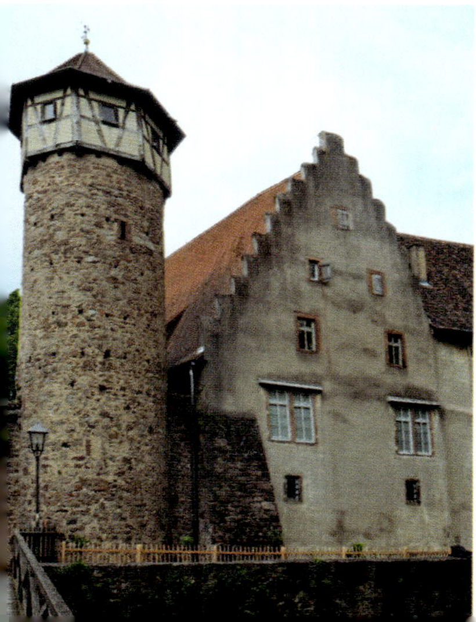

Vor dem Gelände der Basilika geht es rechts in die Einhardstraße hinein und am Ende links (Höhenstraße, dann Katzengraben): Zwischen Obstbäumen und Wiesen führt die gelbe Markierung aussichtsreich aufwärts über den **Kiresberg**, tritt in den Wald ein und erreicht die **Einhardsquelle (3)**, an der Bänke und Tisch zur Rast einladen.

Nach einer Waldpassage erwartet an der **Russeneiche (4)** erneut ein großartiges Panorama, dann nähert sich der Vier-Länder-Weg der unüberhörbaren Nibelungenstraße,

Renaissance-Schloss Fürstenau.

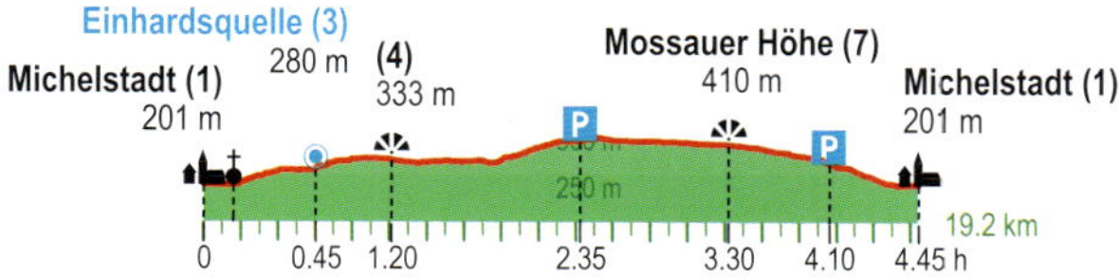

quert sie beim ehemaligen Gasthaus am **Spreng (5)** und erreicht oberhalb vor dem Waldrand eine Verzweigung. Ab hier führt die Blaukreuz-Markierung südwärts zum **Parkplatz Fuchshütte (6)** und folgt dem Forstweg Hohe Straße zur aussichtsreichen **Mossauer Höhe (7)** und dort nach Queren der Straße hinauf zum Wanderparkplatz.
Im Wald leitet die Markierung gelbes Dreieck am Flugplatz Michelstadt vorbei, wo – noch im Wald – die Markierung rotes Dreieck die Routenführung übernimmt und zum Parkplatz **Waldhorn (8)** leitet. Hier erreicht der Wanderweg wieder die aussichtsreichen Wiesen und führt am Hochspeicher vorbei zurück nach **Michelstadt (1)**, wo zuletzt noch ein besonderes Ziel einen Abstecher (1 Min.) lohnt: Große Teile des vermutlich im 16. Jh. angelegten, von der Mümling durchflossenen Landschaftsgartens hinter Schloss Fürstenau stehen als Steinbacher Teich und Fürstenauer Schlosspark unter Naturschutz – ein Paradies.

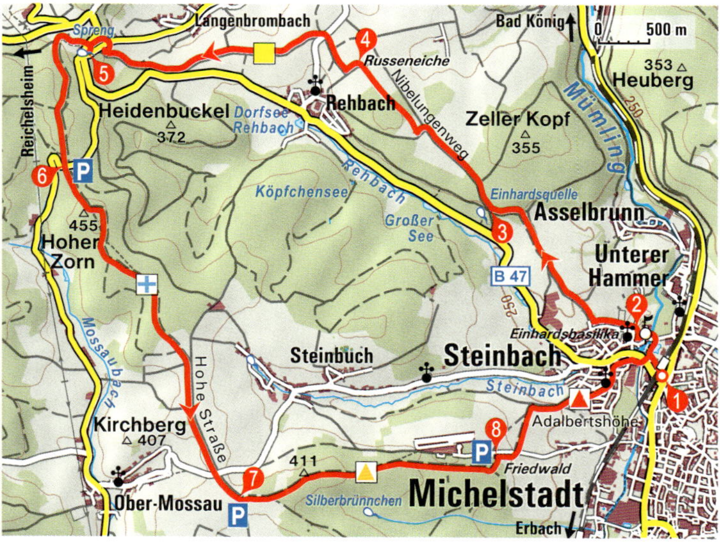

41 Bad König – Fürstengrund – Heckenhof

3.45 Std.

Panoramarunde um Fürstengrund

Von der Thermalquellenstadt Bad König führt die Wanderung am Mühlbach entlang zum Ortsteil Drei Mühlen. Von dort geht es auf aussichtsreichen Waldrandwegen und einem idyllischen Waldpfad über den urigen Heckenhof zurück in den Kurort.

Ausgangspunkt: Bahnhof Bad König, 170 m, Bahnhofsplatz; Odenwaldbahn, Parkmöglichkeit am Bahnhofsplatz.
Höhenunterschied: 320 m.
Anforderungen: Bequeme Aussichts- und Waldwanderung auf Forstwegen.

Markierung: Bis Berlesruh Georg-Vetter-Weg, danach grüne S1.
Einkehr: In Bad König.
Karten: GNBO Blatt 6 Mittlerer Odenwald, 1:20.000, MEKI Hessischer Odenwald Nord, 1:30.000.

Vom **Bahnhof Bad König (1)** führt die von Geschäften gesäumte Bahnhofstraße nordwärts Richtung Kurzentrum. Am pittoresken Sandsteinbrunnen biegen wir rechts ab in die Elisabethenstraße, die uns zum Schloßplatz bringt. Wir gehen rechts durch den Torbogen des Schlosses und gelangen über die Treppe zum Lustgarten. Das ehemalige Residenzschloß der Grafen von Erbach Schönberg wurde Mitte des 16. Jh. erbaut und beherbergt heute Rathaus und Heimatmuseum.

Weit schweift der Blick an der Heinrich-Schäfer-Hütte.

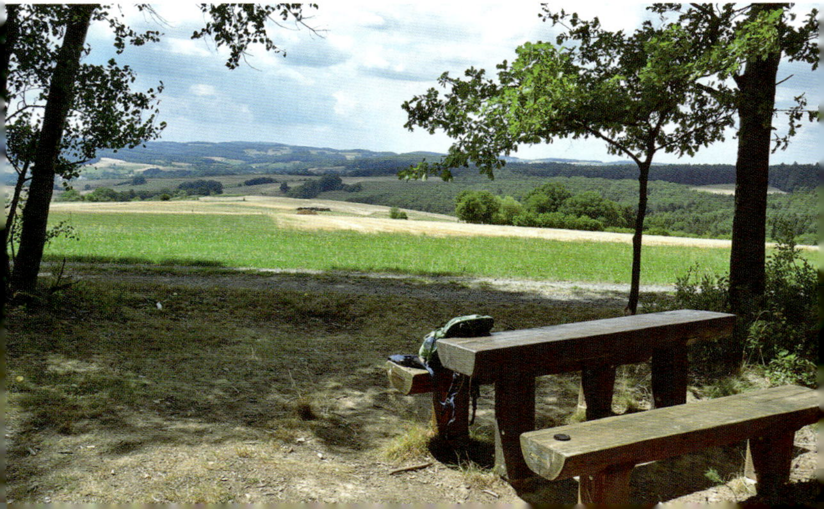

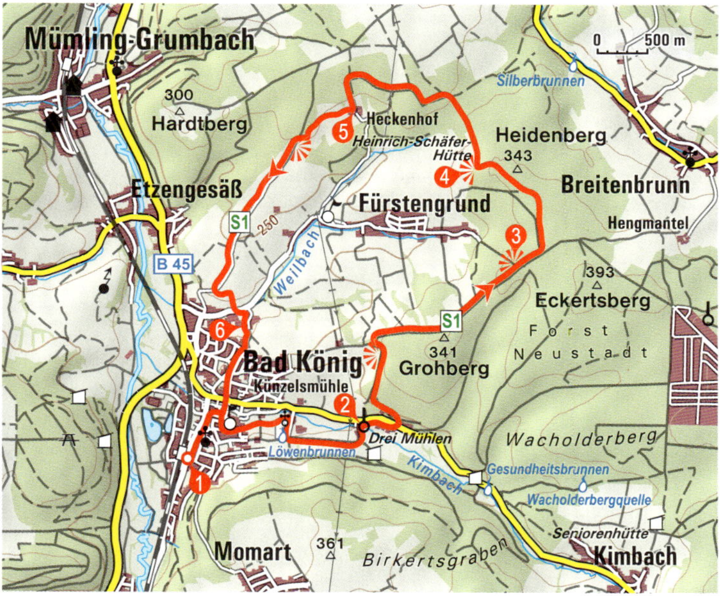

Im Park wenden wir uns nach links, biegen am Ende hinter der Mauer links ab und gelangen zum Mühlbach, neben dem ein idyllischer Wanderpfad, der Georg-Fischer-Weg, entlangführt. Nach dem Steinmetzbetrieb wandern wir nach rechts über die Brücke und steigen links vom Friedhof bergauf. Am Parkplatzende biegen wir links auf den geschotterten Weg ab, der gemütlich zwischen Viehweiden verläuft. Im Ortsteil **Drei Mühlen (2)** halten wir uns rechts, gehen 75 m an der L3318 entlang und überqueren sie an der Bushaltestelle. Ein Pfad führt über ein paar Sandsteinstufen hoch in den Wald. Nach 300 m parallel zur Straße geht es die Auffahrt zum Altenheim Rosenhöhe hoch, wo wir vor den Gebäuden in spitzem Winkel nach links abbiegen. Am Waldrand schwenkt der Weg nach rechts und führt mit schönem Ausblick zur Berlesruh-Hütte. Hier stößt der mit grüner S1 markierte Weg hinzu,

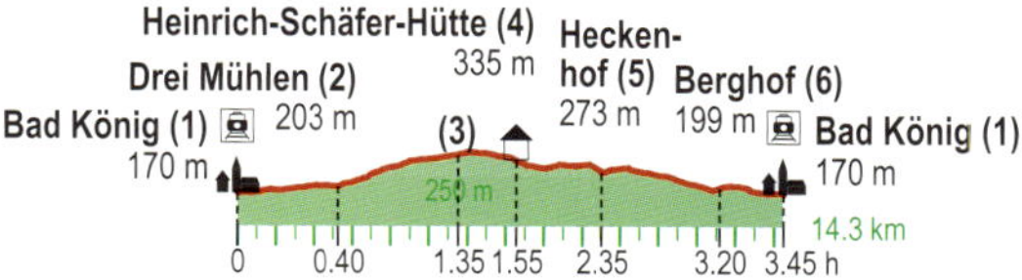

dem wir nun mit Ausnahme des Schlenkers zum Heckenhof und dem Wiesenweg am Ende folgen. Mit weitem Blick führt unser Weg am Waldsaum entlang zum **Wegweiser Fürstengrund-Ost (3)** mit Ruhebank. Wir bleiben noch 250 m auf dem Forstweg und biegen wenige Meter hinter der nächsten Waldkreuzung links ab auf einen malerischen Waldpfad (Einstieg schwer zu erkennen). Unterbrochen durch die Schneise einer Erdgasleitung führt der Pfad unter hochstämmigen Kiefern zum Waldaustritt an der **Heinrich-Schäfer-Hütte (4)**, wo uns ein prächtiges Panorama über den Fürstengrund erwartet.
Am Waldende biegen wir links ab, unterqueren eine Hochspannungsleitung und erreichen eine Waldkreuzung. Wer nicht einkehren möchte, folgt geradeaus weiter der S1-Beschilderung.

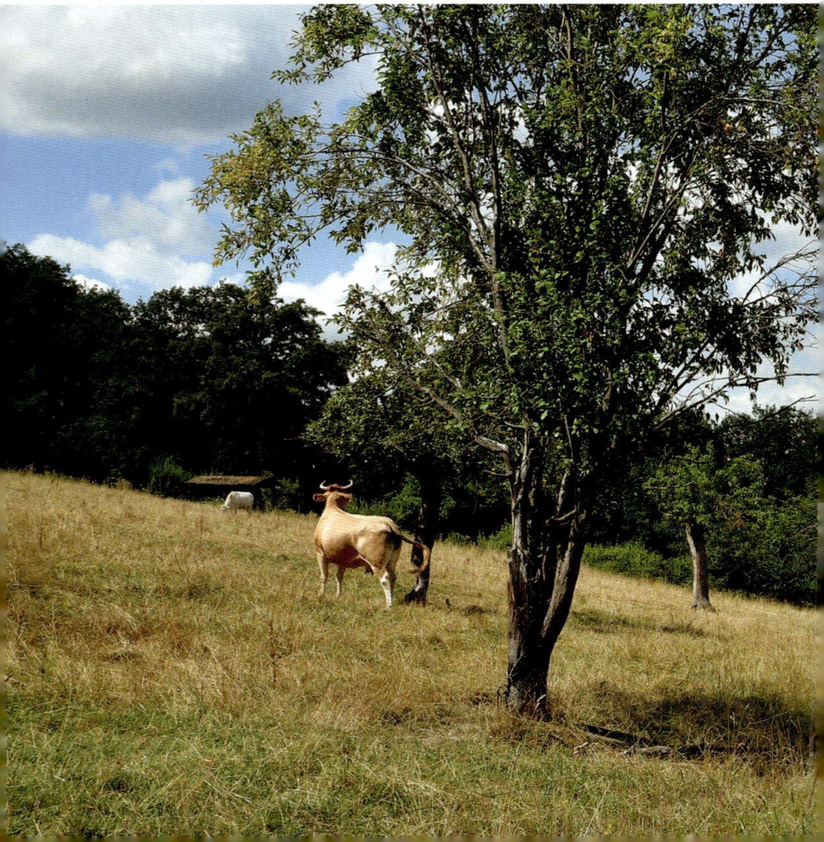

Der links abgehende Weg bringt uns direkt zum urigen **Heckenhof (5)** hinunter mit Möglichkeit zur Stärkung.
Nach dem Gebäude gehen wir nach rechts und erreichen über den geschotterten Zufahrtsweg wieder unsere grüne S1. Links haltend führt sie uns hinunter zum Kurort. Kurz vor den Hochhäusern, in der Rechtskurve des Sträßchens, biegen wir links ab, wandern 150 m auf dem Wiesenweg weiter und biegen in rechtem Winkel ab ins Tal. Wir überqueren die Straße und gehen rechts hoch zum **Berghof (6)**. Die Richtung beibehaltend, erreichen wir danach wieder den Schloßplatz und wandern auf bekanntem Weg zurück zum Bahnhof von **Bad König (1).**

Tierische Begegnung.

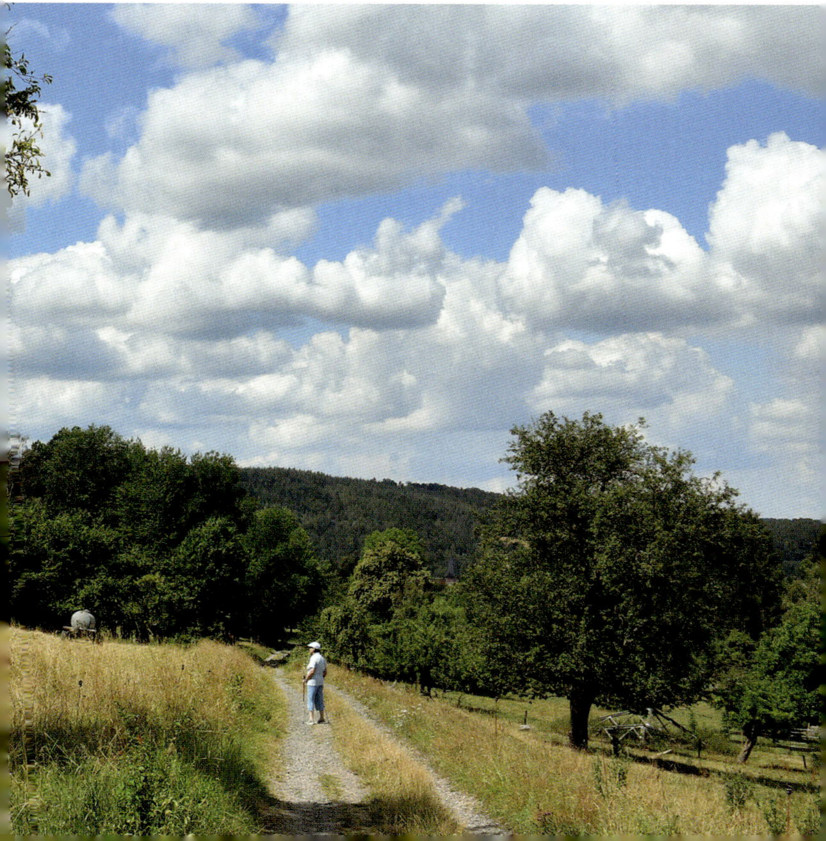

42 Höchst – Burg Breuberg – Obrunnschlucht

5.30 Std.

Aussichtsreiche Höhen und eine wildromantische Schlucht

Zu den Höhepunkten dieser Wald- und Aussichtswanderung zählen die schlossartig ausgebaute Höhenburg Breuberg auf einem Bergkegel über dem Mümlingtal und die tief eingeschnittene Obrunnschlucht.

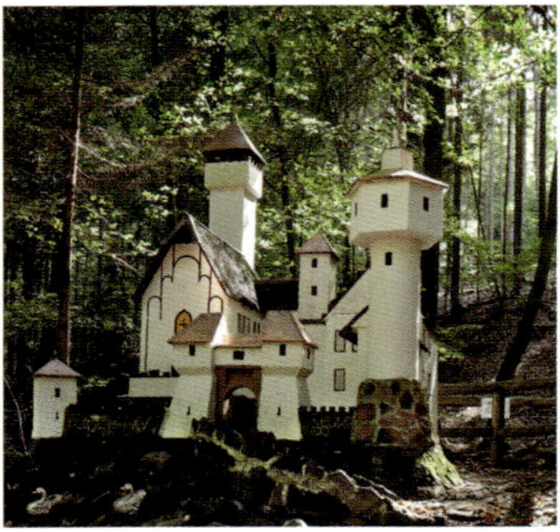

Miniaturburg in der Obrunnschlucht.

Ausgangspunkt: Bahnhof Höchst, 170 m, Bahnhofstraße; Odenwaldbahn.
Höhenunterschied: Knapp 500 m.
Anforderungen: Ausgedehnte Waldwanderung mit zum Teil steilen Auf- und Abstiegen.
Markierung: Grüner Doppelstrich, grüner Kreis, rotes X, gelbes Plus.
Einkehr: Burg Breuberg, Burgschänke (Mi–So, 11–18 Uhr).
Karten: GNBO Blatt 3 Breuberger Land, 1:20.000, MEKI Hessischer Odenwald Nord, 1:30.000.
Variante: Abkürzung der Tour um ca. 2–3 Std., wenn man von der Hirsenberghütte mit der Blaustrich-Markierung wieder nach Höchst absteigt.

Vom **Bahnhof Höchst (1)** führt die Bahnhofstraße kurz ortseinwärts, bis links die Kellereistraße zum Friedhof abzweigt. Dort auf dem Pfad geradeaus und die erste dahinter (Am Galgenberg) mit der Markierung grüner Doppelstrich auf der Galgenbergbrücke über die Bundesstraße und hinauf auf den Galgenberg. In sachtem Auf und Ab führt der Waldweg über die Kuppen. Am **Esel (2)** lädt eine Schutzhütte zur Rast ein, gleich darauf übernimmt nach Überschreiten des Spitzebergs, wo wir rechts abbiegen, die Markierung grüne Scheibe die Routenführung und führt zum **Rondell (3)** über dem Frau-Nauses-Tunnel der Odenwaldbahn. Vom Rondell-Wanderparkplatz leitet die grüne Scheibe weiter durch die Wälder; wer abkürzen will, kann an der **Hirsenberghütte (4)** mit der Blaukreuz-Markierung nach Höchst absteigen (2–3 Std. kürzer). Die »grüne Scheibe« hingegen wechselt hier halb links auf den Forstweg Frankfurter Straße und folgt ihr zur Verzweigung an der **Römi-**

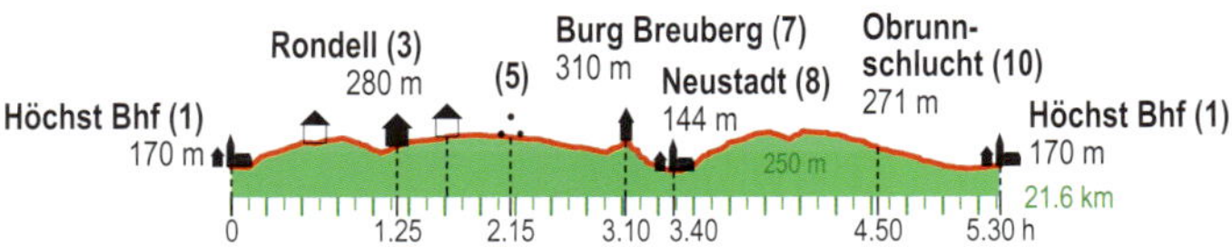

schen Siedlung (5) – teilweise rekonstruierte Mauerreste. Hier geht es rechts auf einem Waldweg, der wenig später auf die **Alte Frankfurter Straße (6)** trifft: Auf diesem Forstweg leitet die Markierung Rot-X zur **Burg Breuberg (7)**, der einstigen Schutzburg von Höchst, heute Wahrzeichen des Breuberger Landes und Namensgeberin der 1971 gebildeten Stadt Breuberg; in der Burg sind u. a. Heimat- und Feuerwehrmuseum sowie Jugendherberge und Freilichtbühne untergebracht. Von der Burg leitet Rot-X hinab zum Dorfbrunnen von Breuberg und in den Fachwerkort **Neustadt (8)** im Mümlingtal, überquert die Mümling auf der Bahnhofstraße am ehemaligen Bahnhof (jetzt Supermärkte) und führt im Gegenhang durch die Straße »Zu den Eichen« zum Wald hinauf. Nach schöner Waldwanderung kreuzt am **Dammberg (9)** der Gelbkreuz-Wanderweg und führt rechts weiter mit passagenweise weiter Aussicht an der Schutzhütte am Dammberg vorbei zum Parkplatz am oberen Eingang der **Obrunnschlucht (10)**. Der Gelbkreuz-Wanderweg senkt sich durch die wildromantische Schlucht, in der der Bach mehrfach auf Brücken überquert wird, zurück nach **Höchst (1)** und Richtung Bahnhof.

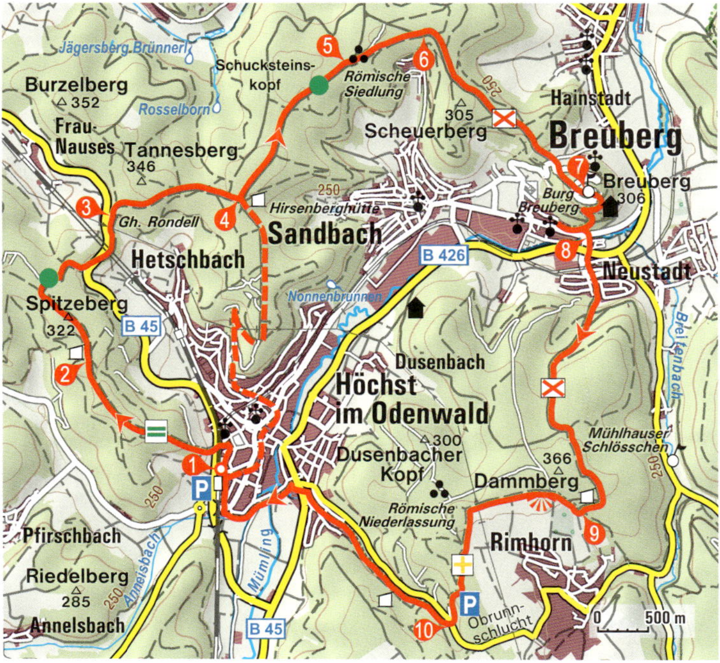

43 Mömlingen – Dorndiel

4.45 Std.

Fränkisch-hessische Waldwanderung

Diese bequeme, ruhige Waldwanderung wartet mit einigen hervorragenden Aussichtsstellen auf.

Ausgangspunkt: Mömlingen Sportplatz, 150 m, Parkplatz am nordwestlichen Ortsrand an der Bachstraße; die Bushaltestelle (Rathaus) ist fünf Gehminuten entfernt.
Höhenunterschied: 300 m.
Anforderungen: Leichte Wiesen- und Waldwege.
Markierung: Grüne Scheibe, rotes Kreuz, gelber Doppelstrich.
Einkehr: Unterwegs keine.

Karten: GNBO Blatt 3 Breuberger Land, 1:20.000, MEKI Hessischer Odenwald Nord, 1:30.000.
Variante: Von Dorndiel lohnt es sich auch, via Radheimer Turm auf rotem Plus und gelber 4 zu den Römergräbern am Brunnberg und zum Ottilienbild weiterzuwandern und von dort über Gelb-3 und Gelb-V nach Mömlingen zurückzukehren (Gehzeit knapp 2 Std.).

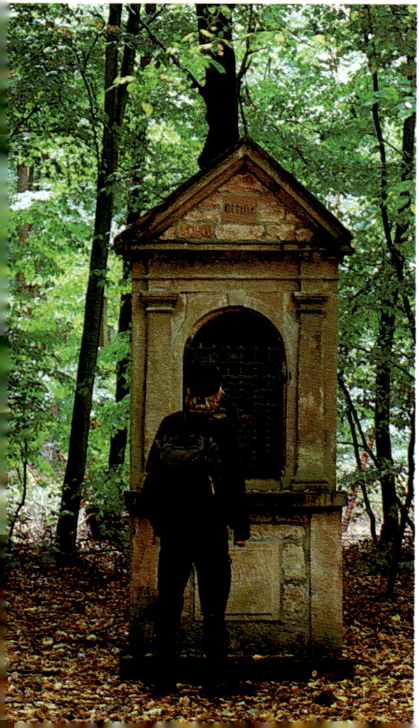

Bei den Römergräbern steht das Ottilienbild.

Vom Sportplatz an der Bachstraße in **Mömlingen (1)** führt die Markierung grüne Scheibe auf einem Fußweg im Grünen südwärts hinauf (Pflaumheimer Gässchen) und erklimmt den aussichtsreichen Holzberg, wo an der **Eichwaldhütte (2)** Parkmöglichkeit besteht. In sachtem Auf und Ab sowie im Wechsel von Wäldern und Aussichtswiesen führt die grüne Scheibe an der Schwedenschanze vorbei über den Kamm. Der Name Grenzberg kündigt die hessische Grenze an, nach Queren der **Wald-Amorbacher Straße (3)** geht es hinauf in die Wälder, zum Forstweg **Alte Frankfurter Straße (4)**. Links ginge es zur Burg Breuberg (vgl. Tour 42), der mit Rot-X markierte Bachgau-Kraichgau-Weg führt auf diesem Forstweg rechts durch die Wälder bis zur

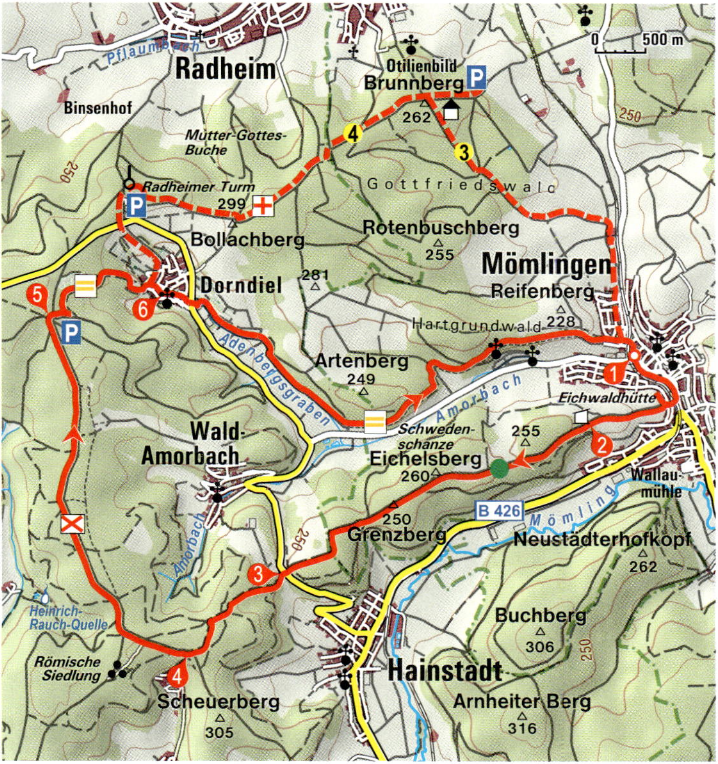

Wegespinne an der **Zinshecke (5)**. Hier kreuzt die Markierung gelber Doppelstrich und führt rechts hinab in das idyllisch in einem Talkessel gelegene Kirchdorf **Dorndiel (6)**. Von hier entweder via Ottilienbild zurück nach Mömlingen (vgl. Variante) oder auf unserer Hauptwanderroute: Diese ist mit dem Zeichen gelber Doppelstrich markiert und führt in den Waldhängen über dem Amorbachtal nach **Mömlingen (1)**.

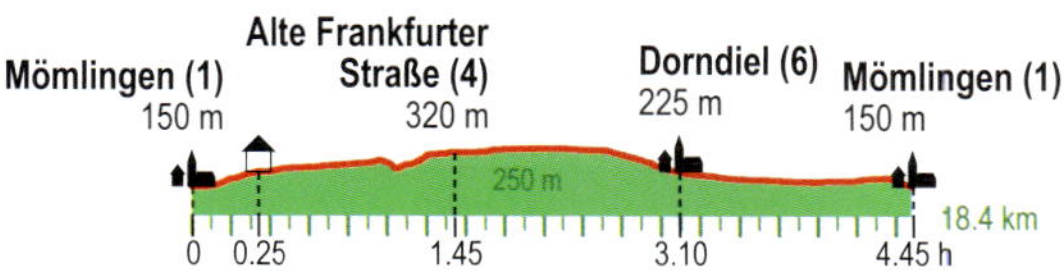

44 Rüdenau – Lauseiche – Mainbullau

4.00 Std.

Ruhige Wald- und Aussichtswanderung mit Streuobstwiesen

Vom Drei-Brunnen-Dorf Rüdenau führt diese stille, passagenweise sehr aussichtsreiche Waldwanderung ins Panorama-Höhendorf Mainbullau hoch über dem Maintal.

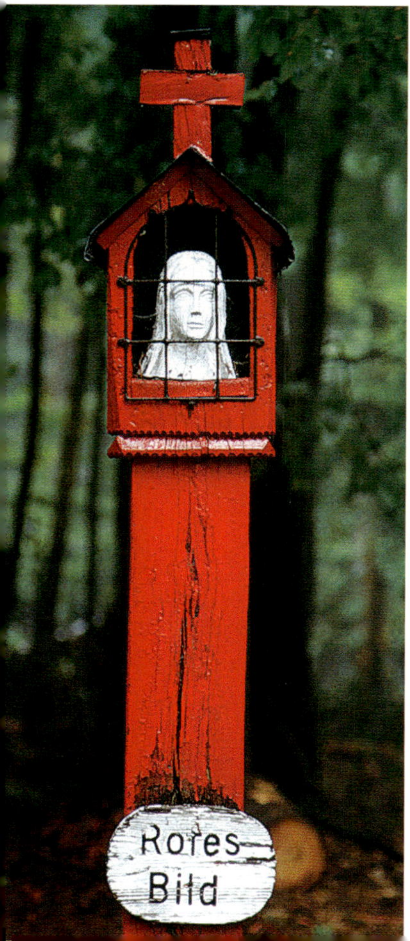

Ausgangspunkt: Rüdenau, 193 m, Bushaltestelle an der Hauptstraße vor der Ottilienkirche.
Höhenunterschied: 300 m.
Anforderungen: Leichte Waldwege.
Markierung: Gelbes Quadrat, rotes Kreuz, gelber Doppelstrich.
Einkehr: Mainbullau, Flughafengaststätte Charlie (im Sommer, Fr und Sa ab 16 Uhr, So ab 11 Uhr).
Karten: GNBO Blatt 3 Breuberger Land, 1:20.000, MEKI Hessischer Odenwald Nord, 1:30.000.

Wahrzeichen des in eine unverbaute Naturumgebung eingebetteten Brunnen-Dorfs Rüdenau ist die Ottilienkirche (1497) am Ottilienbrunnen, über dem eine Statue von Sankt Odilia wacht. Das Quellwasser wurde früher als heilkräftig angesehen: Es soll sehend machen. Das verwitterte galloromanische Buntsandsteinrelief über der vermauerten Nordpforte der barockisierten Kirche stellt drei gallorömische Quellgöttinnen oder Nymphen dar; vermutlich erwiesen die alten Gallier schon vor 2000 Jahren und mehr der Quelle ihre Reverenz.
Von der Ottilienkirche in **Rüdenau (1)**, bei der sich auch der Dorfgasthof befindet, leitet der mit dem Zeichen gelbes Quadrat markierte Vier-

Einsam im Wald: das Rote Bild.

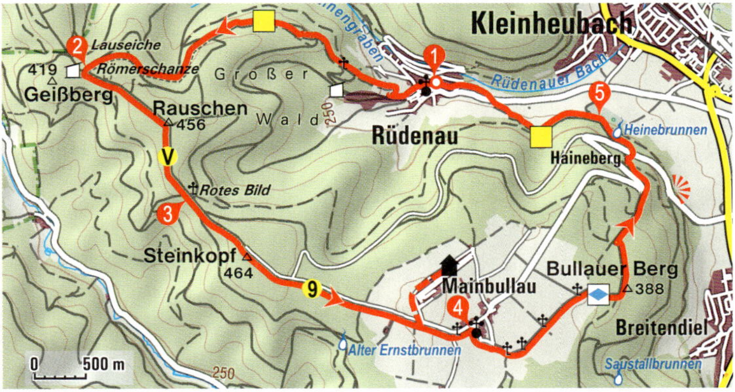

Länder-Weg bergwärts, wobei sich schon bald in Obstbaumwiesen weite Ausblicke öffnen. Nach dem Eintritt in den Wald und nach kurzem Anstieg erwartet uns ein Rastplatz an einer **Schutzhütte**. Auf teilweise unbefestigten Wegen leitet das gelbe Quadrat im Wald weiter zur Schutzhütte an der mehr als 300 Jahre alten **Lauseiche (2)**, die vor einigen Jahren baumchirurgisch behandelt wurde. Den Namen trägt sie angeblich nach einem ehemaligen Beobachtungs- oder Lauschposten (»Lauscheiche«). Hier zweigt die Markierung Gelb-V links ab auf den Roter-Stein-Weg und tangiert eine Römerschanze. Bald darauf erreicht der Roter-Stein-Weg (an der Sitzbank links) das **Rote Bild (3)** und führt über die gelbe 9 hinüber in das aussichtsreiche Höhendorf **Mainbullau (4)**. Seit mehr als 750 Jahren blickt der frühgotische Kirchturm ins Land, im 15. Jh. schmückten fromme Hände den Chorraum mit Fresken aus dem Leben der Kirchenpatronin Sankt Katharina. Auf dem kleinen Flugplatz beim Ort starten Maschinen zu Odenwald- und Spessart-Rundflügen.

Beim Löschteich im Dorf übernimmt die blaue Raute die Routenführung und leitet anfangs in Wiesen, dann im Wald hinab zu den Hainesäulen (Heunesäulen), die als Zeugnisse mittelalterlicher Steinmetzkunst gedeutet werden: Sechs der ursprünglich mindestens 14 Monolithsäulen aus Buntsandstein liegen vor Ort, sie sollen für den Wiederaufbau des 1009 abgebrannten Willigisdoms in Mainz bestimmt gewesen sein; weitere Säulen finden sich in Miltenberg und im Germanischen Nationalmuseum in Nürnberg.

Bei den Heunesäulen kreuzt der **Vier-Länder-Weg (5)**, gelbes Quadrat, und führt zurück nach **Rüdenau (1)**.

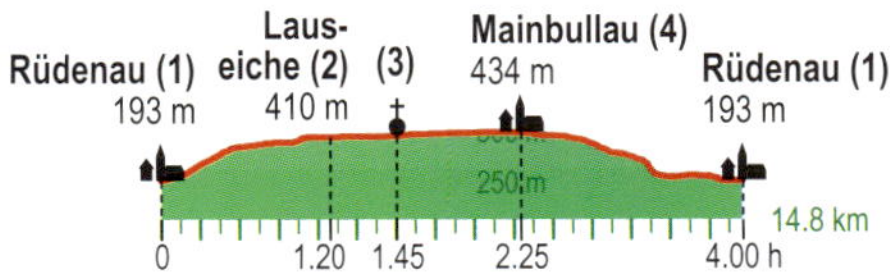

TOP **45** ## *Amorbach – Gotthard – Miltenberg*

3.45 Std.

Über den Gotthard zum Main

Der Gotthardsberg bietet einen einzigartigen Sieben-Täler-Blick des fränkischen Odenwalds, später erwartet den Wanderer ein einsames Hochland, ehe am ringumwallten Greinberg der Abstieg in die Miltenberger Altstadt beginnt.

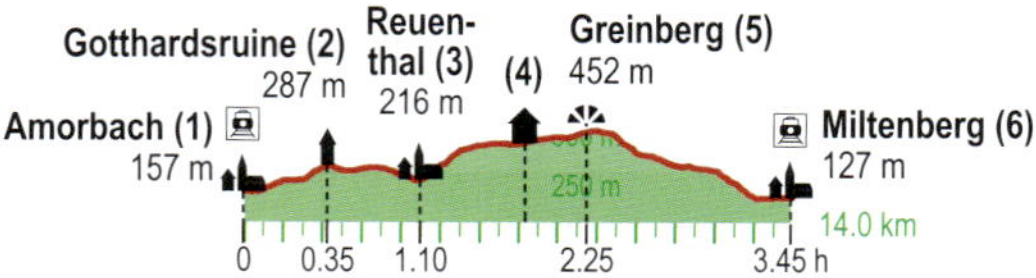

Das Marienkirchlein von Amorsbrunn liegt einsam vor Wald und Wiesen.

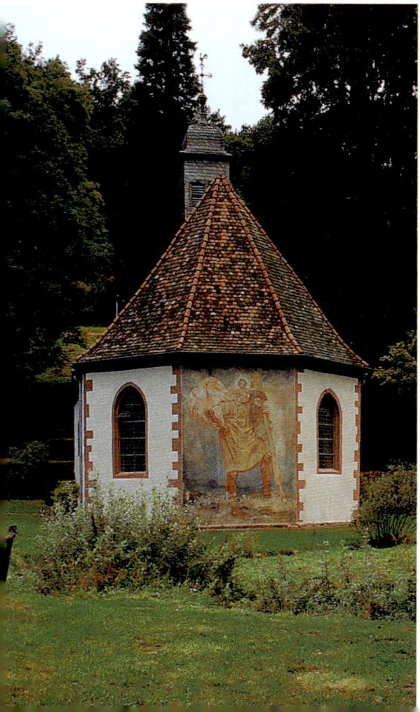

Ausgangspunkt: Bhf. Amorbach, 157 m, Madonnenlandbahn Miltenberg – Buchen – Seckach; »Altstadtparkplatz« an der von der B 47 abzweigenden Weilbacher Straße neben der Bahnlinie.
Endpunkt: Bhf. Miltenberg, 127 m; zurück mit der Madonnenlandbahn.
Höhenunterschied: Gut 450 m.
Anforderungen: Anfangs steiler Pfad zum Gotthardsberg, danach leichte Wald- und Wiesenwege.
Markierung: Rotes N des Nibelungensteigs.
Einkehr: Monbrunn, Gasthaus Jägerruh (Sa/So an ersten beiden Wochenenden im Monat ab 10 Uhr).
Karte: GNBO Blatt 7 Maintal – Odenwald, 1:20.000.
Tipp: Die barocke Altstadt von Amorbach rund um die ehemalige Benediktinerabteikirche.

Vom Bahnhof **Amorbach (1)** wenden wir uns nach rechts und wandern über den Parkplatz und durch ein Gebüsch zum Kreisel. Davor, rechts haltend, auf der Weilbacher Straße und der Brücke finden wir das rote N des Nibelungensteigs, dem wir bis Miltenberg folgen. An

der Gabelung nach den letzten Häusern nehmen wir den linken Zweig, der uns über einen Terrassenpfad und einige Serpentinen auf den Gotthardsberg zur **Gotthardsruine (2)** führt.
Seit dem 8. Jh. war die Bergkuppe abwechselnd mit Kloster und einer Burg bebaut. Die 1168 erwähnte Burg wurde von Barbarossa niedergelegt. Ihr folgte ein Kloster, das nach einem Brand 1525 aufgegeben wurde. Wer die Wendeltreppe im Inneren der gotischen Klosterkirchenruine ersteigt, sieht im Süden die Barockstadt Amorbach an der Mündung des Billbachs in die Mud, östlich von Amorbach vereinigen sich Mors- und Saubach zum Billbach, während im Otterbachtal die Quellkirche Amorsbrunn heraufgrüßt. Nach Norden zu schweift der Blick auf den Marktort Weilbach im Mudtal, zum Kloster Engelberg über dem Main und auf die südlichen Spessartberge.
Von der Gotthardsruine geht es hinab zur Verzweigung an der Sattelhütte. Die Nibelungensteig-Markierung N führt im Wald hinab in den idyllisch in den Wiesen des Weilbachtals gelegenen Weiler **Reuenthal (3)**. Steil geht es im Wald wieder aufwärts, ehe auf der Hochfläche **Monbrunn (4)** erreicht ist. Das rote N führt in den Wiesen und Feldern weiter aufwärts, tritt in den Wald ein und erreicht den ringumwallten **Greinberg (5)**, den Hausberg von Miltenberg im

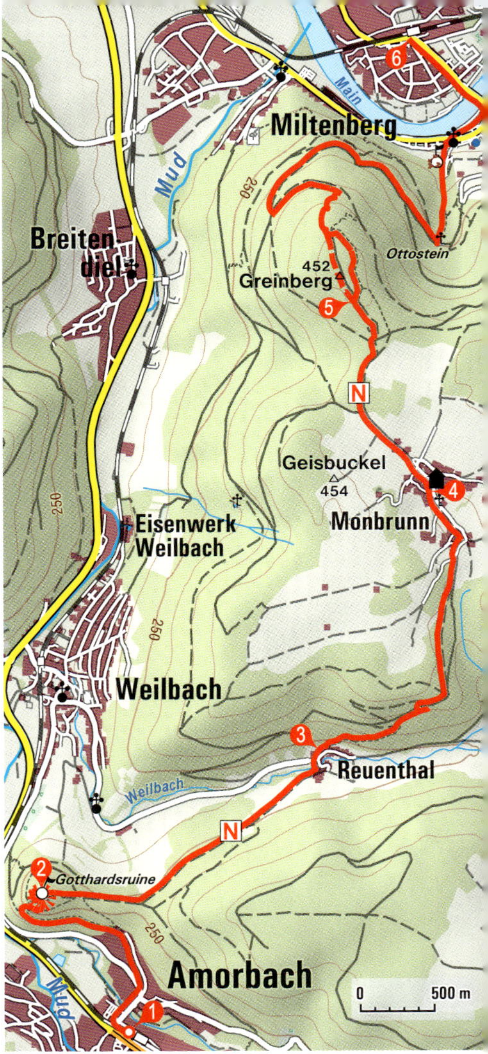

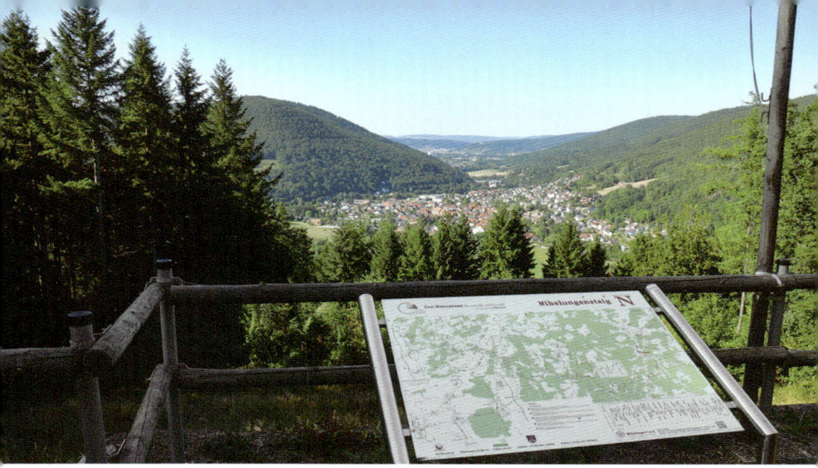

Ausblick vom Gotthardsberg ins Mudtal.

Mündungswinkel von Mud und Main. Informationstafeln berichten über keltische Migrationsströme vor mehr als 2000 Jahren. Mit windwurfbedingten Ausblicken auf das Maintal führt uns der Nibelungensteig im Hang des Greinbergs zum Ottostein, wo der steile Abstieg in die romantische Altstadt von Miltenberg beginnt. Am Mainufer (alternativ am Marktplatz) halten wir uns rechts, überqueren den Fluss und wandern über die Brückenstraße zum Bahnhof von **Miltenberg (6).**

Gotthardsruine.

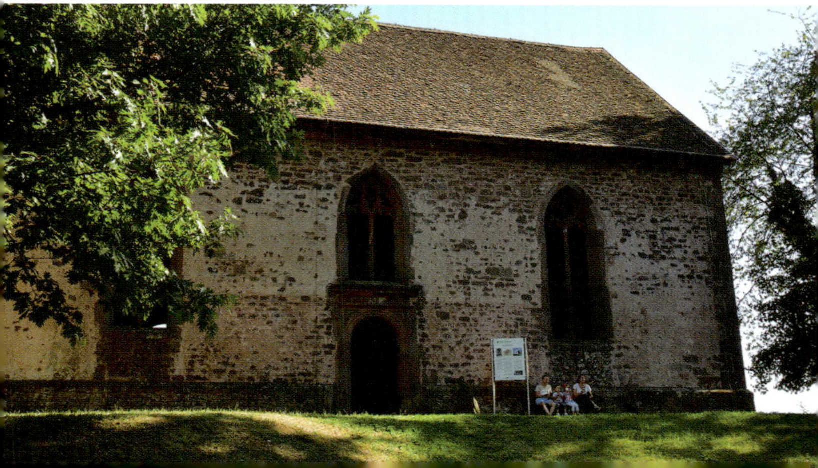

6.15 Std.

Miltenberg – Schippach 46

An den einstigen Grenzen des römischen Reiches

Von der sehenswerten Miltenberger Altstadt folgt der östliche Limeswanderweg aussichtsreich den Relikten des als UNESCO-Weltkulturerbe ausgewiesenen Obergermanisch-Rätischen Limes durch das sanft gewellte, abgelegene Hochland des Buntsandstein-Odenwalds.

Ausgangspunkt: Bahnhof Miltenberg, 127 m.
Höhenunterschied: 620 m.
Anforderungen: Zu Beginn steiler Waldpfad, danach Wald- und Wiesenwege. Vorwiegend schattig.
Markierung: Grüne M1, Limeswanderweg mit Wachturm-Symbol, rotes Dreieck, roter Strich.
Einkehr: Miltenberg, Schützenhaus (Trattoria Belvedere, tgl. außer Mo ab 17 Uhr, So ab 11 Uhr), Wenschdorf, Gasthaus zum Hirschen (Mi und So, 11.30 bis 13.30 und ab 17 Uhr, Sa ab 17 Uhr).
Karte: GNBO Blatt 7 Maintal – Odenwald, 1:20.000.
Variante: Konditionsstarke Wanderer können den fast 9 km langen Abstecher zum Freilandmuseum in Gottersdorf machen. Am Wegedreieck nach Wachturm 7/13 rechts abbiegen und dem roten Dreieck nach Gottersdorf folgen. Zurück über gelbes V bis Schippach.
Tipp: Die Fachwerkaltstadt von Miltenberg; »Schnatterloch« genannter Marktplatz mit Renaissancebrunnen (1583), Alter Mainzer Amtskellerei (1541, Stadtmuseum), Altem Rathaus (1379). Das reich verzierte Gasthaus »Zum Riesen« (1590) in der Hauptstraße zählt zu den ältesten Gasthäusern in Deutschland.

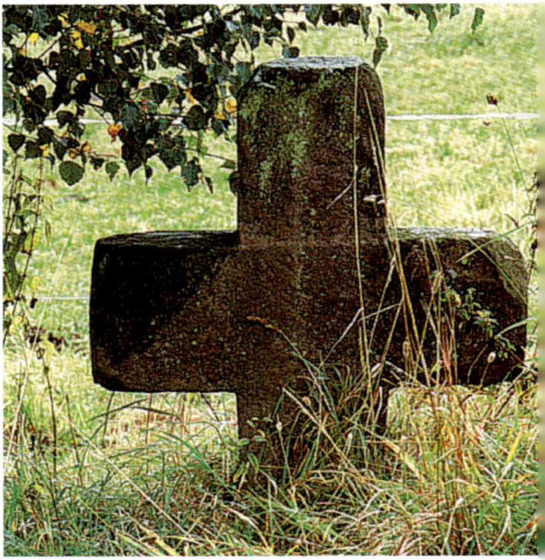

Altes Steinkreuz (Sühnekreuz) am Rand einer Weide bei Wenschdorf.

Vom Bahnhof in **Miltenberg (1)** geht es über Brückenstraße und Main zur historischen Altstadt von Miltenberg. Am **Engelplatz (2)** biegen wir rechts ab und flanieren durch die belebte Hauptstraße bis zum Marktplatz. Hier nach links, am Städtischen Museum vorbei, in dem bedeutende Funde aus der Römerzeit präsentiert werden. Am Schnatterloch-Turm der Stadtbefestigung leitet uns die grüne M1 steil durch den Wald hinauf zur Wegekreuzung am **Ottostein (3)**, wo wir uns nach links wenden. Nach einer Rechts- und einer Linkskurve wandern wir auf ebenem Waldweg weiter und treffen an der Ausflugsgaststätte **Schützenhaus (4)** auf den Limeswanderweg. Nach dem

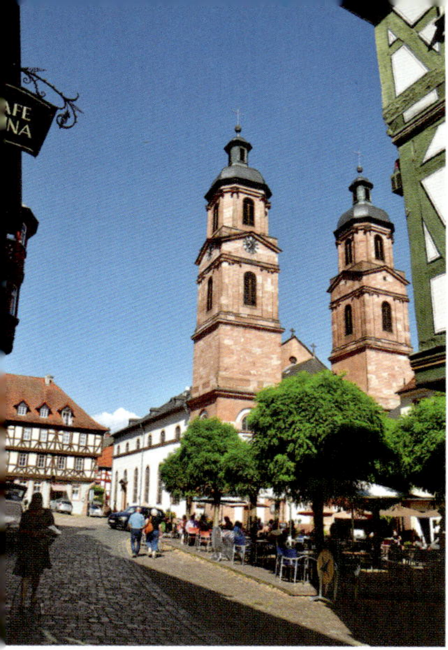

St.-Jakobus-Kirche in Miltenberg.

Parkplatz der Gaststätte führt unser Weg nach rechts und wendet sich nach den Tennisplätzen nach links in den Wald. An der Infotafel über die Lagerdörfer biegen wir rechts ab und stoßen auf die ersten Mauerreste des ehemaligen Wachturms 7/6. Am darauf folgenden Sandsteinkreuz vorbei zieht der Limeswanderweg über die Kuppe in das Kirchdorf **Wenschdorf (5)**, das in einer sanften Wiesenmulde liegt. Im Ort biegen wir links ab und wandern, am Gasthof Hirschen vorbei, hoch zum Wald, in dem wir weitere Relikte aus römischer Zeit vorfinden. Vor dem Wachturm 7/13 knickt unsere Route nach Osten ab und führt zu einem Wegedreieck. Wer die oben beschriebene Variante bis zum Freilandmuseum in Gottersdorf macht, folgt hier nach rechts dem Wachturm-Symbol.
Ohne den Abstecher nach Gottersdorf wandern wir geradeaus weiter und folgen nun dem roten Dreieck des Rundwanderweges Wenschdorfer Höhe. Wir überqueren die Straße nach Gottersdorf, biegen hundert Meter dahinter

Mainpromenade bei Miltenberg.

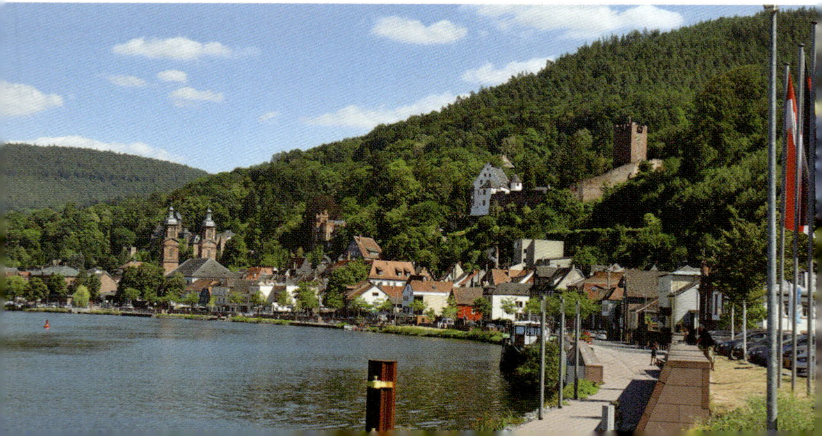

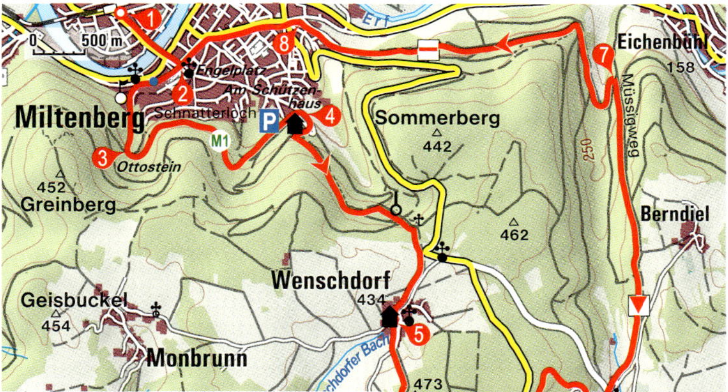

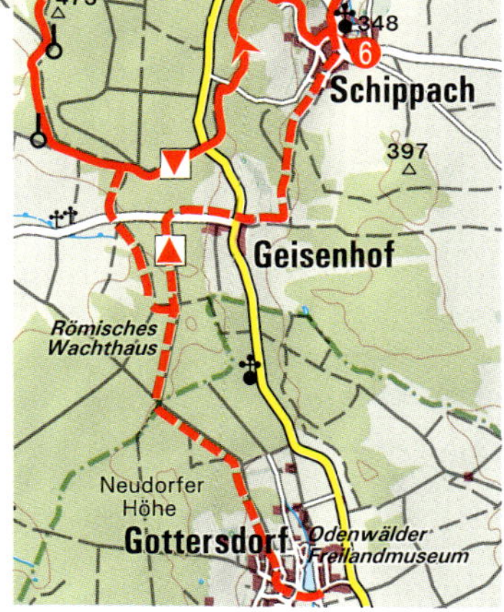

links ab und stoßen über einen verwachsenen Waldweg auf ein Teersträßchen, dem wir wenige Meter nach rechts folgen, um dann links abzubiegen. An der nächsten Waldwegekreuzung weist uns die Markierung nach rechts hinunter zum Weiler **Schippach (6)**, wo das rote Dreieck kurz der Straße Richtung Berndiel folgt und dann auf halbem Weg zur Anhöhe nach links in den Wald führt. Erst ohne Gefälle am Waldrand, später in gemächlichem Abstieg geht es nun längere Zeit schnurgerade bis zur Kreuzung am **Müssigweg (7)**. Hier biegen wir in spitzem Winkel links ab und folgen nun dem roten Strich talwärts. Der Rotstrich führt links durch die Wälder im Hang über dem Erftal. Am Ende nach links in die **Eichenbühler Straße (8)** bis zum Rathaus am **Engelplatz (2)**. Nach rechts über die Mainbrücke zurück zum Bahnhof von **Miltenberg (1)**.

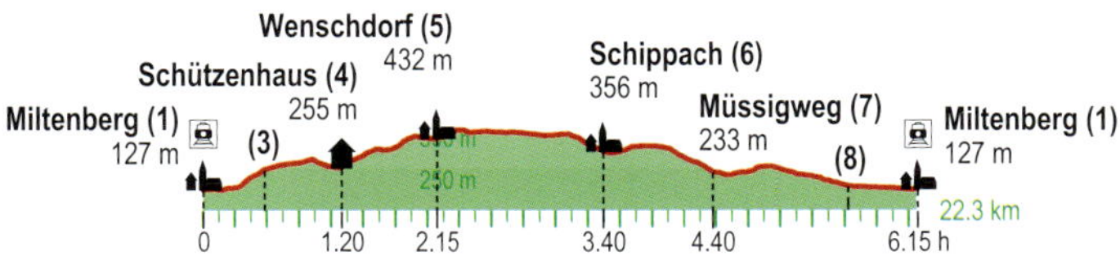

47 Bürgstadter Berg

3.15 Std.

Ringwallwanderung mit vorgeschichtlichem Lehrpfad

Der ringumwallte Bürgstadter Berg erhebt sich im Mündungswinkel von Erf- und Maintal und bildet zusammen mit dem südlich benachbarten Greinberg den Hauptakzent in der vorgeschichtlichen Mainlandschaft bei Miltenberg. In der Jungsteinzeit legten die Träger der Michelsberger Kultur hier einen von Palisaden umgebenen Platz an. Ihnen folgten die Urnenfeldmenschen, die um 1000 v. Chr. eine Erde-Stein-Mauer bauten; ab 700 v. Chr. rückten auf diesem aussichtsreichen »Burgberg« die Hallstatt-Kelten nach. Info-Tafeln eines UNESCO-Geopark-Kulturpfads erläutern die Hintergründe.

Ausgangspunkt: Wanderparkplatz »Am Stutz« am Westhang des Bürgstadter Bergs, 230 m. Vom Bahnhof Miltenberg mit Buslinie 80 bis Bürgstadt, Mozartstraße. Von dort 400 m Fußweg zum Parkplatz.
Höhenunterschied: Knapp 300 m.

Anforderungen: Teils wurzelige Waldwege.
Markierung: Gelbes Quadrat und rotes N des Nibelungensteigs, blaues M.
Einkehr: Unterwegs keine.
Karte: GNBO Blatt 7 Maintal – Odenwald, 1:20.000.

Vom Wanderparkplatz **»Am Stutz« (1)** führen gelbes Quadrat des Vier-Länder-Weges und rotes N des Nibelungensteigs im Laubwald aufwärts zur Stutzkapelle, einer Marienkapelle unter über 100-jährigen Kiefern. Hier bietet sich ein weiter Blick auf Bürgstadt, Miltenberg, Maintal und Spessart. Gleich darauf wenden sich die Wanderwege nach rechts und folgen dann einem

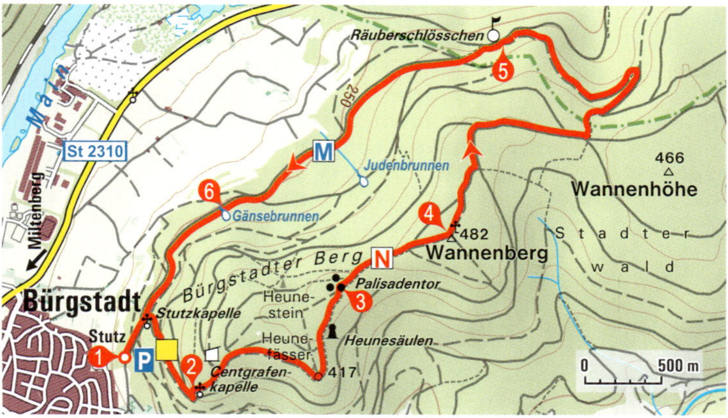

angenehmen Waldweg zur Ruine der **Centgrafenkapelle (2)** hinauf. Die wegen des Dreißigjährigen Kriegs unvollendet gebliebene Kapelle aus den Jahren 1629/30 steht vor einer Gruppe als Naturdenkmäler ausgewiesener Eichen. Schutzhütte, Bänke und Tisch laden mit hervorragender Aussicht auf Erf- und Maintal zur Rast ein.

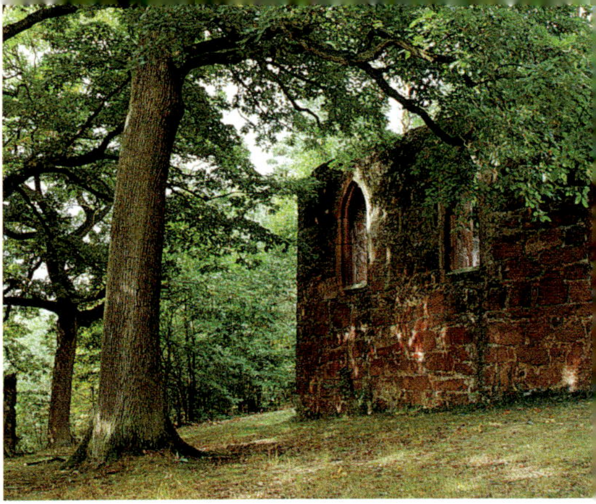

An der unvollendet gebliebenen Centgrafenkapelle stehen mächtige Eichen.

Von der Centgrafenkapelle leitet die Markierung rotes N weiter Richtung »Ausgrabung« und passiert die Heunefässer und die Heunesäulen, die als mittelalterliche Steinmetzarbeiten gedeutet werden. Kurz hinter einer Aussichtsstelle erreicht der Nibelungensteig den höchsten Punkt der 3,1 km langen Wallanlage mit dem eindrucksvollen Nachbau eines vorgeschichtlichen **Palisadentors (3)**, an dem sich Sitzbänke und ein Tisch befinden.
Wenig später verlässt der Fernwanderweg den umwallten Bürgstadter Berg und folgt stillen Waldwegen zum **Wannenberg (4)**, an dem in einem Steinbruch der Buntsandstein für die Heunefässer usw. gebrochen und verarbeitet wurde; oben (Nibelungensteig) steht ein Gipfelkreuz. Nach Passieren des Wannenbergs mündet unser Weg auf den Forstweg Steinbruchweg und folgt ihm links, im Bogen rechts schwingend, bis der mit dem roten Dreieck markierte Wanderweg kreuzt, der links auf einem schönen Waldpfad Richtung Freudenberg führt und zwischendurch einen großartigen Blick auf das Maintal mit Freudenberg und der Freudenburg bietet.
Am **Liebeseichenweg (5)** verlassen wir den Nibelungensteig. Rechts vom Weg befinden sich die spärlichen Reste der Ruine Räuberschlösschen, von der angeblich zu der nordöstlich nicht weit entfernten Freudenburg ein Tunnel geführt haben soll. Der Maintalwanderweg (Blau-M) führt links weiter durch die immer wieder aussichtsreichen Hänge von Wannen- und Bürgstadter Berg, passiert den **Gänsebrunnen (6)** und erreicht bei der Stutzkapelle wieder die gemeinsame Route mit dem Nibelungensteig: Bergab geht es zurück zum Parkplatz **»Am Stutz« (1)**.

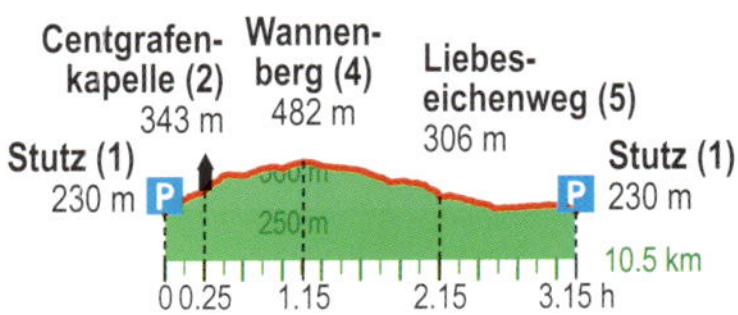

48 Walldürner Limeslehrpfad

2.15 Std.

Am Obergermanischen Limes

Der Obergermanisch-Rätische Limes ist mit einer Länge von 550 km das größte historische Denkmal in Deutschland, die Demarkationslinie zwischen dem römischen Kaiserreich und den von Germanen und Kelten besiedelten Gebieten steht als Weltkulturerbe unter dem Schutz der UNESCO. Der Walldürner Limeslehrpfad am Östlichen Limeswanderweg erschließt freigelegte bzw. rekonstruierte Wachturmfundamente, Palisaden usw.; Informationstafeln erläutern die geschichtlichen Hintergründe dieser Grenzbefestigung. Wer dem Limesweg weiter folgt, gelangt nördlich von Gottersdorf auf Route 46, kann auf dem Limesweg nach Miltenberg absteigen und mit der Madonnenlandbahn nach Walldürn zurückfahren.

Ausgangspunkt: Bahnhof in Walldürn, 409 m, an der Madonnenlandbahn (Miltenberg – Walldürn – Buchen – Seckach).
Höhenunterschied: Unter 100 m.
Anforderungen: Bequeme Waldwege.
Markierung: Limeswanderweg mit schwarzem Wachturm, rote W4, rote Scheibe.
Einkehr: Unterwegs keine.
Karte: GNBO Blatt 20 Madonnenländchen, 1:20.000.
Tipp: Walldürn wird unter dem keltischen Namen Turniu im Jahr 795 erstmals erwähnt; damals erhielt das Kloster Lorsch den Ort als Geschenk. Der keltische Name lebt in der Silbe »-dürn« fort, das vorangestellte »Wall-« bezieht sich auf den Limes. Im 2. Jh. n. Chr. erhielt die Keltensiedlung strategische Bedeutung, als sie von den Römern erobert wurde

Fundament eines römischen Wachturms am Walldürner Limeslehrpfad.

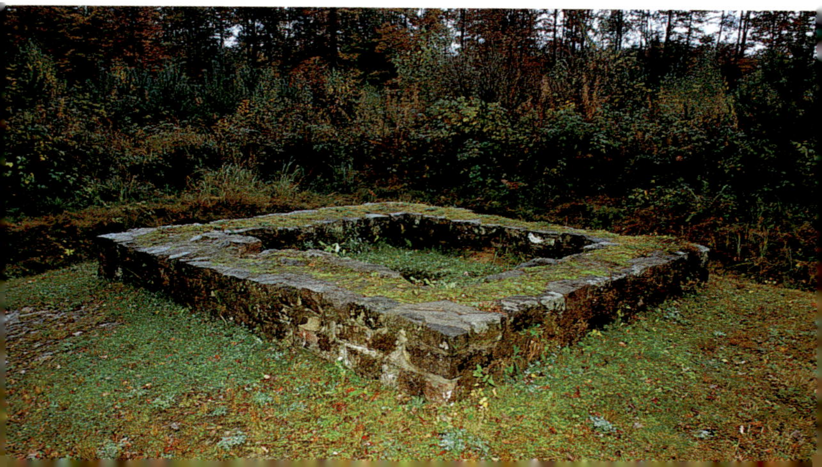

und hier ein Kastell am Obergermanischen Limes entstand. Das 1972 freigelegte und teilweise rekonstruierte Kastell liegt östlich von Walldürn, wo der Limes nach Süden abbiegt: Zu besichtigen ist dort ein Römerbad, das im Jahr 232 in Betrieb ging und eine ältere Badeanlage ersetzte (Parkplatz); die römischen Soldaten entspannten sich im Caldarium (Warmbad), im Frigidarium (Kaltbad) und im Tepidarium (temperierter Abkühlungsraum), um fit für den Krieg zu bleiben.

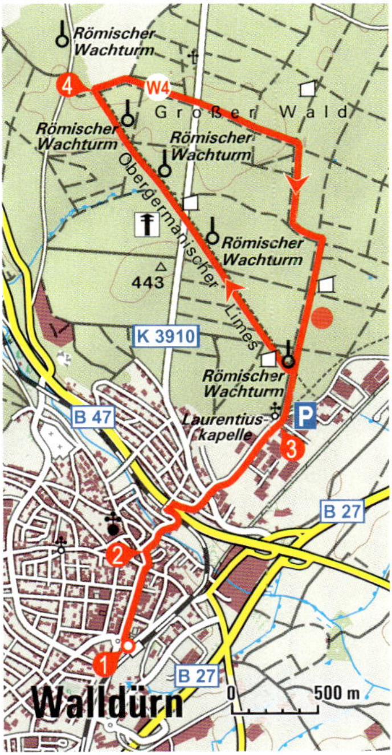

Vor dem Bahnhof **Walldürn (1)** geht es am Kreisverkehr rechts durch die Adolf-Kolping-Straße Richtung Wallfahrtszentrum (Markierungen rote Scheibe und Wachturm), zuletzt die Hauptstraße links. Die barocke, doppeltürmige Wallfahrtskirche Zum Heiligen Blut ist Ziel von Wallfahrten aus ganz Deutschland; im Patrizierhaus »Zum güldenen Engel« (1588) ist das Heimat- und Wallfahrtsmuseum untergebracht.

Zurück zu den Markierungen rote Scheibe und Wachturm am Anfang der Hauptstraße: Auf der **Seestraße (2)** geht es über den Marsbach und nach Überqueren der Bahnlinie kurz rechts (Schillerstraße), erste Straße links (Hebelstraße), an der Kreuzung geradeaus auf der Boschstraße am Industriepark entlang zur **Laurentiuskapelle (3)** beim Parkplatz Limeslehrpfad am Waldrand. Hier geht es links in den Wald ab und an der ersten Kreuzung links auf den östlichen Limeswanderweg am Obergermanischen Limes. Die informativen Tafeln sind so weit voneinander entfernt, dass man zwischendurch tatsächlich »wandern« kann, ohne dauernd mit Lesen beschäftigt zu sein. Wenig später ist ein rekonstruierter Wachturm (Fundament) erreicht, gleich darauf lädt eine Schutzhütte zur Rast ein.

Auf diese Weise geht es weiter lehrreich durch den Wald, am **Waldrand (4)** rechts (Markierung W4) und die erste Möglichkeit zurück durch den Wald, bis die bekannte Markierung rote Scheibe kreuzt und über die **Seestraße (2)** zum Bahnhof in **Walldürn (1)** zurückführt.

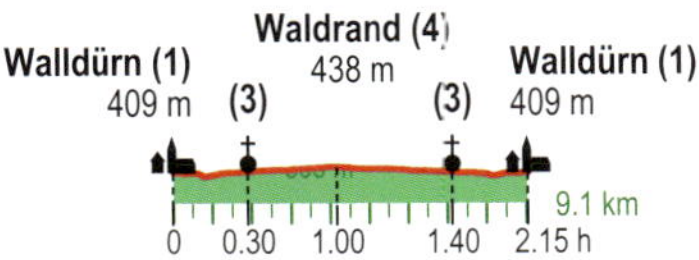

49 Buchen – Eberstadter Tropfsteinhöhle – Seckach

3.00 Std.

Zur Tropfsteinhöhle am Rand des Baulands

Die Eberstadter Tropfsteinhöhle im Muschelkalk am Rand des Baulands ist eine der größten deutschen Schauhöhlen und bildet das östliche »Eingangstor« (Infozentrum) des Geoparks Bergstraße-Odenwald. Von der Fachwerkstadt Buchen führt der Odenwaldklub-Hauptwanderweg 35 aussichtsreich zur Höhle und weiter nach Seckach, von wo die Madonnenlandbahn zurück nach Buchen fährt.

Ausgangspunkt: Bahnhof Buchen-Ost, 342 m, Am Wartberg; Madonnenlandbahn Miltenberg – Buchen – Seckach.
Endpunkt: Seckach, 270 m; zurück mit der Madonnenlandbahn.
Höhenunterschied: Ca. 100 m.
Anforderungen: Aussichtsreiche, bequeme Wiesenwege.
Markierung: Durchgehend blaues X.
Einkehr: Eberstadter Tropfsteinhöhle, Seckach.
Karte: GNBO Blatt 19 Östlicher Odenwald, 1:20.000.
Tipp: Die Eberstadter Tropfsteinhöhle: Die Sinter, Stalaktiten und Stalagmiten vermitteln das Bild einer Tropfsteinhöhle im Urzustand, da die Höhle erst 1971 entdeckt wurde und im Vergleich zu Höhlen, die schon im 19. Jh. erforscht wurden, kaum Beschädigungen erlitten hat. Besichtigt werden kann die Karsthöhle im Rahmen einer Führung (tgl. von 10 bis 16 Uhr). Im Außengelände informiert ein geologischer Lehrpfad über die Erdgeschichte.

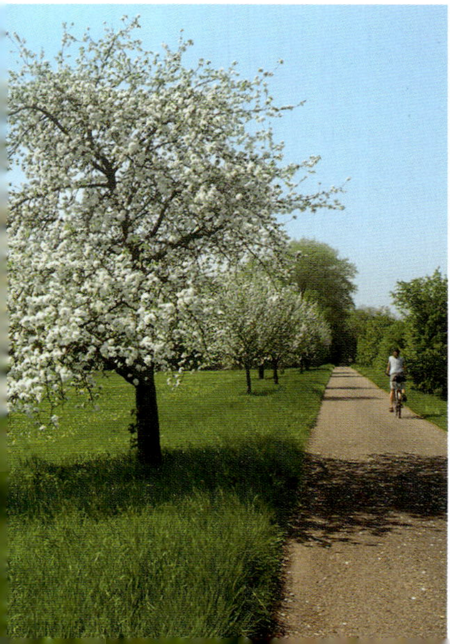

Von der Madonnenlandbahn-Haltestelle **Buchen Ost (1)** folgt die Markierung Blau-X der Straße Am Wartberg ortsauswärts und erreicht nach Überqueren der Bundesstraße den zinnenbekränzten **Wartturm (2)**, 394 m.

Hier bietet sich ein weiter Blick auf die Buchener Altstadt, das Morretal und den Odenwald. Der Turm auf dem Wartberg wurde 1490 mit Ausblick in alle Himmelsrichtungen errichtet, um die Bewohner von Buchen in Zeiten kriegerischer Bedrohung vor feindlichen Heeren warnen zu können.

Durch Feldflur und Grünland leitet Blau-X südwärts durch das sanft ge-

Frühling im Odenwald.

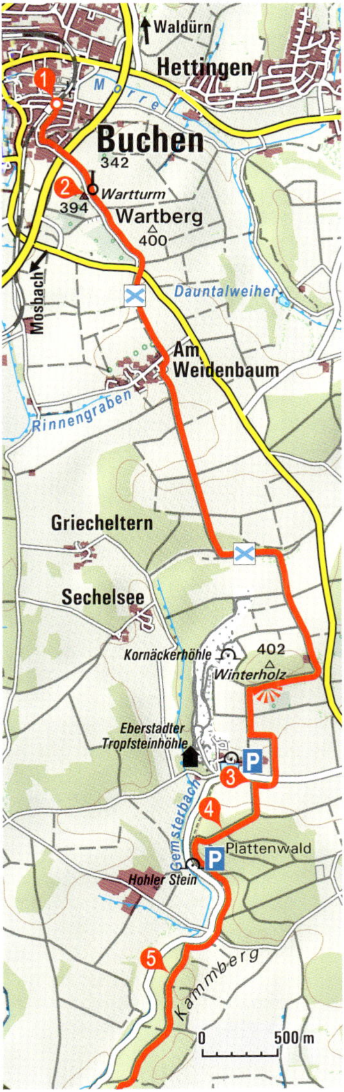

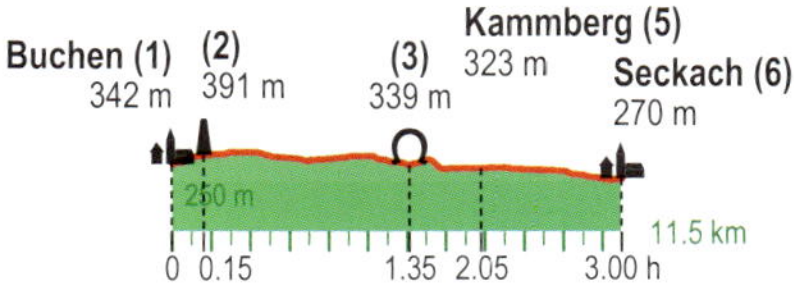

wellte Hochland und erreicht nach einer Waldpassage die **Eberstadter Tropfsteinhöhle (3)**.

Von der Höhle führt die Markierung Blau-X durch den **Plattenwald (4)** und nach einer kurzen Straßenpassage über den **Kammberg (5)**, abschnittsweise auf angenehmen Waldpfaden, und erreicht zuletzt das Kirchdorf **Seckach** mit der Endstation der **Madonnenwaldbahn (6)**.

Sie fährt zurück nach **Buchen (1)**, wobei es empfehlenswert ist, am Bahnhof Buchen-Ost auszusteigen und durch die Fachwerkaltstadt zu streifen.

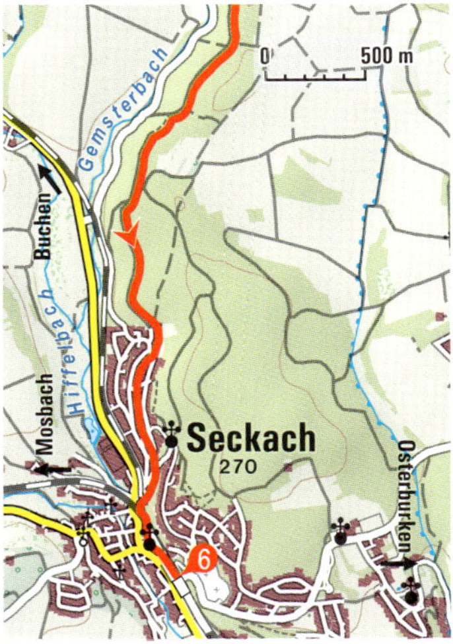

50 Obernburg – Neckarzimmern

3 Tage

Am Odenwald-Limes vom Main ins Neckartal

Der westliche Limeswanderweg folgt von Obernburg am Main dem Odenwald-Limes südwärts durch den Geopark Bergstraße-Odenwald nach Neckarzimmern im Neckartal. Kaiser Trajan ließ diesen Limesabschnitt in der Zeit um 100 errichten, schon 50 Jahre später verlegte Kaiser Antoninus Pius die Grenze ostwärts auf die Linie Miltenberg – Lorch. Während der Drei-Bundesländer-Wanderung erfreut der Wechsel von Wäldern und aussichtsreichem Wiesenland, in fast jedem der kleinen Höhendörfer besteht Übernachtungsmöglichkeit.

Ausgangspunkt: Bhf. Obernburg-Elsenfeld, 127 m, an der Maintalbahn; der Bahnhof liegt rechts des Mains auf dem Gebiet der Gemeinde Elsenfeld.
Endpunkt: Neckarzimmern, 150 m, an der Neckartalbahn.
Höhenunterschied: Etwa 1500 m.
Anforderungen: Die Steigungen sind moderat verteilt, es gibt nur wenige kurze, steile Passagen.
Markierung: Durchgehend grünes L des westlichen Limesweges.
Einkehr/Unterkunft: Vielbrunn, Eulbacher Park, Hesselbach, Waldauerbach, Scheidental, Wagenschwend, Robern, Trienz, Sattelbach, Neckarburken.
Karte: GNBO Blätter 3, 6, 10, 18, 1:20.000.
Tipp: Das Römermuseum Obernburg befindet sich an der Unteren Wallstraße 29 A.

1. Tag: Obernburg – Hesselbach: Ca. 39 km / 9.30 Std.; Höhenunterschied: 450 m Aufstieg, 100 m Abstieg.

Vor dem Bahnhof **Obernburg-Elsenfeld (1)** überspannt die autofreie Alte Mainbrücke den Fluss, der Limeswanderweg folgt dem Mainufer auf Obernburger Seite flussaufwärts zur Mündung der **Mömling (2)**, unterquert die Bundesstraße und führt durch Grünland und Feldfluren aussichtsreich hinauf in die Wälder, wo das **Obernburger Waldhaus (3)** am Wochenende zu rustikaler Brotzeit einlädt. Bald darauf erreicht der Limesweg am Waldrand die **bayerisch-hessische Grenze (4)** und den von Wörth heraufführ-

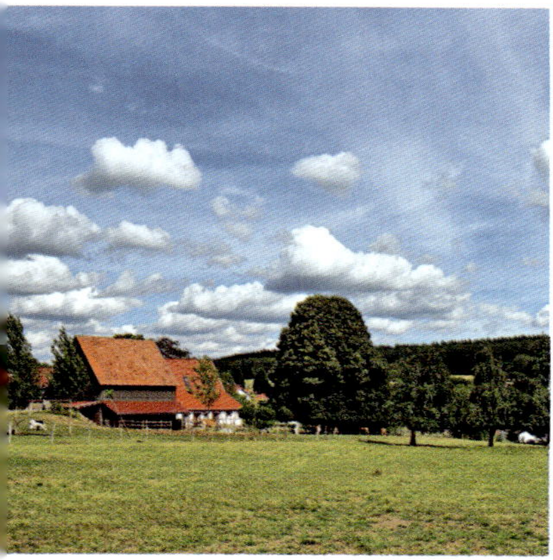

Blick auf Hesselbach.

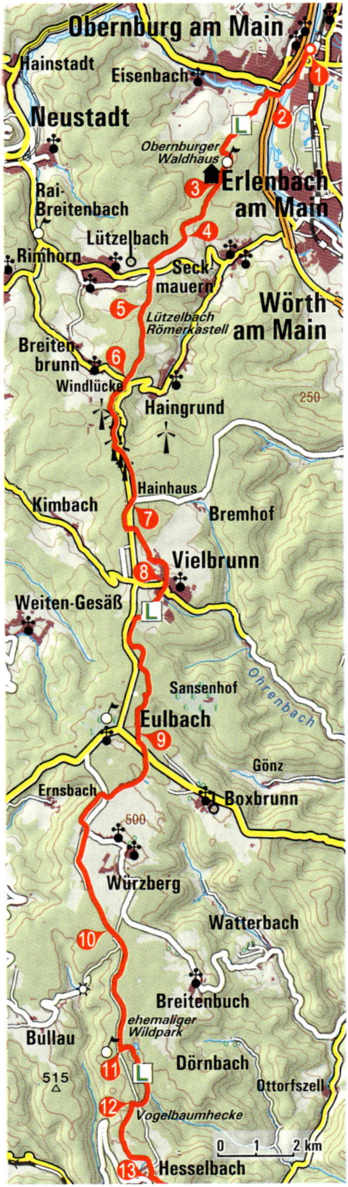
Obernburg am Main
Hainstadt
Eisenbach
Neustadt
Obernburger Waldhaus
Erlenbach am Main
Rai-Breitenbach
Lützelbach
Rimhorn
Seckmauern
Wörth am Main
Lützelbach Römerkastell
Breitenbrunn
Windlücke
Haingrund
250
Hainhaus
Kimbach
Bremhof
Vielbrunn
Weiten-Gesäß
Sansenhof
Ohrenbach
Eulbach
Gönz
Ernsbach
Boxbrunn
500
Würzberg
Watterbach
Breitenbuch
ehemaliger Wildpark
Bullau
Dörnbach
515
Ottorfszell
Vogelbaumhecke
0 1 2 km
Hesselbach

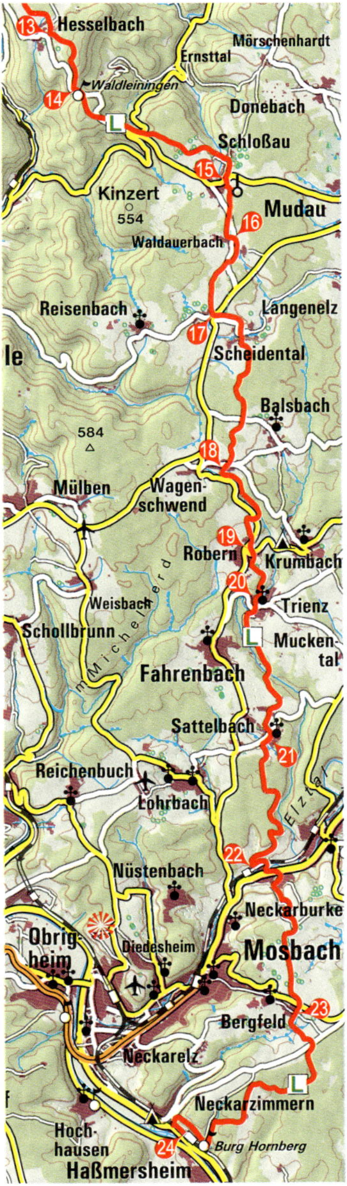
Hesselbach
Mörschenhardt
Ernsttal
Waldleiningen
Donebach
Schloßau
Kinzert
554
Mudau
Waldauerbach
Reisenbach
Langenelz
Scheidental
Balsbach
584
Mülben
Wagenschwend
Robern
Krumbach
Weisbach
Trienz
Schollbrunn
Michelherd
Muckental
Fahrenbach
Sattelbach
Reichenbuch
Lohrbach
Elztal
Nüstenbach
Neckarburken
Obrigheim
Diedesheim
Mosbach
Bergfeld
Neckarelz
Neckarzimmern
Hochhausen
Burg Hornberg
Haßmersheim

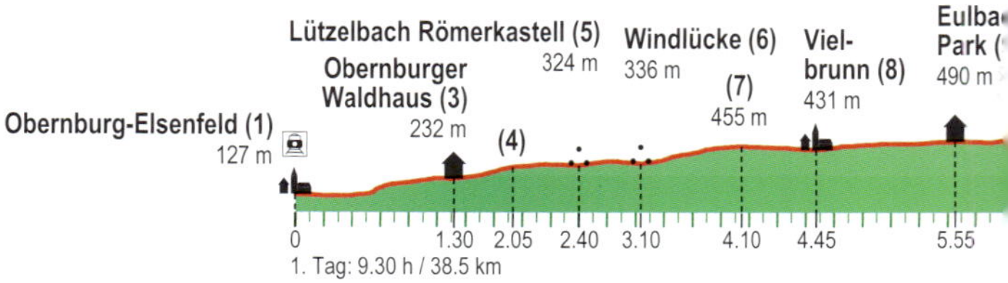

renden Odenwald-Limes. Das Numeruskastell **Lützelbacher Schlösschen (5)** ist das nördlichste und mit 0,5 ha kleinste der sechs Steinkastelle am Odenwald-Limes. Keine Spuren erhalten sind vom Kleinkastell **Windlücke (6)**, während am sagenumwobenen **Hainhaus (7)** sechs steinerne Sessel aus dem 18. Jh. zur Rast bereitstehen. Das Kastell Hainhaus beherbergte ca. 100 n. Chr. etwa 150 Mann.

Wenig später tritt der Limesweg in aussichtsreiche Wiesen ein und erreicht den quellenreichen Luftkurort **Vielbrunn (8)**. Oberhalb von Vielbrunn taucht der Limeswanderweg wieder in den Wald ein und kommt zum **Jagdschloss Eulbach** (1770) mit dem **Eulbacher Park (9)**, einem englischen Landschaftspark mit nachgebauten Objekten aus den Römerkastellen Eulbach und Hainhäusel (Obelisk, Reste zweier Tore, Grab- und Inschriftsteine, Ruine eines Limes-Wachturms); zur Stärkung bietet sich das Restaurant Forsthaus Eulbach an. Durch Wälder führt der Limeswanderweg weiter zum Römerturm am Roten Buckel und zum Numeruskastell **Würzberg (10)** mit restauriertem Kastellbad und am ehemaligen Fürstlich Leiningenschen **Wildpark (11)** vorbei zum rekonstruierten **Wachturm Vogelbaumhecke (12)** mit Palisade und Patrouillenweg, dann aussichtsreich zum Numeruskastell Hesselbach beim gleichnamigen Kirchdorf **Hesselbach (13)**, einer berühmten, der heiligen Odilia geweihten Wallfahrtsstätte im Mittelalter.

2. Tag: Hesselbach – Wagenschwend: Ca. 17 km/4.30 Std.; Höhenunterschied: Auf- und Abstieg ca. 400 m.

Kurz hinter **Hesselbach (13)** wechselt der Limesweg bei einem Kastell im Wald nach

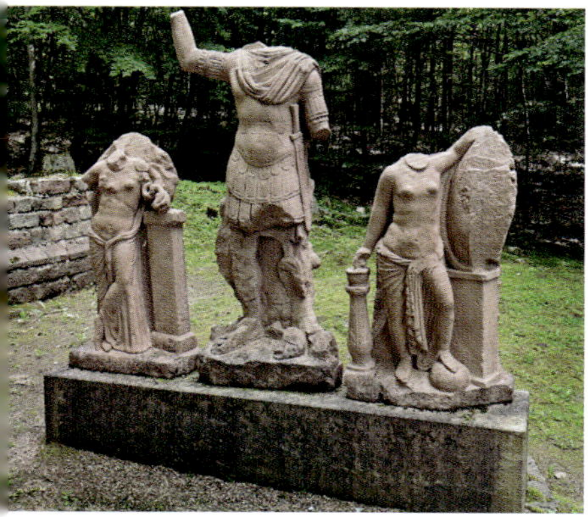

Römische Götter grüßen den Wanderer am Limes.

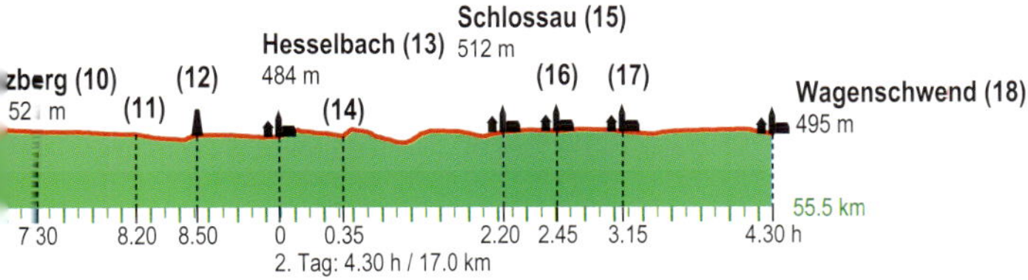

Baden-Württemberg **(14)**, führt durch die aussichtsreichen Höhendörfer **Schlossau (15)** und **Waldauerbach (16)** und erreicht **Scheidental (17)**; dort befindet sich am Ortsrand das einzige Kohortenkastell am Limes zwischen Main und Neckar (Reste des gut erhaltenen Südportals). Im Wechsel aus Wald- und aussichtsreichen Wiesenpassagen geht es weiter in das Höhendorf **Wagenschwend (18)**.

3. Tag: Wagenschwend – Neckarzimmern: Gut 29 km/7.30 Std.; Höhenunterschied: 200 m Aufstieg, 550 m Abstieg.
In **Wagenschwend (18)** beginnt via **Robern (19)** der Abstieg nach **Trienz (20)** im Trienztal; kurz vor dem Tal kreuzt der Limes-Wanderweg die »Wanderbahn Neckartal-Odenwald« (Mudau–Mosbach). Nach nochmaligem Überqueren des Trienzbachs schraubt sich der Limes-Wanderweg auf einem Serpentinenpfad steil aufwärts zu den Wiesen des Kirchdorfs **Sattelbach (21)**, gefolgt vom Abstieg nach **Neckarburken (22)** im Elztal (S-Bahnhof, Römermuseum). Der Ortsname bezieht sich auf ein römisches Kastell, das am Ostrand des Orts nachgewiesen ist; von einem zweiten Kastell sind (südlich der Straße) das Westtor und das Militärbad erhalten. Im alten Rathaus zeigt ein sehenswertes Museum Skulpturen und Funde aus dem 2. Jahrhundert.
Vom Kastell führt der Limeswanderweg mit bestechender Aussicht in Streuobstwiesen aufwärts in das Mosbacher Höhendorf **Bergfeld (23)**, zweigt beim Böttinger Hof zur Burg Hornberg ab, auf der Ritter Götz von Berlichingen mit der eisernen Hand viele Jahre lebte (siehe Tour 29) und erreicht schließlich **Neckarzimmern (24)** im Neckartal.

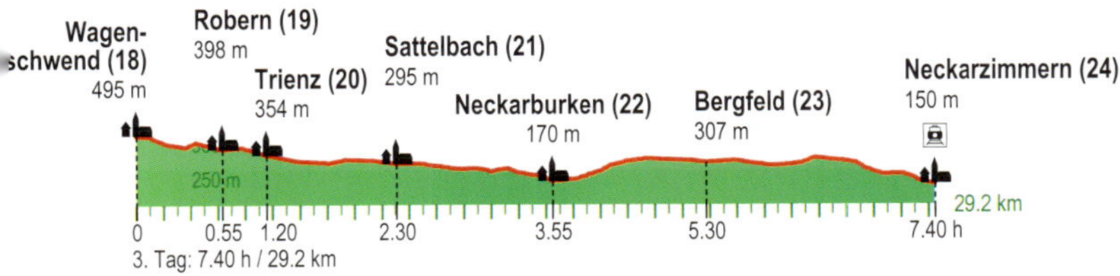

Stichwortverzeichnis

Umschlagbild:
Blick auf Stadt und Schloss Hirschhorn am Neckar.

Bild im Innentitel:
Blick über Löhrbach ins Rheintal (Tour 13).

Alle Fotos stammen von den Autoren, ausgenommen das Titelbild (Bernd Kottal).

Kartografie:
50 Wanderkärtchen im Maßstab
1:50.000, 1:75.000, 1:100.000 und 1:200.000
Geodaten © OpenStreetMap und Mitwirkende
kartografischen Design: Freytag & Berndt, www.freytagberndt.cz
Übersichtskarten im Maßstab 1:500.000 und 1:800.000
© Freytag & Berndt, Wien

8., aktualisierte Auflage 2022

ISBN 978-3-7633-4151-1

Wir freuen uns über jeden Korrekturhinweis zu diesem Wanderführer!
Bitte per E-Mail an: leserzuschrift@rother.de

ROTHER BERGVERLAG · München
D-82041 Oberhaching · Keltenring 17 · Tel. +49 89 608669-0 · www.rother.de